企业创新政策体系与使用指南

张赤东 主编

INNOVATION POLICY

知识产权出版社
全国百佳图书出版单位

No.1 BOOK

致力于实用有效的企业创新政策！

导　言

企业发展需要创新，创新不能不了解创新政策。

在政策研究和与企业交流中，我们发现这样一个问题：对于在市场竞争中分秒必争的创新企业而言，出台创新政策的政府部门如此之多，出台的创新政策类型如此之多、创新数量如此之多、创新速度如此之快，一时间难以把握，更不知道如何才能更好地利用创新政策，克服企业发展中的阻碍和困难。另外，政府下如此大的努力出台的企业创新政策在实际应用中却遇到了一个具体的困难——如何让企业更快、更全面地知悉创新政策？这一问题是如此重要，它决定了创新政策的成败存亡。

鉴于此，本书对当前中国企业创新政策进行了全面、系统的梳理，旨在构建起一张中国企业创新政策体系的“地图”，并对重要政策的要点进行“标注”，让企业对创新政策有个一目了然的认识，一下子就可以知道到底有多少政策，哪些政策是与我相关的，哪些政策是影响未来发展的，哪些政策是解决招贤引才问题的，哪些政策是给我带来直接经济利益的……这样，企业可以轻松地知道该去申请什么，该去找哪些部门，该怎么利用政策。故此，本书的写作原则是：什么政策对企业最有用，就把什么政策突出出来。真心希望这本书能够成为一本企业用得上的政策工具书。

改革开放以来，中国企业创新政策从无到有、从少到多、从简到繁地快速发展，逐步形成了基于中国社会主义市场经济的企业创新政策体系，数量规模化、结构体系化和功能全面化是这一体系发展的典型特点。

本书所收集的政策以国家立法机关、中央政府及各部委发布的现行、有效的企业创新政策为边界，包括法律、行政法规、部门规章、规范性文件及具有明确政策内涵和实践指导意义的其他政策文件，以及经国务院等转发的地方政策文件等。其内容涵盖发展战略与科技体制改革、科技计划与投入、财政、税收、政府采购、知识产权、研发机构建设、科技人才、科技服务、科技奖励、资本市场与金融支持、市场竞争与政府监管、国际化等诸多方面，涉及大、中、小、微企业，国有企业，民营企业和外资企业以及军民企业等各类企业。

在内容结构上，基于对中国企业创新政策体系的研究，本书将所有政策划分为五个方面（大类）：综合性政策、普适性政策、专项政策、产业政策和区域政策。对企业而言，只要市场环境与技术条件确定，企业总能创造出新的资源配置方式，重新组合各种要素而完成生成与服务，实现创新，因此，决定市场环境和技术条件发展变化的“方向性”政策对企业创新具有根本性的影响，所以我们将综合性政策置于五方面政策之首；其次是所有企业都可以享受的普适性政策，这是创新政策环境的基本，而其中以财税优惠和知识产权政策最为突出；复次是激励横跨多个产业、具有某种共同特征的企业（如规模上的中小企业、经济类型上的国有企业）创新的专项政策；再次是产业政策和区域政策；最后，我们认为构建创新政策体系至关重要，能够更好地服务企业，让企业对创新政策有通盘的把握，故将中国企业创新政策体系研究置于综合性政策之前，统领全书。

在写作体例上，考虑到已有政策汇编类书籍或繁重冗余或过于简单，我们既要避免出现要想了解这个政策与企业是否有关都需看半天的弊病，又要避免只知其名不知其所用的问题，本书首先将政策体系及各部分政策都画成政策框架结构图而置于篇章之前，按图索骥，有助于快速找到所需政策；其次，在各章节中对于繁复的政策条款表述进行简化，在充分的政策解析基础上择其要点，而不再是整篇文件的大段文字；最后，按照对企业创新的影响力对不同政策要点条目进行排序，突出重点政策。每个政策要点条目按如下格式表述：政策文件名用“**黑体加粗字体**”标识，其后是文件号或政府部门与发布时间，然后是政策要点的具体内容。对于单一政策文件（如高新技术企业认定），仅在一处出现；对于多条政策文件（如意见），在不同章节中会有多次引用。

之所以强调中国企业创新政策体系，还因为它能更有效地反馈给政府部门，促使政策优化，真正形成创新政策“合力”，促进企业创新发展。它是实际存在的，却一直没有展现在世人面前。这些创新政策之间存在着自然的密切关联，却散落在各个政策文件之中，需要我们花足够多的时间、有足够大的耐心去一个一个地找到它们，然后再有条理地进行梳理、筛选和分类，分析政策的重要性，进而从公共政策理论和创新理论视角出发构建起它们之间的内在逻辑，确定政策之间的关联关系，建立创新政策体系。这是一个繁复、细致、艰辛而又具有挑战性的过程。

从最初的政策收集工作开始，到落笔成文，足足用了三年的时间，收集到国家层面的各类企业创新政策合计 1031 条（仅指以企业为题或作为主要部分的政策，若将涉及企业的创新政策都包含在内则政策总数将近万条），涉及 55 个国家政府部门（含已撤并部门），最终筛选出现行有效的企业创新政策 719 条。其间我们不断梳理政策脉络，分析创新政策，构建政策体系框架，形成了两篇文章，分别载于《中国企业技术创新主体地位评价》（张赤东等著，知识产权出版社，章节名为“以企业为主体的创新政策：演进、挑战与建议”）和《科技资源优化配置与中国发展》（国务院参事室科技资源优化配置课题组编著，浙江教育出版社，章节名为“企业创新扶植政策”）。后又经一年整理、分析，才最终定稿，而今付梓。

这里，要感谢对本书提出宝贵意见的中国科学技术发展战略研究院马驰研究员和赵捷研究员、北京化工大学邸晓燕副教授、神州数码赵家栋经理，以及阿里巴巴李俊平总监和李树翀总监！更要感谢参与政策收集、整理分析工作的北京化工大学研究生刘心言、北京工业大学研究生吴彤和北京邮电大学研究生王超！要特别感谢刘心言同学！她坚持到底，参与了政策分析和产业政策、区域政策部分章节的撰写工作。最后，要特别感谢知识产权出版社刘爽编辑的大力支持！

总之，这本政策书还只是一个开始，重在构建中国企业创新政策的体系，画出政策“地图”，点出政策要点，引导企业快速找到有用的政策，引导其着手重点突破。当然，由于学力有限、时间有限，加之对政策的研读理解亦有不足，书中可能存在政策遗漏、要点缺失等情况，还请读者不吝赐教，以期不断完善。

张赤东
2017 年 4 月 19 日

目 录

第一篇　中国企业创新政策体系概述

第二篇　综合性政策

第三篇　普适性政策

第四篇　专项政策

第五篇　产业政策

第六篇　重点区域政策

第一篇

中国企业创新政策体系概述

自2006年《国家中长期科学和技术发展规划纲要（2006—2020年）》（简称科技规划纲要）实施以来，到2012年召开全国科技创新大会，发布《中共中央国务院关于深化科技体制改革加快国家创新体系建设的意见》（中发〔2012〕6号，下文简称6号文），再至2016年全国科技创新大会、两院院士大会、中国科学技术协会代表大会，中共中央、国务院印发《国家创新驱动发展战略纲要》，企业已经成为中国创新型国家建设的核心力量，成为国家创新政策的核心焦点。因此，企业创新政策也逐步成为国家创新政策体系的重中之重，其发展日益呈现三大特征：数量规模化、结构体系化和功能全面化。

第1章

企业创新政策的演进

本书中所谓的“企业创新政策”，是指政府通过采取科学、技术、产业、教育、财税、金融、贸易等一系列手段，促进企业开展创新、提升企业创新竞争力的各类政策的总和。该界定的提出基于如下前提，即通过对现有文献梳理发现，当前研究与实践中仍没有明确的创新政策概念及范围，通过文献[1]比较分析却可总结出几点基本共识：①创新政策是科技进步与经济发展相互协调的产物；②创新政策应以技术创新活动作为政策对象；③创新政策的范围广泛，不同于科学政策、技术政策，但三者之间存在交叉和重叠；④创新政策是一个政策的体系，涉及科技、教育、经济、贸易、金融等诸多的政策领域；⑤创新政策是一个“整合”的概念，突出各种相关政策的有机结合与相互协调。

中国企业创新政策始于科技体制改革。国内学者研究显示，自改革开放以来，国家及各部委（不包括各省市颁布的地方法规）颁布的相关政策总计大约12 500项，其中，经过筛选、关联分析后，可从中选择与技术创新相关性较强的政策500项[2]。针对上述研究结论，我们重新进行全面梳理，克服对创新政策概念界定不清、部门政策查找不全等问题，结果显示，截至2016年12月31日，国务院及各部委发布的现行有效的企业创新政策合计719条。

[1] 武欣．国内外创新政策研究的评述［J］．经济研究参考，2010(42)：45-46.

[2] 基于此类政策的研究较多，如：彭纪生，孙文祥，仲为国．中国技术创新政策演变与绩效实证研究（1978—2006年）［J］．科研管理，2008（4）：134-150；刘凤朝，孙玉涛．我国科技政策向创新政策演变的过程、趋势与建议——基于我国289项创新政策的实证分析［J］．中国软科学，2007（5）：34-42.

从创新政策演变上看，OECD 和中国科技部《中国创新政策述评》研究文章将改革开放以来的技术创新政策划分为四个阶段，即以中国国家科技战略会议（1978 年、1985 年、1995 年和 2006 年）为标志性事件划分为四个发展阶段，在此基础上，我们将中国企业创新政策的演进划分为如下五个阶段。

① 1978 年的国家科技发展战略会议启动了科技改革进程。重新认识了科学技术的地位和作用，进行了自下而上的以发挥研究团体研究能力的试点改革，是科技体制改革的准备期。这一时期所进行的体制创新是把公共研究机构剥离出研究实体并实现企业化，以及利用改革所带来的宽松的经济政策在研究部门与产业间搭建了桥梁。

② 1985 年正式启动科技体制改革。首要目标是克服改革前研发与产业脱节的关键弊端。改革主要集中在下面四个方面：公共研发基金的分配机制；从事应用研究的研发机构转型为企业性质或技术服务机构，大的研发机构并入大型企业；创建技术市场；在公共研究机构推行人力资源管理改革。通过引进竞争因素与市场机制，改革逐渐强化了科技体系的经济导向性。主要的体制创新包括多项国家研发项目的设立、技术市场以及非政府性质科技企业的创建。

③ 1995 年推出“科教兴国战略”，由此进入了科技政策改革的新阶段，开始“构建以企业为中心的科技创新体系”的政策。该战略是在中国决定加入世界贸易组织（WTO）之后如何提升自身在全球知识经济中的竞争力的背景下出台的。之后，中国科技政策的重点为：推进创新体系由以公共科研机构为中心向以企业为中心的转变，以提升企业的创新能力和科技产业化能力。同时，开展了进一步实施国家研发资助计划、加强公共科研机构的改革力度（如中国科学院知识创新工程）的国家科技体制创新。中国开始重视从 OECD 国家借鉴先进的创新政策理念。

④ 2006 年中国召开第一次全国科技大会，颁布《国家中长期科学和技术发展规划纲要（2006—2020 年）》，提出自主创新战略和建设创新型国家目标，标志我国进入了国家创新体系建设新时期。中国政府开始调整其基础结构并优化政策及管理，将零散的、缺乏协调的科技政策决策方式上下协同并系统化；将政策目标由促进研发调整为有利于创新的基础体系构建；将政策措施由一个措施适用所有情况转变为可以微调、有所区分从而针对具体情况量体裁衣提供更加完

善的支持。

⑤ 2012 年全国科技创新大会召开，全面实施创新驱动发展战略新时期。深化科技体制改革的中心任务确定为：解决科技与经济结合问题，推动企业成为技术创新主体，增强企业创新能力。2013 年，国务院办公厅发布《关于强化企业技术创新主体地位，全面提升企业创新能力的意见》（国办发〔2013〕8 号），明确指出："到 2015 年，基本形成以企业为主体、市场为导向、产学研相结合的技术创新体系。培育发展一大批创新型企业，企业研发投入明显提高，大中型工业企业平均研发投入占主营业务收入比例提高到 1.5%，行业领军企业达到国际同类先进企业水平，企业发明专利申请和授权量实现翻一番。企业主导的产学研合作深入发展，建设一批产业技术创新战略联盟和产业共性技术研发基地，突破一批核心、关键和共性技术，形成一批技术标准，转化一批重大科技成果。企业创新环境进一步优化，形成一批资源整合、开放共享的技术创新服务平台，面向企业的科技公共服务能力大幅度提高，涌现出一大批富有活力的科技型中小企业和民办科研机构。到 2020 年，企业主导产业技术研发创新的体制机制更加完善，企业创新能力大幅度提升，形成一批创新型领军企业，带动经济发展方式转变实现重大进展"。还确定了进一步完善引导企业加大技术创新投入的机制、支持企业建立研发机构、支持企业推进重大科技成果产业化、大力培育科技型中小企业、以企业为主导发展产业技术创新战略联盟、依托转制院所和行业领军企业构建产业共性技术研发基地、强化科研院所和高等学校对企业技术创新的源头支持、完善面向企业的技术创新服务平台、加强企业创新人才队伍建设、推动科技资源开放共享、提升企业技术创新开放合作水平和完善支持企业技术创新的财税金融等政策等重点任务。

从这个过程可知，中国企业创新政策的演变表现为对创新政策、系统变革和体制创新理解的逐步深化。其实践经验表明，提升中国企业的创新能力和实现基于市场条件下以企业为中心的创新机制的转变，比树立新观念更具挑战性；同时，寻求基于市场的创新模式与国家研发计划直接资助的创新机制之间的平衡仍然是中国面临的难题[1]。这也是当前中国所面临的两个最大挑战。

[1] OECD 和中国科技部．中国创新政策述评（Ⅱ）．科学观察，2009（2）：9-23.

第2章

企业创新政策的体系框架

现有研究对创新政策工具分类主要有三种[1]：第一种是Rothwell和Zegveld最早提出的对技术创新政策工具的分类和定义，从创新政策可能产生影响的层面，将其分为供给面政策工具、需求面政策工具与环境面政策工具[2]；第二种是Borras和Edquist将技术创新政策工具划分为规制工具、经济转移工具和软性工具，分别代表政策工具所具有的“大棒”“胡萝卜”和“非强制性管理”三种角色[3]；第三种是Dolfsma和Seo利用累积式、离散式两种技术开发形式与高、低两种市场网络效应建立的2×2矩阵[4]。这是我们进行政策体系构建的方法基础，但上述分类虽做出了有效区分，却难以构建政策之间的相互关系。因此，在已有政策分类研究基础上，我们采用一种政策分析的“系统法”：对数量庞大的创新政策进行系统构建，从政策功能定位（如法理层面、战略与方针层面、基本面政策和具体政策等）分析政策之间的内在联系；再从政策效力（如全国普适性政策、区块政策、界面政策等）角度进行分类，进而在各层级、条块下按照政

[1] 李凡，刘沛罡，刘姿含．中印信息技术产业创新政策工具比较研究［J］．科技进步与对策，2015(15)：110-115.

[2] ROTHWELLR..industrial innovation and public policy :prepareing for the 1980s and the 1990[M]. london : frances printer,1981 : 1930.

[3] BORRASS,EDQUISTC.the choice of innovation police indutruments [J] .technological forecasting and social change,2013,80(8) : 1513-1522.

[4] Rothwell R, Dodgson M.European technology policy evolution : convergence towards SMEs and regional technology transfer [J] .Technovation, 1992, 12(4) : 223-238.

策影响群体层面（R-Z 维[1]）、政策强制力方式（B-E 维[2]）等进行结构细化，从而搭建起企业创新政策体系。实际上，在各层级政策中，均可能存在 R-Z 维和 B-E 维交叉的矩阵式分布。

基于上述系统法，对中国企业创新政策体系进行构建。

第一步，按照政策功能定位进行划分，将企业创新政策分为总政策、基本政策和具体政策三类，其中总政策为根政策，阐明政策的缘起、理念和战略方针等内容，主要包括法律、发展战略和改革纲领性文件，以及承载这些战略或改革方针的国家重大发展规划等；基本政策是总政策的宏观落实，而具体政策是对总政策的操作层面的落实措施，从而在分类中建立起政策体系的“总 - 分 - 具体”内在关联关系。

第二步，按照政策作用效力进行划分，再将创新政策分为综合性政策、普适性政策、专项政策、产业政策和区域政策，其中综合性政策的政策效力最高，对已有政策调整和未来政策制定具有决定性的统辖作用，其他各类政策必须与其保持一致；普适性政策的实施范围最广，所有企业都具有享受该类政策的权利，如企业研发费用税前价计扣除政策、科技计划与投入政策、知识产权政策、人才政策和科技奖励政策等；专项政策和产业政策都具有条块特征，但专项政策是在某一方向中可能涉及多个乃至于全产业的，如涉及主要产业领域的国有企业创新政策、涉及所有产业领域的中小企业创新政策等，因此专项政策有别于产业政策，更类似于一个在限定条件下的普适性政策，因而我们将专项政策归为基本政策，将产业政策归为具体政策；区域政策则是块状的政策，即只是在某一制定地理区域范围内实施的政策，其地理空间边界明确，是在制定地理范围内，包含所有产业、所有方向的，与企业创新密切相关的具体政策。

第三步，按照上述纵横关系，组合构成企业创新政策体系的基本框架（图 1-1）。

---

[1] R-Z 维即 Rothwell 和 Zegveld 提出的对技术创新政策工具的分类方法。

[2] B-E 维即 Borras 和 Edquist 提出的对技术创新政策工具的分类方法。

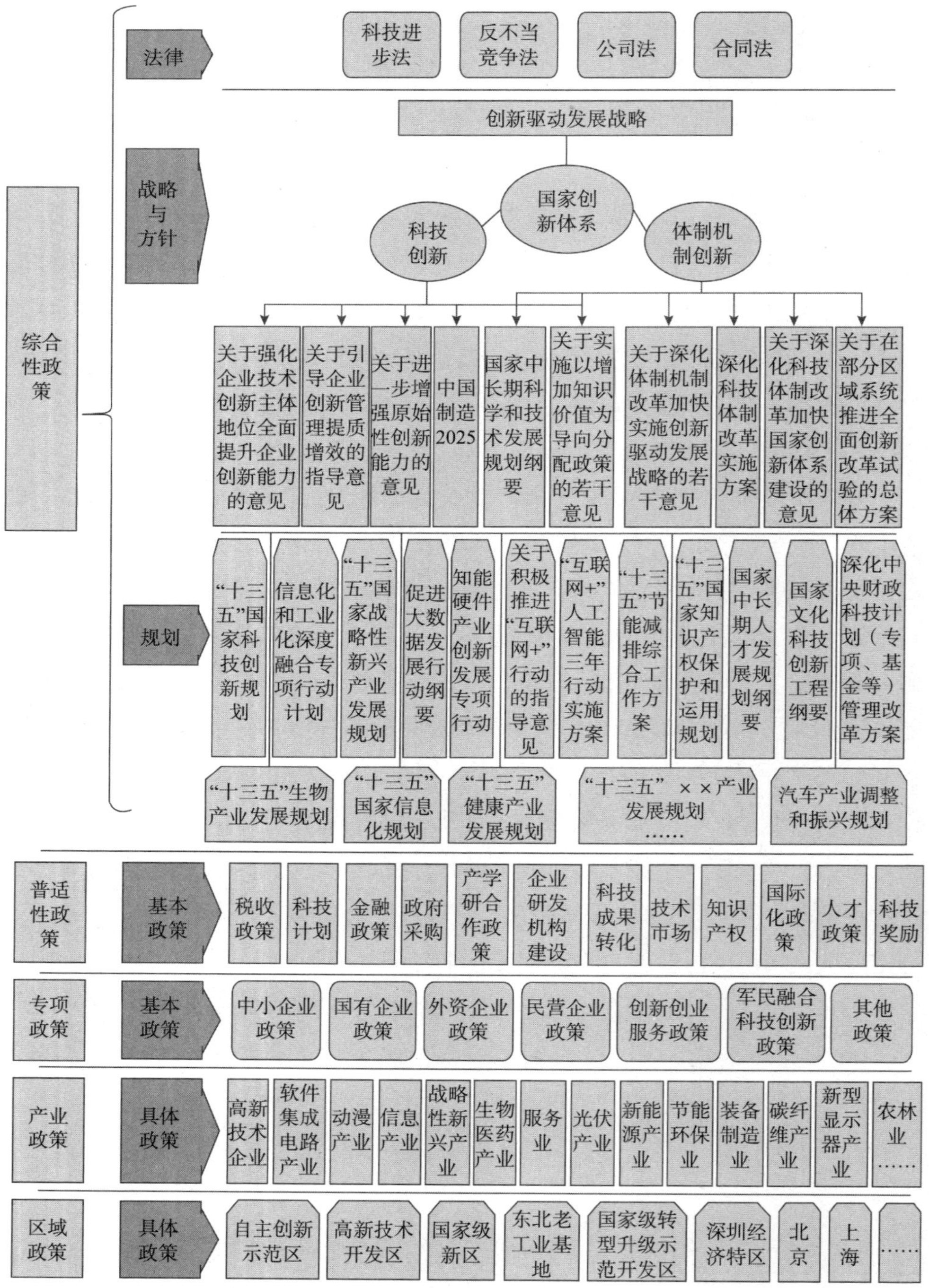

图1-1　中国企业创新政策体系框架

第3章

企业创新政策体系的主要特征

从政策内容上看，企业创新政策体系存在如下特征。

①政策目标重心回归企业自主创新能力，在技术自主性上表现为三个阶段：初期通过放权让利的激活现存技术阶段；强调技术引进与消化、应用的“以市场换技术”阶段；强调自主创新的技术主导与创新驱动阶段。

②适应全球竞争的创新倒逼机制，存在技术创新政策的被动适应性特征。例如,《技术型贸易壁垒协议》[1]是促使中国增加知识创新含量的重要文件。这是因为往往是发达国家根据本国已有的国家标准或技术水平制订相应的进口条件，这些条件是许多发展中国家企业远达不到的标准，从而限制其进口。

③在政策的适用对象上，存在从科研院所到企业的转变，实质上是技术创新主导权由政府向市场的转移；而在企业上，政策的扶植重心从国有大中型企业逐步向民营中小企业转移。随着中国经济体制改革的深入、市场经济体制目标的确立及技术创新研究的深入，企业技术创新主体地位被明确，相应的政策也逐步出台，如“企业技术中心建设计划”“产学研联合开发工程计划”“关于促进企业技术进步有关财务税收问题的通知”等，政策干预的对象不仅限于国有企业和集体企业，而且涉及民营科技企业，并越来越关注中小企业的创新创业。

④在政策的着力点上，技术创新政策在技术创新链上的分布呈现两头小、中间大的格局，政策支持技术创新链重心靠后端。如果将技术创新过程分为基

---

[1]《技术型贸易壁垒协议》是指那些确定工业产品或消费品的某些属性的强制性或非强制性的法规和标准，以及检验产品是否符合技术法规和确定产品质量及适用性能的认证、审批和试验程序所形成的贸易障碍。

础研究、应用研究、技术转移、工程化、生产、营销、技术扩散、教育与培训8个阶段，在现有的技术创新政策中，基础研究政策占7.6%，应用研究与试验阶段政策占17.5%，技术转移政策占16.46%，工程化政策占14.2%，生产政策占17.47%，营销政策占12.91%，技术扩散政策占10.13%，教育与培训政策占3.8%[1]（图1-2）。从政策支持范围上看，中国企业技术创新政策更多地支持应用研究活动以后的试验发展、技术转移、工程化、生产、营销（商业模式）和技术扩散等技术创新线性链条的后端行为，对基础研究、应用研究支持相对较少[2]。

从政策效力上看，中国企业创新政策的一个重要特点是，绝大多数都以部门通知、办法、规定、条例、意见等形式颁布的，以法律形式颁布的相关综合性、普适性、强制性政策很少，所占比例不足5%。在这种情况下，因部门管理权限调整与工作重点转换而快速转变创新政策关注点的可能性高，致使创新政策缺乏权威性和连续性[3]。

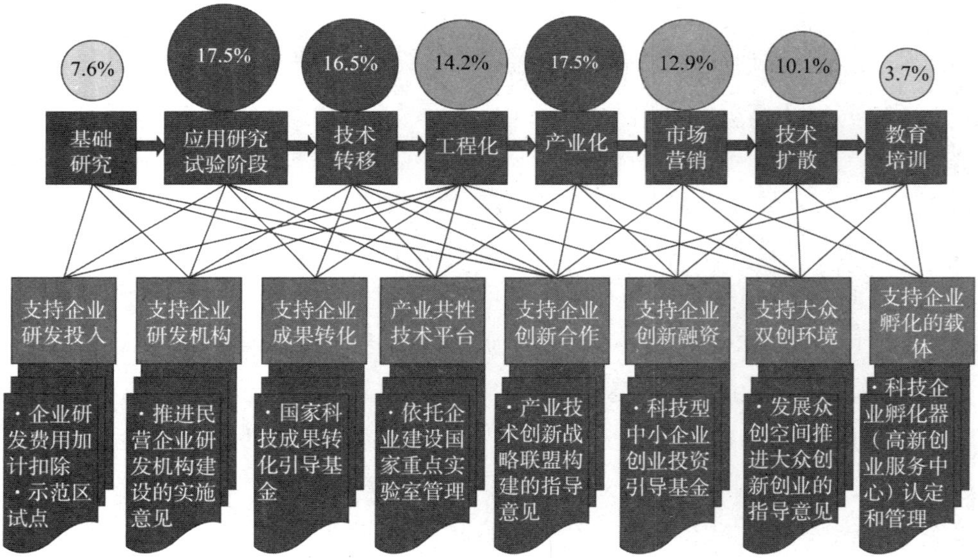

图1-2 我国企业创新政策的类型与分布

资料来源：基于张赤东等著《中国企业技术创新主体地位评价》（知识产权出版社，2015）整理。

---

[1] 王秋菊．我国技术创新政策的发展趋势．科技成果纵横，2010（5）：33-35.

[2] 马驰，高昌林．经济转轨中的技术创新系列政策分析．科技导报，1997（4）：18-22.

[3] 冯毅梅，李兆友．试析入世以来我国技术创新政策的特点．人民论坛，218-220.

从政策手段上看，中国企业创新政策手段是从直接资助到间接资助、项目支持到普适性政策，干预方式由依赖计划手段逐步向市场手段转变。科技计划（项目）一直是政府干预技术创新的主要政策工具。随着时间的推移，科技计划的干预方式、干预对象和干预内容都在发生变化。早期指令性计划较多，而后期计划多为指导性。政府对技术创新的管理由过去的侧重行政指令向以提供服务和政策为主转变，由单纯“上项目”向“抓典型示范”转变。在基础研究中也引入竞争机制，其目标是为更好地实现资源的有效配置。

第4章

企业创新政策体系的发展趋势

一、加强政策制定与实施中的系统性和战略性

目前，中国企业创新政策体系已从单一的科技政策、产业政策向明确的科技创新政策转变，企业、科研院所以及个人的科技创新意识和能力明显加强，科技创新法律法规建设取得重要进展，但是，企业创新政策体系尚处在快速建设发展时期，中国社会主义市场经济体制有待健全，经济、科技体制改革滞后，融投资体制尚不健全完善，创新政策政出多门、管理不统一问题比较突出，尚未形成推进企业创新政策形成合力的有效协调机制，相关创新政策研究需要进一步提高系统性、战略性。

令人鼓舞的是，党的十八大以来，上述问题都引起了中央政府的关注，国家科技部将进一步加强宏观协调职能，研发管理将向创新服务转变，企业创新政策的系统性、战略性发展趋势明显。系统性是指政策制定和实施涉及经济和社会的多个部门，并且需要多部门的配合和协调，而要避免政出多门，相互矛盾。战略性是指科技创新政策服务于国家的科技经济战略目标，而并不单指服务于某个方面的目标。

二、加强政策对企业创新动力的微观激励

现行企业创新政策重在激励企业的创新行为，其实忽略了企业是否会愿意开展创新这一重要环节——微观层面的企业创新动力。从企业创新活动上讲，当前企业创新政策所遵循的创新过程链条是不完整的，因此，创新政策供给也是存在缺陷的。

基于熊彼特创新理论、企业创新阶段性特征和创新链分析等，我们总结提出了由谋利动机、创新动机、创新行为和价值实现 4 个节点及其之间的 3 个环节构成的企业创新微观动力机制（图 1-3）。首先，企业家要发现一个商业机会，产生强烈的谋利动机。这是创新的原始冲动，或者说原始的创新动力。熊彼特将其归结为企业家精神。其次，在有了谋利动机后会选择谋利方式，如果选择了创新这一路径，就会产生创新动机。再次，企业家集成技术、资本等方面的资源，组织实施创新活动。最后，凭借创新产品（服务）的竞争优势，创造出新的需求，同时降低成本、提高产品质量，创造更高的经济价值。

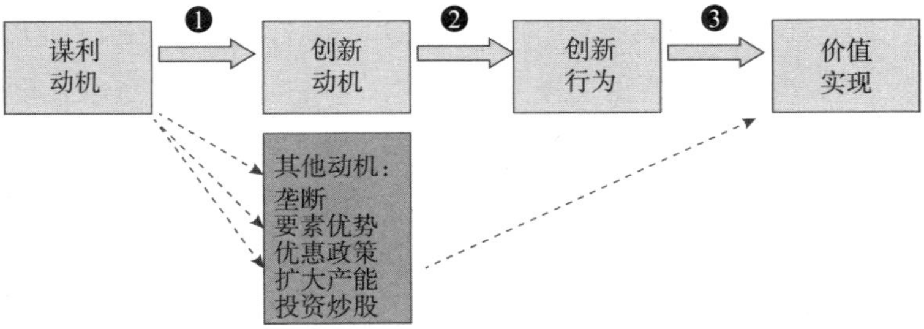

图1-3　企业创新的微观动力机制

微观动力机制表明，企业创新的关键在于使企业家有足够的动力，顺利地从谋利动机向下传递，完成三个环节过程，直至价值实现。一般而言，在市场经济条件下企业家会主动挖掘商机，而产生谋利动机的。但是，从谋利动机到创新动机的传递开始，并不是一个必然的过程。例如，在第一个环节从谋利动机到创新动机的过程中，企业家可以选择创新，还可以选择通过垄断、扩大产能、投资房地产等其他诸多方式去获利。因此，创新只是企业盈利的诸多路径之一。企业家是否选择创新，需要将创新与其他行为动机在投入成本、风险和收益之

间进行权衡。

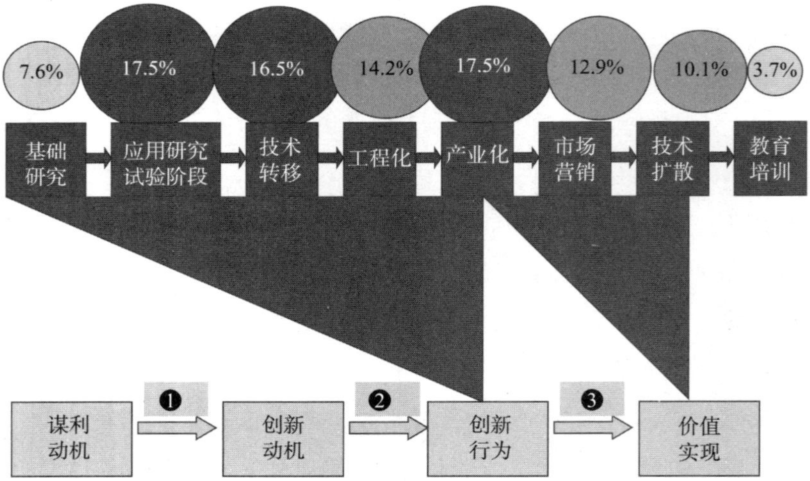

图1-4　我国企业创新政策着力点分布

资料来源：基于《中国企业技术创新主体地位评价》和《我国技术创新政策发展趋势》整理。

由企业创新微观动力机制及当前企业创新政策对应分布（图 1-4）可知，要促进企业家顺利产生创新动机是极为重要的，不仅需要一个有利于创新的公平公正的市场竞争环境，更需要政策引导。这正是当前我国大力推动供给侧结构性改革，加强并优化创新政策供给的一个根本原因。

那么，新阶段新时期企业创新政策应该关注什么？从企业创新微观动力机制上看，政策关注点不仅应该是从创新行为到价值实现，也应该关注从谋利动机到创新动机，进而促进形成创新行为，即上述第一和第二个环节，这是解决我国企业创新动力不足问题的关键。

三、加强需求面创新政策以促进供给侧结构性改革

从政策类型上看，未来中国政府需重视技术创新的需求政策。

技术创新政策可分为技术创新供给政策、需求政策和环境政策。长期以来，

我国各项技术创新政策之间缺乏协同，现行的政策偏重于供给政策和环境政策，而对技术创新的需求政策重视不够。20 世纪 80 年代，我国技术创新政策主要是供给方面的；20 世纪 90 年代后，开始更加注重创造有利于技术创新的环境，完善相关法规体系，先后制定了税收优惠政策、推动技术扩散的技术市场政策、扶持高新技术产业发展的政策等。据初步统计，在现有政策中涉及供给的政策约占 50.75%，涉及需求的政策占 7.5%，涉及环境的政策占 41.79%。由此可见，我国技术创新政策偏重于干预技术创新的供给和环境，对技术创新的需求重视明显不够。

第二篇

综合性政策

国家层面的法律、重大发展战略、改革纲领性文件及承载战略、改革方针的重大发展规划等，是当前及未来政策的方向，其中有的还明确提出政策任务，彰显社会经济科技发展的政策导向，决定了企业及企业创新活动在社会经济发展中的地位与作用设计，以及未来可能向企业释放利好的政策空间边界和政策手段方式，是企业创新决策及享受政策不可不察的“方向性政策”。

中国企业创新政策体系中的综合性政策主要有法律、发展战略和改革纲领性文件及其相关重大发展规划三个层面政策，其框架图如图 2-1。

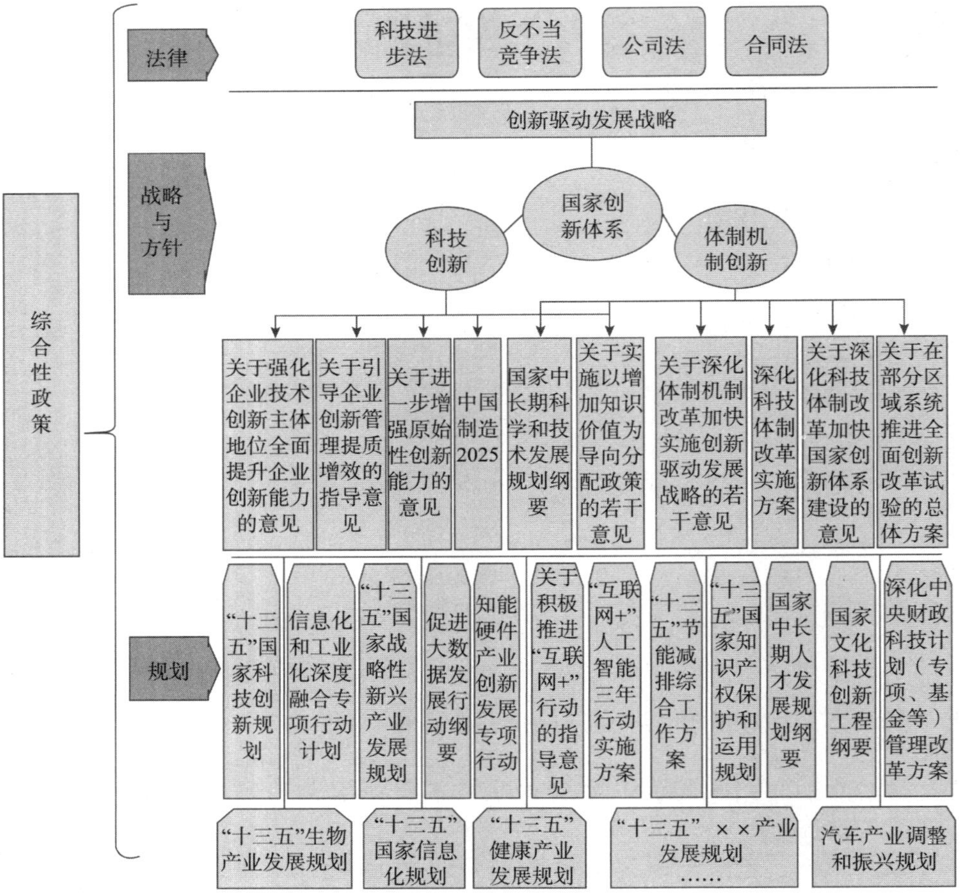

图2-1　综合性政策结构框架

第5章

法律的条目指引与政策要点

《中华人民共和国科学技术进步法》《中华人民共和国反不正当竞争法》《中华人民共和国公司法》《中华人民共和国合同法》等法律是综合性政策的根基，任何政策的出台都需有法可依、与法相一致，不可违法。

法律方面的条目结构如图 2-2 所示，下面将从法定的国家创新方略、法定的对科学技术创新活动的支持、法定的对企业技术进步的扶植和对市场竞争的法律保护四个方面对政策要点进行简要说明。

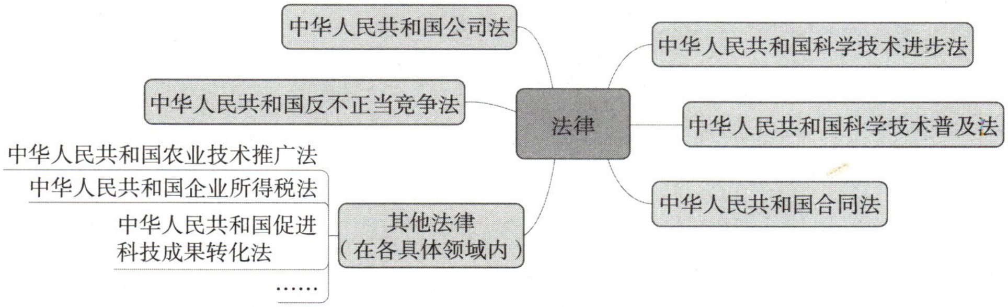

图2-2　法律方面条目结构

一、法定的国家创新方略

《中华人民共和国科学技术进步法》（2007 年修订）：

实施科教兴国战略，实行自主创新、重点跨越、支撑发展、引领未来的科学技术工作指导方针，构建国家创新体系，建设创新型国家。

国家鼓励科学技术研究开发，推动应用科学技术改造传统产业、发展高新技术产业和社会事业。

国家鼓励科学技术研究开发与高等教育、产业发展相结合。

国家加强军用与民用科学技术计划的衔接与协调，促进军用与民用科学技术资源、技术开发需求的互通交流和技术双向转移，发展军民两用技术。

国家制定和实施知识产权战略，建立和完善知识产权制度，营造尊重知识产权的社会环境，依法保护知识产权，激励自主创新。企业事业组织和科学技术人员应当增强知识产权意识，增强自主创新能力，提高运用、保护和管理知识产权的能力。

国家加大财政性资金投入，并制定产业、税收、金融、政府采购等政策，鼓励、引导社会资金投入，推动全社会科学技术研究开发经费持续稳定增长。

二、法定的对科学技术创新活动的支持

《中华人民共和国科学技术进步法》（2007 年修订）：

国家设立科技型中小企业创新基金，资助中小企业开展技术创新。国家在必要时可以设立其他基金，资助科学技术进步活动。

第十七条❶ 从事下列活动的，按照国家有关规定享受税收优惠：（一）从事技术开发、技术转让、技术咨询、技术服务；（二）进口国内不能生产或者性能不能满足需要的科学研究或者技术开发用品；（三）为实施国家重大科学技术专项、国家科学技术计划重大项目，进口国内不能生产的关键设备、原材料或者零部件；（四）法律、国家有关规定规定的其他科学研究、技术开发与科学技术应用活动。

第十八条 国家鼓励金融机构开展知识产权质押业务，鼓励和引导金融机构在信贷等方面支持科学技术应用和高新技术产业发展，鼓励保险机构根据高新技术产业发展的需要开发保险品种。政策性金融机构应当在其业务范围内，为

❶ 完整条目保留在法律条文中的原序号，以便读者查找原文进行对照。下同。

科学技术应用和高新技术产业发展优先提供金融服务。

第二十二条　国家鼓励根据国家的产业政策和技术政策引进国外先进技术、装备。利用财政性资金和国有资本引进重大技术、装备的，应当进行技术消化、吸收和再创新。

第二十五条　对境内公民、法人或者其他组织自主创新的产品、服务或者国家需要重点扶持的产品、服务，在性能、技术等指标能够满足政府采购需求的条件下，政府采购应当购买；首次投放市场的，政府采购应当率先购买。政府采购的产品尚待研究开发的，采购人应当运用招标方式确定科学技术研究开发机构、高等学校或者企业进行研究开发，并予以订购。

第二十六条　国家推动科学技术研究开发与产品、服务标准制订相结合，科学技术研究开发与产品设计、制造相结合；引导科学技术研究开发机构、高等学校、企业共同推进国家重大技术创新产品、服务标准的研究、制定和依法采用。

第二十七条　国家培育和发展技术市场，鼓励创办从事技术评估、技术经纪等活动的中介服务机构，引导建立社会化、专业化和网络化的技术交易服务体系，推动科学技术成果的推广和应用。

第二十八条　国家实行科学技术保密制度，保护涉及国家安全和利益的科学技术秘密。国家实行珍贵、稀有、濒危的生物种质资源、遗传资源等科学技术资源出境管理制度。

第四十七条　国家鼓励社会力量自行创办科学技术研究开发机构，保障其合法权益不受侵犯。社会力量设立的科学技术研究开发机构有权按照国家有关规定，参与实施和平等竞争利用财政性资金设立的科学技术基金项目、科学技术计划项目。社会力量设立的非营利性科学技术研究开发机构按照国家有关规定享受税收优惠。

第六十六条　国家鼓励国内外的组织或者个人捐赠财产、设立科学技术基金，资助科学技术研究开发和科学技术普及。

三、法定的对企业技术进步的扶植

《中华人民共和国科学技术进步法》（2007 年修订）：

第三十条　国家建立以企业为主体，以市场为导向，企业同科学技术研究开发机构、高等学校相结合的技术创新体系，引导和扶持企业技术创新活动，发挥企业在技术创新中的主体作用。

第三十一条　县级以上人民政府及其有关部门制定的与产业发展相关的科学技术计划，应当体现产业发展的需求。县级以上人民政府及其有关部门确定科学技术计划项目，应当鼓励企业参与实施和平等竞争；对具有明确市场应用前景的项目，应当鼓励企业联合科学技术研究开发机构、高等学校共同实施。

第三十二条　国家鼓励企业开展下列活动：（一）设立内部科学技术研究开发机构；（二）同其他企业或者科学技术研究开发机构、高等学校联合建立科学技术研究开发机构，或者以委托等方式开展科学技术研究开发；（三）培养、吸引和使用科学技术人员；（四）同科学技术研究开发机构、高等学校、职业院校或者培训机构联合培养专业技术人才和高技能人才，吸引高等学校毕业生到企业工作；（五）依法设立博士后工作站；（六）结合技术创新和职工技能培训，开展科学技术普及活动，设立向公众开放的普及科学技术的场馆或者设施。

第三十三条　国家鼓励企业增加研究开发和技术创新的投入，自主确立研究开发课题，开展技术创新活动。国家鼓励企业对引进技术进行消化、吸收和再创新。企业开发新技术、新产品、新工艺发生的研究开发费用可以按照国家有关规定，税前列支并加计扣除，企业科学技术研究开发仪器、设备可以加速折旧。

第三十四条　国家利用财政性资金设立基金，为企业自主创新与成果产业化贷款提供贴息、担保。政策性金融机构应当在其业务范围内对国家鼓励的企业自主创新项目给予重点支持。

第三十五条　国家完善资本市场，建立健全促进自主创新的机制，支持符合条件的高新技术企业利用资本市场推动自身发展。国家鼓励设立创业投资引导基金，引导社会资金流向创业投资企业，对企业的创业发展给予支持。

第三十六条　下列企业按照国家有关规定享受税收优惠：（一）从事高新技术产品研究开发、生产的企业；（二）投资于中小型高新技术企业的创业投资企业；（三）法律、行政法规规定的与科学技术进步有关的其他企业。

第三十七条　国家对公共研究开发平台和科学技术中介服务机构的建设给予支持。公共研究开发平台和科学技术中介服务机构应当为中小企业的技术创新提供服务。

第三十八条　国家依法保护企业研究开发所取得的知识产权。企业应当不断提高运用、保护和管理知识产权的能力，增强自主创新能力和市场竞争能力。

第三十九条　国有企业应当建立健全有利于技术创新的分配制度，完善激励约束机制。国有企业负责人对企业的技术进步负责。对国有企业负责人的业绩考核，应当将企业的创新投入、创新能力建设、创新成效等情况纳入考核的范围。

第四十条　县级以上地方人民政府及其有关部门应当创造公平竞争的市场环境，推动企业技术进步。国务院有关部门和省、自治区、直辖市人民政府应当通过制定产业、财政、能源、环境保护等政策，引导、促使企业研究开发新技术、新产品、新工艺，进行技术改造和设备更新，淘汰技术落后的设备、工艺，停止生产技术落后的产品。

四、对市场竞争的法律保护

《中华人民共和国反不正当竞争法》（中华人民共和国主席令第 10 号）：

第五条　经营者不得采用下列不正当手段从事市场交易，损害竞争对手：（一）假冒他人的注册商标；（二）擅自使用知名商品特有的名称、包装、装潢，或者使用与知名商品近似的名称、包装、装潢，造成和他人的知名商品相混淆，使购买者误认为是该知名商品；（三）擅自使用他人的企业名称或者姓名，引人误认为是他人的商品；（四）在商品上伪造或者冒用认证标志、名优标志等质量标志，伪造产地，对商品质量作引人误解的虚假表示。

第六条　公用企业或者其他依法具有独占地位的经营者，不得限定他人购买其指定的经营者的商品，以排挤其他经营者的公平竞争。

第七条　政府及其所属部门不得滥用行政权力，限定他人购买其指定的经营者的商品，限制其他经营者正当的经营活动。政府及其所属部门不得滥用行政权力，限制外地商品进入本地市场，或者本地商品流向外地市场。

第九条　经营者不得利用广告或者其他方法，对商品的质量、制作成分、性能、用途、生产者、有效期限、产地等作引人误解的虚假宣传。广告的经营者不得在明知或者应知的情况下，代理、设计、制作、发布虚假广告。

第十条 经营者不得采用下列手段侵犯商业秘密：（一）以盗窃、利诱、胁迫或者其他不正当手段获取权利人的商业秘密；（二）披露、使用或者允许他人使用以前项手段获取的权利人的商业秘密；（三）违反约定或者违反权利人有关保守商业秘密的要求，披露、使用或者允许他人使用其所掌握的商业秘密。

第三人明知或者应知前款所列违法行为，获取、使用或者披露他人的商业秘密，视为侵犯商业秘密。

本条所称的商业秘密，是指不为公众所知悉、能为权利人带来经济利益、具有实用性并经权利人采取保密措施的技术信息和经营信息。

第十一条 经营者不得以排挤竞争对手为目的，以低于成本的价格销售商品。

第十二条 经营者销售商品，不得违背购买者的意愿搭售商品或者附加其他不合理的条件。

第十四条 经营者不得捏造、散布虚伪事实，损害竞争对手的商业信誉、商品声誉。

《中华人民共和国合同法》（1999 年 3 月 15 日中华人民共和国主席令第十五号公布）：

分则第十八章：技术合同就技术开发、转让、咨询或者服务订立的确立相互之间权利和义务进行确定，并指出：订立技术合同，应当有利于科学技术的进步，加速科学技术成果的转化、应用和推广。

第6章

发展战略和改革文件的条目指引与政策要点

十八大以来，中国政府开始全面深入实施“创新驱动发展战略”，提出“一个体系”（建设国家创新体系）、“双轮驱动”（依靠科技创新和体制机制创新驱动）等战略任务，进一步明确并强化“创新”在国家发展中的地位和作用，并发布了《国家创新驱动发展战略纲要》《关于深化体制机制改革，加快实施创新驱动发展战略的若干意见》《关于深化科技体制改革加快国家创新体系建设的意见》《关于强化企业技术创新主体地位全面提升企业创新能力的意见》《关于引导企业创新管理提质增效的指导意见》《中国制造 2025》《关于实行以增加知识价值为导向分配政策的若干意见》等 15 个与企业创新密切相关的国家发展战略和改革纲领性文件[1]，在基本法律框架下提出了促进企业创新的国家发展方向、目标任务和路径安排。

发展战略与改革纲领性文件的政策框架结构见图 2-3，下面将从国家创新驱动发展战略、知识产权、市场竞争与政府监管、企业创新主体地位、科技计划、财税支持、政府采购、资本市场与金融支持、国有企业、高新技术企业、中小企业、产学研与中试、战略性新兴产业与传统产业、科技服务业、军民融合、国际化发展、人才和科技奖励等方面对本部分政策要点进行简要说明。

[1] 按现行有效文件进行统计。下同。

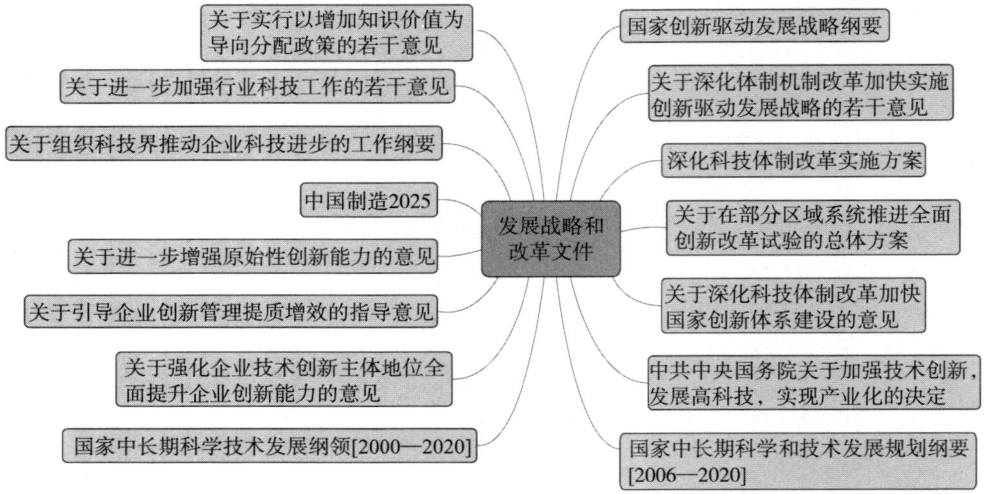

图2-3　发展战略与改革纲领性文件的政策框架结构

一、国家创新驱动发展战略

战略目标：到2020年创新型经济格局初步形成。若干重点产业进入全球价值链中高端，成长起一批具有国际竞争力的创新型企业和产业集群。科技进步贡献率提高到60%以上，知识密集型服务业增加值占国内生产总值的20%。到2030年主要产业进入全球价值链中高端。不断创造新技术和新产品、新模式和新业态、新需求和新市场，实现更可持续的发展、更高质量的就业、更高水平的收入、更高品质的生活。

战略布局：按照“坚持双轮驱动、构建一个体系、推动六大转变”进行布局，构建新的发展动力系统。“双轮驱动”就是科技创新和体制机制创新两个“轮子”相互协调、持续发力。“一个体系”就是建设国家创新体系。“六大转变”就是发展方式从以规模扩张为主导的粗放式增长向以质量效益为主导的可持续发展转变；发展要素从传统要素主导发展向创新要素主导发展转变；产业分工从价值链中低端向价值链中高端转变；创新能力从“跟踪、并行、领跑”并存、“跟踪”为主向“并行”“领跑”为主转变；资源配置从以研发环节为主向产业链、创新链、资金链统筹配置转变；创新群体从以科技人员的小众为主向小众与大众创新创业互动转变。

战略任务：推动产业技术体系创新，加快工业化和信息化深度融合，把数字化、网络化、智能化、绿色化作为提升产业竞争力的技术基点，推进各领域新兴技术跨界创新，构建结构合理、先进管用、开放兼容、自主可控、具有国际竞争力的现代产业技术体系，发展新一代信息网络技术，智能绿色制造技术，生态、绿色、高效、安全的现代农业技术，安全、清洁、高效的现代能源技术，资源高效利用和生态环保技术，海洋和空间先进适用技术，智慧城市和数字社会技术，先进、有效、安全、便捷的健康技术，支撑商业模式创新的现代服务技术，引领产业变革的颠覆性技术。

二、知识产权

《国家创新驱动发展战略纲要》指出，要实施知识产权、标准、质量和品牌战略。

《关于深化体制机制改革加快实施创新驱动发展战略的若干意见》（2015 年 3 月 13 日）和《深化科技体制改革实施方案》（2015 年 9 月）：

实行严格的知识产权保护制度。

完善商业秘密保护法律制度，明确商业秘密和侵权行为界定，研究制定相应保护措施，探索建立诉前保护制度。

研究商业模式等新形态创新成果的知识产权保护办法。

完善知识产权审判工作机制，推进知识产权民事、刑事、行政案件的“三审合一”，积极发挥知识产权法院的作用，探索跨地区知识产权案件异地审理机制，打破对侵权行为的地方保护。

健全知识产权侵权查处机制，强化行政执法与司法衔接，加强知识产权综合行政执法，健全知识产权维权援助体系，将侵权行为信息纳入社会信用记录。

三、市场竞争与政府监管

《关于深化体制机制改革加快实施创新驱动发展战略的若干意见》（2015 年 3 月 13

日）和《深化科技体制改革实施方案》（2015 年 9 月）：

打破制约创新的行业垄断和市场分割。加快推进垄断性行业改革，放开自然垄断行业竞争性业务，建立鼓励创新的统一透明、有序规范的市场环境。切实加强反垄断执法，及时发现和制止垄断协议和滥用市场支配地位等垄断行为，为中小企业创新发展拓宽空间。

形成要素价格倒逼创新机制。运用主要由市场决定要素价格的机制，促使企业从依靠过度消耗资源能源、低性能低成本竞争，向依靠创新、实施差别化竞争转变。加快推进资源税改革，逐步将资源税扩展到占用各种自然生态空间，推进环境保护费改税。完善市场化的工业用地价格形成机制。健全企业职工工资正常增长机制，实现劳动力成本变化与经济提质增效相适应。

改进新技术新产品新商业模式的准入管理。改革产业准入制度，制定和实施产业准入负面清单，对未纳入负面清单管理的行业、领域、业务等，各类市场主体皆可依法平等进入。破除限制新技术新产品新商业模式发展的不合理准入障碍。对药品、医疗器械等创新产品建立便捷高效的监管模式，深化审评审批制度改革，多种渠道增加审评资源，优化流程，缩短周期，支持委托生产等新的组织模式发展。对新能源汽车、风电、光伏等领域实行有针对性的准入政策。改进互联网、金融、环保、医疗卫生、文化、教育等领域的监管，支持和鼓励新业态、新商业模式发展。

健全产业技术政策和管理制度。改革产业监管制度，将前置审批为主转变为依法加强事中事后监管为主，形成有利于转型升级、鼓励创新的产业政策导向。强化产业技术政策的引导和监督作用，明确并逐步提高生产环节和市场准入的环境、节能、节地、节水、节材、质量和安全指标及相关标准，形成统一权威、公开透明的市场准入标准体系。健全技术标准体系，强化强制性标准的制定和实施。强化环保、质检、工商、安全监管等部门的行政执法联动机制。

四、企业创新主体地位

《国家创新驱动发展战略纲要》提出，引导领军企业联合中小企业和科研单位系统布局创新链，提供产业技术创新整体解决方案。培育一批核心技术能力突出、集成创新能力强、引领重要产业发展的创新型企业，力争有一批企业进入全球百强创新型企业。

《关于深化体制机制改革加快实施创新驱动发展战略的若干意见》（2015 年 3 月 13 日）和**《深化科技体制改革实施方案》**（2015 年 9 月）：

扩大企业在国家创新决策中话语权。建立高层次、常态化的企业技术创新对话、咨询制度，发挥企业和企业家在国家创新决策中的重要作用。吸收更多企业参与研究制定国家技术创新规划、计划、政策和标准，相关专家咨询组中产业专家和企业家应占较大比例。国家科技规划要聚焦战略需求，重点部署市场不能有效配置资源的关键领域研究，竞争类产业技术创新的研发方向、技术路线和要素配置模式由企业依据市场需求自主决策。

《关于深化科技体制改革加快国家创新体系建设的意见》（2012 年 9 月 23 日）：

充分发挥企业在技术创新决策、研发投入、科研组织和成果转化中的主体作用，吸纳企业参与国家科技项目的决策，产业目标明确的国家重大科技项目由有条件的企业牵头组织实施。引导和支持企业加强技术研发能力建设。

《国务院办公厅关于强化企业技术创新主体地位全面提升企业创新能力的意见》（国办发〔2013〕8 号）：

要明确企业主要负责人对技术研发的责任，加强研发能力和品牌建设，建立健全技术储备制度，提高持续创新能力和核心竞争力。各级政府要鼓励和引导企业加大研发投入，大力培育创新型企业，充分发挥其对技术创新的示范引领作用。

五、科技计划

《关于深化体制机制改革加快实施创新驱动发展战略的若干意见》（2015 年 3 月 13 日）和**《深化科技体制改革实施方案》**（2015 年 9 月）：

市场导向明确的科技项目由企业牵头、政府引导、联合高等学校和科研院所实施。鼓励构建以企业为主导、产学研合作的产业技术创新战略联盟。更多运用财政后补助、间接投入等方式，支持企业自主决策、先行投入，开展重大产业关键共性技术、装备和标准的研发攻关。

《国务院办公厅关于强化企业技术创新主体地位全面提升企业创新能力的意见》（国办发〔2013〕8号）提出：

推进科研项目经费后补助工作，鼓励和引导企业按照国家战略和市场需求先行投入开展研发项目。国家科技计划项目征集和指南编制要充分听取企业专家的意见，产业化目标明确的重大科技项目由有条件的企业牵头组织实施。

六、企业研发机构

《国家创新驱动发展战略纲要》提出，培育世界一流创新型企业。鼓励行业领军企业构建高水平研发机构，形成完善的研发组织体系，集聚高端创新人才。

《国务院办公厅关于强化企业技术创新主体地位全面提升企业创新能力的意见》（国办发〔2013〕8号）：

支持企业建立研发机构。引导企业建设国家重点实验室，围绕产业战略需求开展基础研究。在行业骨干企业建设一批国家工程（技术）研究中心、国家工程实验室，支持企业开展技术成果工程化研究。加强国家认定企业技术中心和技术创新示范企业工作。对企业国家重点实验室、国家工程（技术）研究中心、国家认定的企业技术中心以及科技类民办非企业单位，依据相关规定给予进口科技开发用品或科教用品的税收优惠政策。对民办科研机构等新型研发组织，在承担国家科技任务、人才引进等方面与同类公办科研机构实行一视同仁的支持政策。

《中国制造2025》（国发〔2015〕28号）：

充分利用现有科技资源，围绕制造业重大共性需求，采取政府与社会合作、政产学研用产业创新战略联盟等新机制新模式，形成一批制造业创新中心（工业技术研究基地），开展关键共性重大技术研究和产业化应用示范。

《关于进一步加强行业科技工作的若干意见》（国科发高字〔2005〕14号）：

对于行业与地方共建的国家重点实验室、国家工程中心、专业性孵化器和产业化基地，在政策和经费上予以更多的支持。

七、财税支持

《国家创新驱动发展战略纲要》指出，完善激励企业研发的普惠性政策，引导企业成为技术创新投入主体。

《关于深化体制机制改革加快实施创新驱动发展战略的若干意见》（2015 年 3 月 13 日）和**《深化科技体制改革实施方案》**（2015 年 9 月）：

提高普惠性财税政策支持力度。坚持结构性减税方向，逐步将国家对企业技术创新的投入方式转变为以普惠性财税政策为主。统筹研究企业所得税加计扣除政策，完善企业研发费用计核方法，调整目录管理方式，扩大研发费用加计扣除优惠政策适用范围。完善高新技术企业认定办法，重点鼓励中小企业加大研发力度。

《关于深化科技体制改革加快国家创新体系建设的意见》（2012 年 9 月 23 日）：

落实企业研发费用税前加计扣除政策，适用范围包括战略性新兴产业、传统产业技术改造和现代服务业等领域的研发活动；改进企业研发费用计核方法，合理扩大研发费用加计扣除范围，加大企业研发设备加速折旧等政策的落实力度，激励企业加大研发投入。

八、政府采购

《关于深化体制机制改革加快实施创新驱动发展战略的若干意见》（2015 年 3 月 13 日）和**《深化科技体制改革实施方案》**（2015 年 9 月）：

健全优先使用创新产品的采购政策。建立健全符合国际规则的支持采购创新产品和服务的政策体系，落实和完善政府采购促进中小企业创新发展的相关措施，完善政府采购向中小企业预留采购份额、评审优惠等措施，加大创新产品和服务的采购力度。鼓励采用首购、订购等非招标采购方式，以及政府购买服务等方式予以支持，促进创新产品的研发和规模化应用。研究完善使用首台（套）重大技术装备鼓励政策，健全研制、使用单位在产品创新、增值服务和示范应用等环节的激励和约束机制。推进首台（套）重大技术装备保险补偿机制。放宽民口企业和科研单位进入军品科研生产和维修采购范围。

《国务院办公厅关于强化企业技术创新主体地位全面提升企业创新能力的意见》（国办发〔2013〕8号）：

建立健全首台（套）重大技术装备保险机制，支持企业研发和推广应用重大创新产品。

《中国制造2025》（国发〔2015〕28号）：

开展工业强基示范应用，完善首台（套）、首批次政策，支持核心基础零部件（元器件）、先进基础工艺、关键基础材料推广应用。

九、资本市场与金融支持

《关于深化体制机制改革加快实施创新驱动发展战略的若干意见》（2015年3月13日）和**《深化科技体制改革实施方案》**（2015年9月）：

（十）壮大创业投资规模。研究制定天使投资相关法规。研究扩大促进创业投资企业发展的税收优惠政策，适当放宽创业投资企业投资高新技术企业的条件限制，并在试点基础上将享受投资抵扣政策的创业投资企业范围扩大到有限合伙制创业投资企业法人合伙人。扩大国家科技成果转化引导基金规模，吸引优秀创业投资管理团队联合设立一批子基金，开展贷款风险补偿工作。设立国家新兴产业创业投资引导基金，带动社会资本支持战略性新兴产业和高技术产业早中期、初创期创新型企业发展。研究设立国家中小企业发展基金，保留专注于科技型中小企业的投资方向。结合国有企业改革设立国有资本创业投资基金，完善国有创投机构激励约束机制。完善外商投资创业投资企业规定，有效利用境外资本投向创新领域。研究保险资金投资创业投资基金的相关政策。

（十一）强化资本市场对技术创新的支持。发挥沪深交易所股权质押融资机制作用，支持符合条件的创新创业企业发行公司债券。支持符合条件的企业发行项目收益债，募集资金用于加大创新投入。推动修订相关法律法规，探索开展知识产权证券化业务。开展股权众筹融资试点，积极探索和规范发展服务创新的互联网金融。

（十二）拓宽技术创新的间接融资渠道。完善商业银行相关法律。选择符合条件的银行业金融机构，探索试点为企业创新活动提供股权和债权相结合的融资服务方式，与创业投资、股权投资机构实现投贷联动。稳步发展民营银行，建立与之相适应的监管制度，支持面向中小企业创新需求的金融产品创新。建立知识产权质押融资市场化风险补偿机制，简化知识产权质押融资流程。加快发展科技保险，推进专利保险试点。

十、国有企业

《国家创新驱动发展战略纲要》指出，改革完善国有企业评价机制，把研发投入和创新绩效作为重要考核指标。

《关于深化体制机制改革加快实施创新驱动发展战略的若干意见》（2015 年 3 月 13 日）和**《深化科技体制改革实施方案》**（2015 年 9 月）：

健全国有企业技术创新经营业绩考核制度，加大技术创新在国有企业经营业绩考核中的比重。对国有企业研发投入和产出进行分类考核，形成鼓励创新、宽容失败的考核机制。完善中央企业负责人经营业绩考核暂行办法。

《关于深化科技体制改革加快国家创新体系建设的意见》（2012 年 9 月 23 日）：

落实和完善国有企业研发投入的考核措施，加强对不同行业研发投入和产出的分类考核。加大国有资本经营预算对自主创新的支持力度，支持中央企业围绕国家重点研发任务开展技术创新和成果产业化。

《国务院办公厅关于强化企业技术创新主体地位全面提升企业创新能力的意见》（国办发〔2013〕8 号）：

落实和完善国有企业研发投入视同利润的考核措施。中央国有资本经营预算产业升级与发展专项资金要加大对中央企业技术创新的支持力度。

《关于实行以增加知识价值为导向分配政策的若干意见》（2016 年 11 月 7 日）：

完善国有企业对科研人员的中长期激励机制。尊重企业作为市场经济主体在收入分配上的自主权，完善国有企业科研人员收入与科技成果、创新绩效挂钩的奖励制度。国有企业科研人员按照合同约定薪酬，探索对聘用的国际高端科技人才、高端技能人才实行协议工资、项目工资等市场化薪酬制度。符合条件的国有科技型企业，可采取股权出售、股权奖励、股权期权等股权方式，或项目收益分红、岗位分红等分红方式进行激励。

十一、高新技术企业

《关于深化体制机制改革加快实施创新驱动发展战略的若干意见》（2015 年 3 月 13 日）和**《深化科技体制改革实施方案》**（2015 年 9 月）：

修订高新技术企业认定管理办法，重点鼓励中小企业加大研发力度，将涉及文化科技支撑、科技服务的核心技术纳入国家重点支持的高新技术领域。开展龙头企业创新转型试点，探索政府支持企业技术创新、管理创新、商业模式创新的新机制。

《关于进一步增强原始性创新能力的意见》（国科发基字〔2002〕180 号）：

在高新技术企业开展产权激励试点，允许企业采取职工购买企业股份、新增净资产股份奖励、股份期权等激励方式。

十二、中小企业

《关于深化体制机制改革加快实施创新驱动发展战略的若干意见》（2015 年 3 月 13 日）和**《深化科技体制改革实施方案》**（2015 年 9 月）：

制定科技型中小企业的条件和标准，完善中小企业创新服务体系，加快推进创业孵化、知识产权服务、第三方检验检测认证等机构的专业化、市场化改革，壮大技术交易市场。

《中国制造 2025》（国发〔2015〕28 号）：

研究制定降低中小企业知识产权申请、保护及维权成本的政策措施。

加快构建中小微企业征信体系，积极发展面向小微企业的融资租赁、知识产权质押贷款、信用保险保单质押贷款等。建设完善中小企业创业基地，引导各类创业投资基金投资小微企业。

十三、产学研与中试

《关于深化体制机制改革加快实施创新驱动发展战略的若干意见》（2015 年 3 月 13 日）和**《深化科技体制改革实施方案》**（2015 年 9 月）：

加强产学研结合的中试基地和共性技术研发平台建设。探索在战略性领域采取企业主导、院校协作、多元投资、军民融合、成果分享的新模式，整合形成若干产业创新中心。

《关于深化科技体制改革加快国家创新体系建设的意见》（2012 年 9 月 23 日）：

加大对中试环节的支持力度，促进从研究开发到产业化的有机衔接。

《中国制造 2025》（国发〔2015〕28 号）：

完善科技成果转化协同推进机制，引导政产学研用按照市场规律和创新规律加强合作，鼓励企业和社会资本建立一批从事技术集成、熟化和工程化的中试基地。

十四、军民融合

《国家创新驱动发展战略纲要》指出，开展军民协同创新，促进军民技术双向转移转化。

《关于深化科技体制改革加快国家创新体系建设的意见》（2012 年 9 月 23 日）：

完善军民科技融合机制，建设军民两用技术创新基地和转移平台，扩大民口科研机构和科技型企业对国防科技研发的承接范围。

十五、战略性新兴产业与传统产业

《关于深化科技体制改革加快国家创新体系建设的意见》（2012 年 9 月 23 日）：

完善科技支撑战略性新兴产业发展和传统产业升级的机制。建立科技有效支撑产业发展的机制，推动节能环保、新一代信息技术、生物、高端装备制造、新能源、新材料、新能源汽车等产业快速发展，增强市场竞争力，到 2020 年战略性新兴产业增加值占国内生产总值的比重力争达到 15% 左右。以数字化、网络化、智能化为重点，推进工业化和信息化深度融合。

加强技术创新，推动技术改造，促进传统产业优化升级。围绕品种质量、节能降耗、生态环境、安全生产等重点，完善新技术新工艺新产品的应用推广机制，提升传统产业创新发展能力。针对行业和技术领域特点，整合资源构建共性技术研发基地，在重点产业领域建设技术创新平台。

《国务院办公厅关于强化企业技术创新主体地位全面提升企业创新能力的意见》（国办发〔2013〕8 号）：

围绕培育发展战略性新兴产业，结合实施国家科技重大专项，通过联盟研发重大创新产品，掌握核心关键技术，构建产业链。

围绕改造提升传统产业，通过联盟开展共性技术攻关，解决制约产业升级的重大制造装备、关键零部件、基础原材料、基础工艺及高端分析检测仪器设备等难题。

围绕发展现代服务业，通过联盟加强技术创新、商业模式创新和管理创新，培育现代服务业新业态。

《中国制造 2025》（国发〔2015〕28 号）：

在重点领域试点建设智能工厂 / 数字化车间，加快人机智能交互、工业机器人、智能物流管理、增材制造等技术和装备在生产过程中的应用，促进制造工艺的仿真优化、数字化控制、状态信息实时监测和自适应控制。

实施工业云及工业大数据创新应用试点，建设一批高质量的工业云服务和工业大数据平台，推动软件与服务、设计与制造资源、关键技术与标准的开放共享。

建设重点领域制造业工程数据中心，为企业提供创新知识和工程数据的开放共享服务。

建立国家工业基础数据库，加强企业试验检测数据和计量数据的采集、管理、应用和积累。

实施工业产品质量提升行动计划，针对汽车、高档数控机床、轨道交通装备、大型成套技术装备、工程机械、特种设备、关键原材料、基础零部件、电子元器件等重点行业。

持续推进企业技术改造。明确支持战略性重大项目和高端装备实施技术改造的政策方向，稳定中央技术改造引导资金规模，通过贴息等方式，建立支持企业技术改造的长效机制。推动技术改造相关立法，强化激励约束机制，完善促进企业技术改造的政策体系。

十六、科技服务业

《关于深化科技体制改革加快国家创新体系建设的意见》（2012 年 9 月 23 日）：

培育、支持和引导科技中介服务机构向服务专业化、功能社会化、组织网络化、运行规范化方向发展，壮大专业研发设计服务企业，培育知识产权服务市场，推进检验检测机构市场化服务，完善技术交易市场体系，加快发展科技服务业。

《关于引导企业创新管理提质增效的指导意见》（工信部联产业〔2016〕245 号）：

发展高水平管理咨询服务。积极培育和发展管理咨询服务业，加大政府购买咨询服务支持力度，组织编制企业管理咨询机构名录，加大对中小微企业购买管理咨询服务的支持力度，引导管理咨询机构为企业提供专业化的服务。

《中国制造 2025》（国发〔2015〕28 号）：

研究制定促进服务型制造发展的指导意见，实施服务型制造行动计划。

十七、国际化发展

《国家创新驱动发展战略纲要》指出，全方位推进开放创新，支持企业面向全球布局创新网络，鼓励建立海外研发中心，按照国际规则并购、合资、参股国外创新型企业和研发机构，提高海外知识产权运营能力。以卫星、高铁、核能、超级计算机等为重点，推动我国先进技术和装备“走出去”。鼓励外商投资战略性新兴产业、高新技术产业、现代服务业，支持跨国公司在中国设立研发中心，实现引资、引智、引技相结合。

《关于进一步加强行业科技工作的若干意见》（国科发高字〔2005〕14号）：

深入实施“科技兴贸”战略，积极开展全球性、区域性的行业活动，推动企业“走出去”，跻身于国际市场竞争。不断提高对外开放水平，加快转变外贸增长方式，推进贸易方式和市场多元化。建立健全行业发展预警机制，应对绿色贸易壁垒。

十八、人才

《关于深化科技体制改革加快国家创新体系建设的意见》（2012年9月23日）：

大力引进海外优秀人才特别是顶尖人才，支持归国留学人员创新创业。重视工程实用人才、紧缺技能人才和农村实用人才培养。

《国务院办公厅关于强化企业技术创新主体地位全面提升企业创新能力的意见》（国办发〔2013〕8号）：

实施卓越工程师教育培养等计划，推行产学研合作教育模式和“双导师”制，鼓励高等学校和企业联合制订人才培养标准，共同建设课程体系和教学内容，共同实施培养过程，共同评价培养质量。

健全科技人才流动机制，鼓励科研院所、高等学校和企业创新人才双向流动和兼职。继续坚持企业院士专家工作站、博士后工作站、科技特派员等科技人员服务企业的有效方式，不断完善评价制度，构建长效机制，对于服务企业贡献突出的科技人员，采取优先晋升职务职称等奖励措施。

《关于在部分区域系统推进全面创新改革试验的总体方案》（2015年8月28号）：

进一步用好利益分配杠杆，让创新人才获利，让创新企业家获利。

十九、科技奖励

《关于深化体制机制改革加快实施创新驱动发展战略的若干意见》（2015 年 3 月 13 日）和**《深化科技体制改革实施方案》**（2015 年 9 月）：

引导和规范社会力量设奖，制定关于鼓励社会力量设立科学技术奖的指导意见。

《国务院办公厅关于强化企业技术创新主体地位全面提升企业创新能力的意见》（国办发〔2013〕8 号）：

加强国家科技奖励对企业技术创新的引导激励。

《中国制造 2025》（国发〔2015〕28 号）：

设立国家工业设计奖，激发全社会创新设计的积极性和主动性。

第7章

发展规划的条目指引与政策要点

国家重大发展战略规划是进一步落实创新驱动发展战略的一系列宏观发展任务部署与实施路径安排，主要包括《“十三五”国家科技创新规划》《“十三五”国家战略性新兴产业发展规划》《“十三五”节能减排综合工作方案》等涉及企业创新的“十三五”各类发展规划，《中央人才工作协调小组实施〈国家中长期人才发展规划纲要（2010—2020年）〉任务分工方案》的落实方案、《国家文化科技创新工程纲要》等专项规划及其实施方案，以及《信息化和工业化深度融合专项行动计划（2013—2018年）》《智能硬件产业创新发展专项行动（2016—2018年）》《“互联网+”人工智能三年行动实施方案》等专项行动计划或实施方案。

发展规划的政策框架结构如图2-4所示。由于各专项“十三五”规划的具

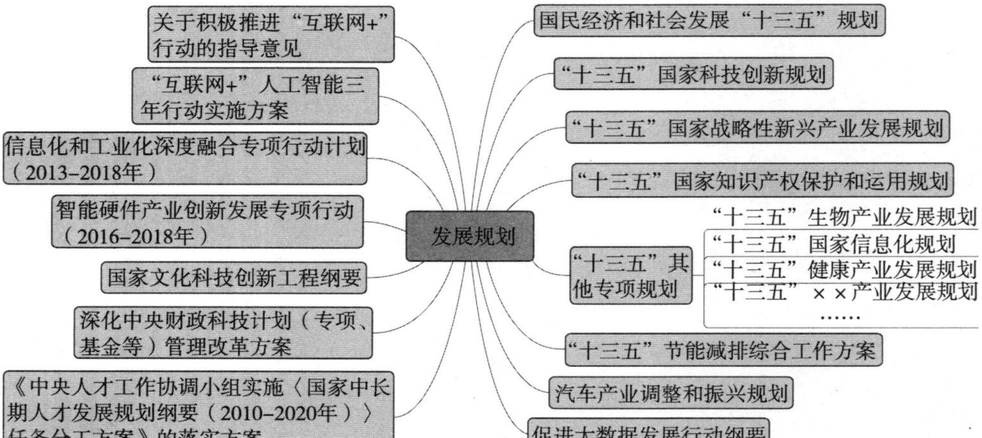

图2-4　发展规划方面政策框架结构

体领域十分明确，下面将不再对专项规划进行冗述，而重点针对国民经济与社会“十三五”规划、“十三五”国家科技创新规划、深化中央财政科技计划（专项、基金等）管理改革方案和信息化和工业化深度融合专项行动计划（2013—2018年）等进行简要说明。

一、国民经济和社会发展“十三五”规划

《中华人民共和国国民经济和社会发展第十三个五年规划纲要》（2016年3月17日发布）提出：

强化企业创新主体地位和主导作用，鼓励企业开展基础性前沿性创新研究，深入实施创新企业百强工程，形成一批有国际竞争力的创新型领军企业，支持科技型中小企业发展。

瞄准国际科技前沿，以国家目标和战略需求为导向，布局一批高水平国家实验室。

依托企业、高校、科研院所建设一批国家技术创新中心，支持企业技术中心建设。

完善国家科技决策咨询制度，增强企业家在国家创新决策体系中的话语权。市场导向的科技项目主要由企业牵头。

落实企业研发费用加计扣除和扩大固定资产加速折旧实施范围政策，强化对创新产品的首购、订购支持，激励企业增加研发投入。强化金融支持，大力发展风险投资。更好发挥企业家作用，包容创新对传统利益格局的挑战，依法保护企业家财产权和创新收益。

实施消费品质量提升工程，强化消费者权益保护，充分发挥消费者协会作用，营造放心便利的消费环境。

二、“十三五”国家科技创新规划

2016年7月28日，**《国务院关于印发“十三五”国家科技创新规划的通知》**（国

发〔2016〕43号）发布。该规划提出：

加强创新型企业建设，培育一批有国际影响力的创新型领军企业。推进创新企业百强工程。

增强企业家在国家创新决策体系中的话语权，发挥各类行业协会、基金会、科技社团等在推动科技创新中的作用，健全社会公众参与决策机制。吸引更多企业参与研究制定国家科技创新规划、计划、政策和标准，支持企业牵头联合高等学校、科研机构承担国家科技计划项目。

在重大创新领域布局建设国家实验室。聚焦国家目标和战略需求，优先在具有明确国家目标和紧迫战略需求的重大领域，在有望引领未来发展的战略制高点，面向未来、统筹部署，布局建设一批突破型、引领型、平台型一体的国家实验室。以重大科技任务攻关和国家大型科技基础设施为主线，依托最有优势的创新单元，整合全国创新资源，聚集国内外一流人才，探索建立符合大科学时代科研规律的科学研究组织形式、学术和人事管理制度，建立目标导向、绩效管理、协同攻关、开放共享的新型运行机制；加大持续稳定支持强度，开展具有重大引领作用的跨学科、大协同的创新攻关，打造体现国家意志、具有世界一流水平、引领发展的重要战略科技力量。

鼓励建设高水平研究机构，在龙头骨干企业布局建设企业国家重点实验室等。支持有条件的企业开展基础研究和前沿技术攻关，推动企业向产业链高端攀升。

聚焦国家战略产业技术领域，建设综合性、集成性，面向全球竞争、开放协同的国家技术创新中心。

在先进制造、现代农业、生态环境、社会民生等重要领域建设高水平的技术创新和成果转化基地。

加强产学研结合的中试基地和共性技术研发平台建设。

实施创新驱动助力工程，通过企业院士专家工作站、博士后工作站、科技特派员等多种方式，引导科技人员服务企业。

加大对国家高层次人才的支持力度。加快科学家工作室建设，鼓励开展探索性、原创性研究，培养一批具有前瞻性和国际眼光的战略科学家群体。

全面实施国家科技成果转化引导基金，吸引优秀创业投资管理团队联合设立一批创业投资子基金。

发挥国家科技成果转化引导基金、国家中小企业发展基金、国家新兴产业创业投资引导基金等创业投资引导基金对全国创投市场培育和发展的引领作用，引导各类社会资本为符合条件的科技型中小微企业提供融资支持。

鼓励龙头骨干企业围绕主营业务方向建设众创空间，形成以龙头骨干企业为核心，高等学校、科研院所积极参与，辐射带动中小微企业成长发展的产业创新生态群落。

采取多种方式对符合条件的科技服务企业予以支持，以政府购买服务、后补助等方式支持公共科技服务发展，鼓励有条件的地方采用创业券、创新券等方式引导科技服务机构为创新创业企业和团队提供高质量服务。

依托北京、上海、安徽等大科学装置集中的地区建设国家综合性科学中心，形成一批具有全国乃至全球影响力的科学技术重要发源地和新兴产业策源地，在优势产业、优势领域形成全球竞争力。

创新对话。加强与主要国家、重要国际组织和多边机制围绕政策制定、科学合作和技术交流平台、重大国际研发任务等内容开展对话合作。鼓励和支持产业界深度参与，增进创新政策和实践交流，加深与高级别人文交流的有机衔接，拓展双边外交的新形态。

科技伙伴计划。继续拓展中国－非洲科技伙伴计划、中国－东盟科技伙伴计划、中国－南亚科技伙伴计划、中国－上合组织科技伙伴计划、中国－金砖国家科技创新合作框架计划及中国－拉美科技伙伴计划，筹备启动中国－阿拉伯国家科技伙伴计划，打造与相关国家务实高效、充满活力的新型科技伙伴关系，重点加强科技人才培养、共建联合实验室（联合研究中心）、共建科技园区、共建技术示范推广基地、共建技术转移中心、推动科技资源共享、科技政策规划与咨询等方面的合作。

三、信息化和工业化深度融合专项行动计划（2013—2018年）

工信部于2013年发布该计划（工信部信〔2013〕317号），开展如下八个方面行动：

①“企业两化融合管理体系”标准建设和推广行动；

②企业两化深度融合示范推广行动；

③中小企业两化融合能力提升行动；

④电子商务和物流信息化集成创新行动；

⑤重点领域智能化水平提升行动；

⑥智能制造生产模式培育行动；

⑦互联网与工业融合创新行动；

⑧信息产业支撑服务能力提升行动。

四、其他若干重要发展规划

《国务院关于印发促进大数据发展行动纲要的通知》（国发〔2015〕50号），国务院，2015年8月31日。

《国务院关于印发“十三五”国家战略性新兴产业发展规划的通知》（国发〔2016〕67号），国务院，2016年11月29日。

《国务院关于积极推进“互联网+”行动的指导意见》（国发〔2015〕40号），国务院，2015年7月1日。

《关于印发〈国家文化科技创新工程纲要〉的通知》（国科发高〔2012〕759号），科技部、中宣部、财政部、文化部、广电总局、新闻出版总署，2012年6月27日。

《关于印发〈智能硬件产业创新发展专项行动（2016—2018年）〉的通知》（工信部联电子〔2016〕302号），工业和信息化部、国家发展和改革委员会，2016年9月19日。

《关于印发〈“互联网+”人工智能三年行动实施方案〉的通知》（发改高技〔2016〕1078号），国家发展改革委、科技部、工业和信息化部、中央网信办，2016年5月18日。

《国务院关于印发“十三五”节能减排综合工作方案的通知》（国发〔2016〕74号），国务院，2016年12月20日。

第三篇

普适性政策

所谓普适性政策，为不受行业（产业）、地域、规模大小、经济属性等条件限制，各类企业都有权利自主选择享用的创新政策。

普适性政策框架结构如图 3-1 所示，主要包括财税政策、政府公共采购、企业研发机构、科技成果转化、技术市场、科技计划、人才政策、产学研合作、引进技术消化吸收再创新、知识产权与技术标准、国际化（对外交流）、金融政策、科技奖励等 13 个方面。

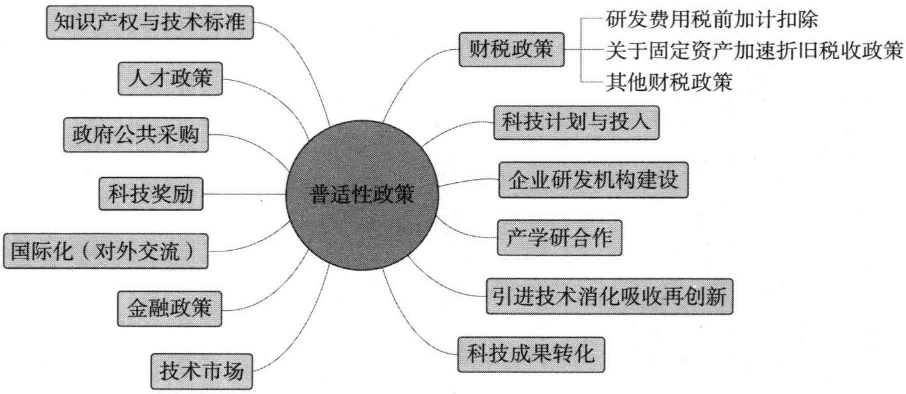

图3-1　普适性政策框架结构

第8章

财税政策

一、企业所得税

《中华人民共和国企业所得税法》（中华人民共和国主席令第六十三号，2007 年 3 月 16 日）：

第二十五条 国家对重点扶持和鼓励发展的产业和项目，给予企业所得税优惠。

第二十七条 企业的下列所得，可以免征、减征企业所得税：（三）从事符合条件的环境保护、节能节水项目的所得；（四）符合条件的技术转让所得。

第二十八条 国家需要重点扶持的高新技术企业，减按 15%的税率征收企业所得税。

第三十条 企业的下列支出，可以在计算应纳税所得额时加计扣除：（一）开发新技术、新产品、新工艺发生的研究开发费用。

第三十一条 创业投资企业从事国家需要重点扶持和鼓励的创业投资，可以按投资额的一定比例抵扣应纳税所得额。

第三十二条 企业的固定资产由于技术进步等原因，确需加速折旧的，可以缩短折旧年限或者采取加速折旧的方法。

第三十三条 企业综合利用资源，生产符合国家产业政策规定的产品所取得的收入，可以在计算应纳税所得额时减计收入。

第三十四条 企业购置用于环境保护、节能节水、安全生产等专用设备的投

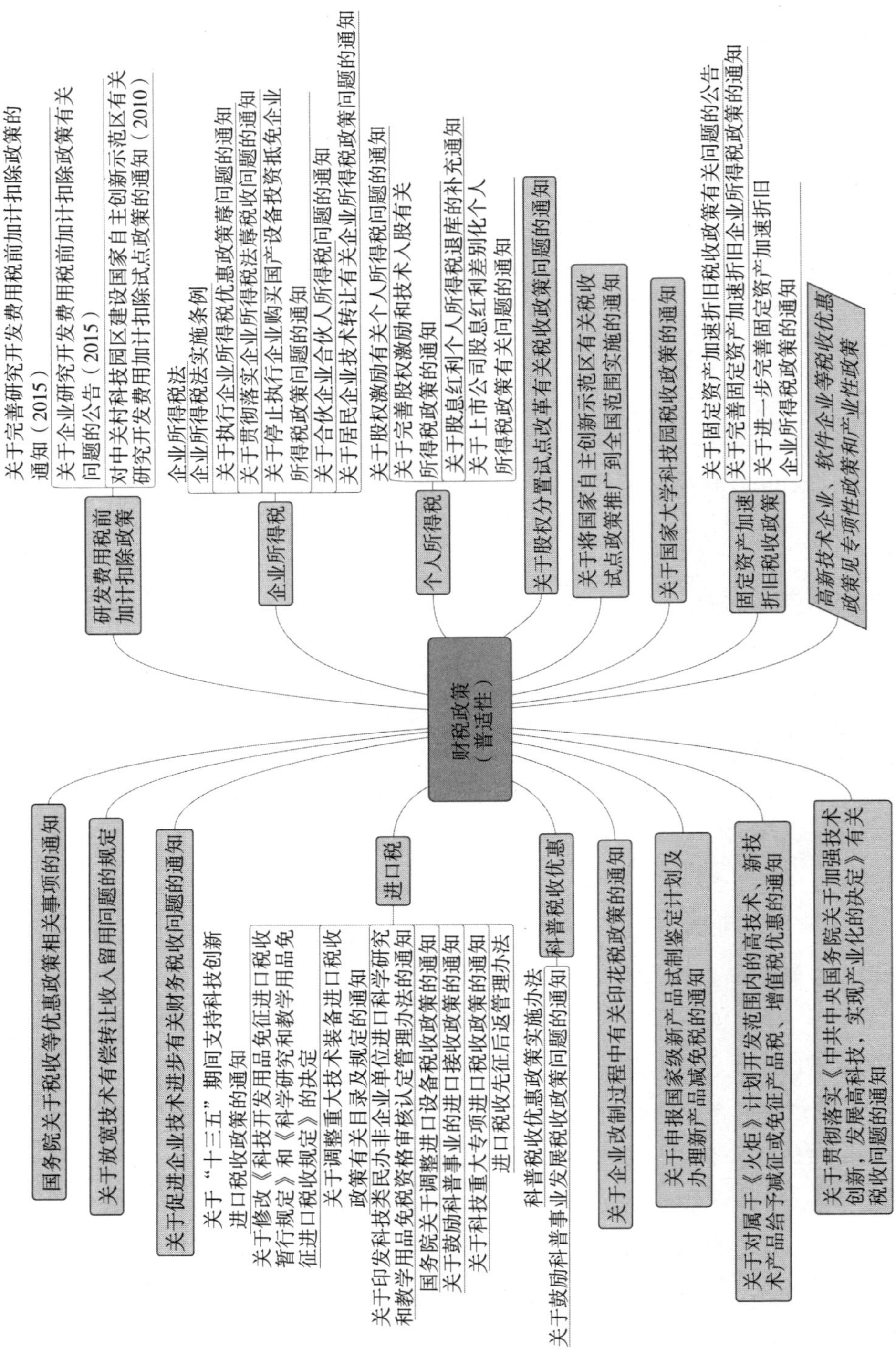

图3-2　普适性财税政策框架结构

资额，可以按一定比例实行税额抵免。

《中华人民共和国企业所得税法实施条例》（中华人民共和国国务院令第512号，2007年12月6日）：

第四十二条 除国务院财政、税务主管部门另有规定外，企业发生的职工教育经费支出，不超过工资薪金总额2.5%的部分，准予扣除；超过部分，准予在以后纳税年度结转扣除。

第九十五条 企业所得税法第三十条第（一）项所称研究开发费用的加计扣除，是指企业为开发新技术、新产品、新工艺发生的研究开发费用，未形成无形资产计入当期损益的，在按照规定据实扣除的基础上，按照研究开发费用的50%加计扣除；形成无形资产的，按照无形资产成本的150%摊销。

第九十七条 企业所得税法第三十一条所称抵扣应纳税所得额，是指创业投资企业采取股权投资方式投资于未上市的中小高新技术企业2年以上的，可以按照其投资额的70%在股权持有满2年的当年抵扣该创业投资企业的应纳税所得额；当年不足抵扣的，可以在以后纳税年度结转抵扣。

《财政部国家税务总局关于执行企业所得税优惠政策若干问题的通知》（财税〔2009〕69号）：

十一、实施条例第九十七条所称投资于未上市的中小高新技术企业2年以上的，包括发生在2008年1月1日以前满2年的投资。

所称中小高新技术企业是指按照《高新技术企业认定管理办法》（国科发火〔2008〕172号）和《高新技术企业认定管理工作指引》（国科发火〔2008〕362号）取得高新技术企业资格，且年销售额和资产总额均不超过2亿元、从业人数不超过500人的企业，其中2007年年底前已取得高新技术企业资格的，在其规定有效期内不需重新认定。

《关于将国家自主创新示范区有关税收试点政策推广到全国范围实施的通知》（财税〔2015〕116号）：

自2015年10月1日起，全国范围内的有限合伙制创业投资企业采取股权投资方式投资于未上市的中小高新技术企业满2年（24个月）的，该有限合伙制创业投资企业的法人合伙人可按照其对未上市中小高新技术企业投资额的70%抵扣该法人合伙人从该有限合伙制创业投资企业分得的应纳税所得额，当年不足抵扣的，可以在以后纳税年度结转抵扣。

自 2015 年 10 月 1 日起，全国范围内的居民企业转让 5 年以上非独占许可使用权取得的技术转让所得，纳入享受企业所得税优惠的技术转让所得范围。居民企业的年度技术转让所得不超过 500 万元的部分，免征企业所得税；超过 500 万元的部分，减半征收企业所得税。

《关于促进企业技术进步有关财务税收问题的通知》（财工字〔1996〕41 号）：

企业研究开发新产品、新技术、新工艺所发生的各项费用，包括新产品设计费、工艺规程制定费、设备调整费、原材料和半成品的试验费、技术图书资料费、未纳入国家计划的中间试验费、研究机构人员的工资、研究设备的折旧、与新产品的试制、技术研究有关的其他经费以及委托其他单位进行科研试制的费用，不受比例限制，计入管理费用。

企业研究开发新产品、新技术、新工艺所发生的各项费用应逐年增长，增长幅度在 10%以上的企业，可再按实际发生额的 50%抵扣应税所得额。

企业为开发新技术、研制新产品所购置的试制用关键设备、测试仪器，单台价值在 10 万元以下的，可一次或分次摊入管理费用，其中达到固定资产标准的应单独管理，不再提取折旧。

企业科研机构，包括研究所、技术中心等，直接用于科学研究、科学试验的进口仪器、设备、化学试剂和技术资料，在新的免税办法下达以前可以按照《中华人民共和国增值税暂行条例》和财政部、海关总署《关于修订“科技用品报送进口免税”的通知》的规定，免征增值税，并享受减免关税的优惠政策。

《关于贯彻落实〈中共中央国务院关于加强技术创新，发展高科技，实现产业化的决定〉有关税收问题的通知》（财税字〔1999〕273 号）：

软件开发企业实际发放的工资总额，在计算应纳税所得额时准予扣除。

外商投资企业和外国企业资助非关联科研机构和高等学校研究开发经费，参照《中华人民共和国外商投资企业和外国企业所得税法》中有关捐赠的税务处理办法，可以在资助企业计算企业应纳税所得税额时全额扣除。

《财政部、国家税务总局、海关总署、科技部、新闻出版总署关于鼓励科普事业发展税收政策问题的通知》（财税〔2003〕55 号）：

对企事业单位、社会团体按照《中华人民共和国公益事业捐赠法》的规定，通过中国境内非营利的社会团体、国家机关向科技馆、自然博物馆、对公众开放的天文馆（站、台）和气象台（站）、地震台（站）、高等院校和科研机构对公众开放的科普基地的捐赠，符合《中华人民共和国企业所得税暂行条例实施细则》第十二条规定的，在年度应纳税所得额的10%以内的部分，准予扣除。

二、个人所得税

《关于完善股权激励和技术入股有关所得税政策的通知》（财税〔2016〕101号）：

一、（一）非上市公司授予本公司员工的股票期权、股权期权、限制性股票和股权奖励，符合规定条件的，经向主管税务机关备案，可实行递延纳税政策，即员工在取得股权激励时可暂不纳税，递延至转让该股权时纳税；股权转让时，按照股权转让收入减除股权取得成本以及合理税费后的差额，适用“财产转让所得”项目，按照20%的税率计算缴纳个人所得税。

二、（一）上市公司授予个人的股票期权、限制性股票和股权奖励，经向主管税务机关备案，个人可自股票期权行权、限制性股票解禁或取得股权奖励之日起，在不超过12个月的期限内缴纳个人所得税。《财政部　国家税务总局关于上市公司高管人员股票期权所得交纳个人所得税有关问题的通知》（财税〔2009〕40号）自本通知施行之日起废止。

三、对技术成果投资入股实施选择性税收优惠政策：（一）企业或个人以技术成果投资入股到境内居民企业，被投资企业支付的对价全部为股票（权）的，企业或个人可选择继续按现行有关税收政策执行，也可选择适用递延纳税优惠政策。选择技术成果投资入股递延纳税政策的，经向主管税务机关备案，投资入股当期可暂不纳税，允许递延至转让股权时，按股权转让收入减去技术成果原值和合理税费后的差额计算缴纳所得税。（二）企业或个人选择适用上述任一项政策，均允许被投资企业按技术成果投资入股时的评估值入账并在企业所得税前摊销扣除。

《关于将国家自主创新示范区有关税收试点政策推广到全国范围实施的通知》（财税〔2015〕116号）：

三、关于企业转增股本个人所得税政策。

自2016年1月1日起，全国范围内的中小高新技术企业以未分配利润、盈余公积、资本公积向个人股东转增股本时，个人股东一次交纳个人所得税确有困难的，可根据实际情况自行制订分期交税计划，在不超过5个公历年度内（含）分期缴纳，并将有关资料报主管税务机关备案。

个人股东获得转增的股本，应按照“利息、股息、红利所得”项目，适用20%税率征收个人所得税。

股东转让股权并取得现金收入的，该现金收入应优先用于缴纳尚未缴清的税款。

在股东转让该部分股权之前，企业依法宣告破产，股东进行相关权益处置后没有取得收益或收益小于初始投资额的，主管税务机关对其尚未交纳的个人所得税可不予追征。

四、关于股权奖励个人所得税政策。

自2016年1月1日起，全国范围内的高新技术企业转化科技成果，给予本企业相关技术人员的股权奖励，个人一次缴纳税款有困难的，可根据实际情况自行制订分期交税计划，在不超过5个公历年度内（含）分期交纳，并将有关资料报主管税务机关备案。

技术人员转让奖励的股权（含奖励股权孳生的送、转股）并取得现金收入的，该现金收入应优先用于缴纳尚未缴清的税款。

技术人员在转让奖励的股权之前企业依法宣告破产，技术人员进行相关权益处置后没有取得收益或资产，或取得的收益和资产不足以缴纳其取得股权尚未缴纳的应纳税款的部分，税务机关可不予追征。

三、资产加速折旧

《关于进一步完善固定资产加速折旧企业所得税政策的通知》（财税〔2015〕106号）：

一、对轻工、纺织、机械、汽车等四个领域重点行业（具体范围见附件）的企业2015年1月1日后新购进的固定资产，可由企业选择缩短折旧年限或采取加速折旧的方法。

二、对上述行业的小型微利企业 2015 年 1 月 1 日后新购进的研发和生产经营共用的仪器、设备，单位价值不超过 100 万元的，允许一次性计入当期成本费用在计算应纳税所得额时扣除，不再分年度计算折旧；单位价值超过 100 万元的，可由企业选择缩短折旧年限或采取加速折旧的方法。

三、企业按本通知第一条、第二条规定缩短折旧年限的，最低折旧年限不得低于企业所得税法实施条例第六十条规定折旧年限的 60%；采取加速折旧方法的，可采取双倍余额递减法或者年数总和法。

《国家税务总局关于固定资产加速折旧税收政策有关问题的公告》（国家税务总局公告 2014 年第 64 号）：

对生物药品制造业，专用设备制造业，铁路、船舶、航空航天和其他运输设备制造业，计算机、通信和其他电子设备制造业，仪器仪表制造业，信息传输、软件和信息技术服务业等行业企业（以下简称六大行业），2014 年 1 月 1 日后购进的固定资产（包括自行建造），允许按不低于企业所得税法规定折旧年限的 60%缩短折旧年限，或选择采取双倍余额递减法或年数总和法进行加速折旧。

企业在 2014 年 1 月 1 日后购进并专门用于研发活动的仪器、设备，单位价值不超过 100 万元的，可以一次性在计算应纳税所得额时扣除；单位价值超过 100 万元的，允许按不低于企业所得税法规定折旧年限的 60%缩短折旧年限，或选择采取双倍余额递减法或年数总和法进行加速折旧。

企业持有的固定资产，单位价值不超过 5000 元的，可以一次性在计算应纳税所得额时扣除。

《财政部国家税务总局关于完善固定资产加速折旧企业所得税政策的通知》（财税〔2014〕75 号）：

对生物药品制造业，专用设备制造业，铁路、船舶、航空航天和其他运输设备制造业，计算机、通信和其他电子设备制造业，仪器仪表制造业，信息传输、软件和信息技术服务业等 6 个行业的小型微利企业 2014 年 1 月 1 日后新购进的研发和生产经营共用的仪器、设备，单位价值不超过 100 万元的，允许一次性计入当期成本费用在计算应纳税所得额时扣除，不再分年度计算折旧；单位价值超过 100 万元的，可缩短折旧年限或采取加速折旧的方法。

《关于促进企业技术进步有关财务税收问题的通知》（财工字〔1996〕41号）：

企业为验证、补充相关数据，确定完善技术规范或解决产业化、商品化规模生产关键技术而进行中间试验，报经主管财税机关批准后，中试设备的折旧年限可在国家规定的基础上加速30%～50%。

企业技术改造采取融资租赁方法租入的机器设备，折旧年限可按租赁期限和国家规定的折旧年限孰短的原则确定，但最短折旧年限不短于3年。

企业购入的计算机应用软件，随同计算机一起购入的，计入固定资产价值；单独购入的，作为无形资产管理，按法律规定的有效期限或合同规定的受益年限进行摊销，没有规定有效期限或受益年限的，在5年内平均摊销。

四、增值税

《关于国家大学科技园税收政策的通知》（财税〔2016〕98号）：

自2016年1月1日至2016年4月30日，对其向孵化企业出租场地、房屋以及提供孵化服务的收入，免征营业税；在营业税改征增值税试点期间，对其向孵化企业出租场地、房屋以及提供孵化服务的收入，免征增值税。

《关于贯彻落实〈中共中央国务院关于加强技术创新，发展高科技，实现产业化的决定〉有关税收问题的通知》（财税字〔1999〕273号）：

一般纳税人销售其自行开发生产的计算机软件产品，可按法定17%的税率征收增值税后，对实际税负超过6%的部分实行即征即退。

属生产企业的小规模纳税人，生产销售计算机软件按6% 的征收率计算缴纳增值税；属商业企业的小规模纳税人，销售计算机软件按4% 的征收率计算缴纳增值税，并可由税务机关分别按不同的征收率代开增值税发票。

五、进出口税收

**《财政部、海关总署、国家税务总局关于“十三五”期间支持科技创新进口税收政

策的通知》（2016 年 12 月 27 日）

对科学研究机构、技术开发机构、学校等单位进口国内不能生产或者性能不能满足需要的科学研究、科技开发和教学用品，免征进口关税和进口环节增值税、消费税。

本通知第一条中科学研究机构、技术开发机构、学校和出版物进口单位等是指：（三）国家发展改革委会同财政部、海关总署和国家税务总局核定的国家工程研究中心；国家发展改革委会同财政部、海关总署、国家税务总局和科技部核定的企业技术中心。（四）科技部会同财政部、海关总署和国家税务总局核定的：1. 科技体制改革过程中转制为企业和进入企业的主要从事科学研究和技术开发工作的机构；2. 国家重点实验室及企业国家重点实验室；3. 国家工程技术研究中心。（五）科技部会同民政部核定或者各省、自治区、直辖市、计划单列市及新疆生产建设兵团科技主管部门会同同级民政部门核定的科技类民办非企业单位。（六）工业和信息化部会同财政部、海关总署、国家税务总局核定的国家中小企业公共服务示范平台（技术类）。（七）各省、自治区、直辖市、计划单列市及新疆生产建设兵团商务主管部门会同同级财政、国税部门和外资研发中心所在地直属海关核定的外资研发中心。

本通知自 2016 年 1 月 1 日起实施，2020 年 12 月 31 日截止。

《关于调整重大技术装备进口税收政策有关目录及规定的通知》（财关税〔2015〕51 号）：

（一）《国家支持发展的重大技术装备和产品目录（2015 年修订）》和《重大技术装备和产品进口关键零部件及原材料商品目录（2015 年修订）》自 2016 年 1 月 1 日起执行，符合规定条件的国内企业为生产本通知附件 1 所列装备或产品而确有必要进口附件 2 所列商品，免征关税和进口环节增值税。附件 1、附件 2 中列明执行年限的，有关装备、产品、零部件、原材料免税执行期限截止到该年度 12 月 31 日。

根据国内产业发展情况，自 2016 年 1 月 1 日起，取消轴流式水电机组等装备的免税政策，生产制造相关装备和产品的企业 2016 年度预拨免税进口额度相应取消。

（二）将《财政部国家发展改革委工业和信息化部海关总署国家税务总局国

家能源局关于调整重大技术装备进口税收政策的通知》(财关税〔2014〕2号)附件1《重大技术装备进口税收政策规定》中第六条分别修改为:“第六条对新申请享受进口税收优惠政策的企业免税资格认定工作每年组织一次。新申请享受政策的制造企业应在每年11月1日至11月30日提交申请文件(要求见附1),报送下一年度申请进口税收优惠享受政策的进口需求。逾期不予受理”。

《关于贯彻落实〈中共中央国务院关于加强技术创新,发展高科技,实现产业化的决定〉有关税收问题的通知》(财税字〔1999〕273号):

对企业(包括外商投资企业、外国企业)为生产《国家高新技术产品目录》的产品而进口所需的自用设备及按照合同随设备进口的技术及配套件、备件,除按照国发〔1997〕37号文件规定《国内投资项目不予免税的进口商品目录》所列商品外,免征关税和进口环节增值税。

对企业(包括外商投资企业、外国企业)引进属于《国家高新技术产品目录》所列的先进技术,按合同规定向境外支付的软件费,免征关税和进口环节增值税。

对列入科技部、外经贸部《中国高新技术商品出口目录》的产品,凡出口退税率未达到征税率的,经国家税务总局核实产品出口后,可按征税率及现行出口退税管理规定办理退税。

《关于修改〈科技开发用品免征进口税收暂行规定〉和〈科学研究和教学用品免征进口税收规定〉的决定》(财政部海关总署国家税务总局令第63号):

下列科学研究、技术开发机构,在2015年12月31日前,在合理数量范围内进口国内不能生产或者性能不能满足需要的科技开发用品,免征进口关税和进口环节增值税、消费税:(一)科技部会同财政部、海关总署和国家税务总局核定的科技体制改革过程中转制为企业和进入企业的主要从事科学研究和技术开发工作的机构;(二)国家发展和改革委员会会同财政部、海关总署和国家税务总局核定的国家工程研究中心;(三)国家发展和改革委员会会同财政部、海关总署、国家税务总局和科技部核定的企业技术中心;(四)科技部会同财政部、海关总署和国家税务总局核定的国家重点实验室和国家工程技术研究中心;(五)财政部会同国务院有关部门核定的其他科学研究、技术开发机构。

违反规定,将免税进口的科技开发用品擅自转让、移作他用或者进行其他处置的，按照有关规定处罚，有关单位在 1 年内不得享受本税收优惠政策；依法被追究刑事责任的，有关单位在 3 年内不得享受本税收优惠政策。

《关于科技重大专项进口税收政策的通知》（财关税〔2010〕28 号）：

自 2010 年 7 月 15 日起，对承担《国家中长期科学和技术发展规划纲要（2006—2020 年）》中民口科技重大专项项目（课题）的企业和大专院校、科研院所等事业单位（以下简称项目承担单位）使用中央财政拨款、地方财政资金、单位自筹资金以及其他渠道获得的资金进口项目（课题）所需国内不能生产的关键设备（含软件工具及技术）、零部件、原材料，免征进口关税和进口环节增值税。

附件：科技重大专项进口税收政策暂行规定。

六、房产税和城镇土地使用税

《关于国家大学科技园税收政策的通知》（财税〔2016〕98 号）：

自 2016 年 1 月 1 日至 2018 年 12 月 31 日，对符合条件的科技园自用以及无偿或通过出租等方式提供给孵化企业使用的房产、土地，免征房产税和城镇土地使用税。

七、研发费用税前加计扣除

《关于完善研究开发费用税前加计扣除政策的通知》（财税〔2015〕119 号）：

一、研发活动及研发费用归集范围。

（一）允许加计扣除的研发费用。

企业开展研发活动中实际发生的研发费用，未形成无形资产计入当期损益的，在按规定据实扣除的基础上，按照本年度实际发生额的 50%，从本年度应纳税所得额中扣除；形成无形资产的，按照无形资产成本的 150%在税前摊销。研发费用的具体范围包括：

1. 人员人工费用。直接从事研发活动人员的工资薪金、基本养老保险费、基本医疗保险费、失业保险费、工伤保险费、生育保险费和住房公积金，以及外聘研发人员的劳务费用。

2. 直接投入费用。(1) 研发活动直接消耗的材料、燃料和动力费用。(2) 用于中间试验和产品试制的模具、工艺装备开发及制造费，不构成固定资产的样品、样机及一般测试手段购置费，试制产品的检验费。(3) 用于研发活动的仪器、设备的运行维护、调整、检验、维修等费用，以及通过经营租赁方式租入的用于研发活动的仪器、设备租赁费。

3. 折旧费用。用于研发活动的仪器、设备的折旧费。

4. 无形资产摊销。用于研发活动的软件、专利权、非专利技术（包括许可证、专有技术、设计和计算方法等）的摊销费用。

5. 新产品设计费、新工艺规程制定费、新药研制的临床试验费、勘探开发技术的现场试验费。

6. 其他相关费用。与研发活动直接相关的其他费用，如技术图书资料费、资料翻译费、专家咨询费、高新科技研发保险费，研发成果的检索、分析、评议、论证、鉴定、评审、评估、验收费用，知识产权的申请费、注册费、代理费，差旅费、会议费等。此项费用总额不得超过可加计扣除研发费用总额的 10%。

7. 财政部和国家税务总局规定的其他费用。

（二）下列活动不适用税前加计扣除政策。

1. 企业产品（服务）的常规性升级。

2. 对某项科研成果的直接应用，如直接采用公开的新工艺、材料、装置、产品、服务或知识等。

3. 企业在商品化后为顾客提供的技术支持活动。

4. 对现存产品、服务、技术、材料或工艺流程进行的重复或简单改变。

5. 市场调查研究、效率调查或管理研究。

6. 作为工业（服务）流程环节或常规的质量控制、测试分析、维修维护。

7. 社会科学、艺术或人文学方面的研究。

二、特别事项的处理

1. 企业委托外部机构或个人进行研发活动所发生的费用，按照费用实际发生额的80%计入委托方研发费用并计算加计扣除，受托方不得再进行加计扣除。委托外部研究开发费用实际发生额应按照独立交易原则确定。

委托方与受托方存在关联关系的，受托方应向委托方提供研发项目费用支出明细情况。

企业委托境外机构或个人进行研发活动所发生的费用，不得加计扣除。

2. 企业共同合作开发的项目，由合作各方就自身实际承担的研发费用分别计算加计扣除。

3. 企业集团根据生产经营和科技开发的实际情况，对技术要求高、投资数额大，需要集中研发的项目，其实际发生的研发费用，可以按照权利和义务相一致、费用支出和收益分享相配比的原则，合理确定研发费用的分摊方法，在受益成员企业间进行分摊，由相关成员企业分别计算加计扣除。

4. 企业为获得创新性、创意性、突破性的产品进行创意设计活动而发生的相关费用，可按照本通知规定进行税前加计扣除。

创意设计活动是指多媒体软件、动漫游戏软件开发，数字动漫、游戏设计制作；房屋建筑工程设计（绿色建筑评价标准为三星）、风景园林工程专项设计；工业设计、多媒体设计、动漫及衍生产品设计、模型设计等。

四、不适用税前加计扣除政策的行业

1. 烟草制造业。

2. 住宿和餐饮业。

3. 批发和零售业。

4. 房地产业。

5. 租赁和商务服务业。

6. 娱乐业。

7. 财政部和国家税务总局规定的其他行业。

上述行业以《国民经济行业分类与代码（GB/4754-2011）》为准，并随之更新。

企业符合本通知规定的研发费用加计扣除条件而在2016年1月1日以后未及时享受该项税收优惠的，可以追溯享受并履行备案手续，追溯期限最长为3年。

附件1：

______________研发项目可加计扣除研究开发费用情况归集表

（已计入无形资产成本的费用除外）

纳税人名称（公章）：　　　　　　　　　　　纳税人识别号：

_______年度（季度）　　　　　　　　　　　金额单位：元

序号	费用项目	发生额
1	一、研发活动直接消耗的材料、燃料和动力费用	
2	1. 材料	
3	2. 燃料	
4	3. 动力费用	
5	二、直接从事研发活动的本企业在职人员费用	
6	1. 工资、薪金	
7	2. 津贴、补贴	
8	3. 奖金	
9	4. 五险一金	
10	三、专门用于研发活动的有关折旧费 （按规定一次或分次摊入管理费的仪器和设备除外）	
11	1. 仪器折旧费	
12	2. 设备折旧费	
13	四、专门用于研发活动的有关租赁费、运行维护费	
14	1. 仪器租赁费	
15	2. 设备租赁费	
16	3. 仪器运行维护费	
17	4. 设备运行维护费	
18	五、专门用于研发活动的有关无形资产摊销费	
19	1. 软件	
20	2. 专利权	
21	3. 非专利技术	
22	六、专门用于中间试验和产品试制的模具、工艺装备开发及制造费，设备调整及检验费，样品、样机及一般测试手段购置费，试制产品的检验费	

续表

序号	费用项目	发生额
23	1. 模具、工艺装备开发及制造费	
24	2. 设备调整及检验费	
25	3. 样品、样机及一般测试手段购置费	
26	4. 试制产品的检验费	
27	七、研发成果论证、鉴定、评审、验收费用	
28	八、勘探开发技术的现场试验费，新药研制的临床试验费	
29	九、与研发活动直接相关的其他费用	
30	1. 新产品设计费	
31	2. 新工艺规程制定费	
32	3. 技术图书费料费	
33	4. 资料翻译费	
34	合计数（1+5+10+13+18+22+27+28+29）	
35	其中：作为不征税收入处理的财政性资金用于研发的部分	
36	当期加计扣除额、（34-35）×50%	

《国家税务总局关于企业研究开发费用税前加计扣除政策有关问题的公告》（国家税务总局公告2015年第97号）：

一、研究开发人员范围

企业直接从事研发活动人员包括研究人员、技术人员、辅助人员。研究人员是指主要从事研究开发项目的专业人员；技术人员是指具有工程技术、自然科学和生命科学中一个或一个以上领域的技术知识和经验，在研究人员指导下参与研发工作的人员；辅助人员是指参与研究开发活动的技工。

企业外聘研发人员是指与本企业签订劳务用工协议（合同）和临时聘用的研究人员、技术人员、辅助人员。

二、研发费用归集

（一）加速折旧费用的归集

企业用于研发活动的仪器、设备，符合税法规定且选择加速折旧优惠政策的，在享受研发费用税前加计扣除时，就已经进行会计处理计算的折旧、费用的部分加计扣除，但不得超过按税法规定计算的金额。

（二）多用途对象费用的归集

企业从事研发活动的人员和用于研发活动的仪器、设备、无形资产，同时从事或用于非研发活动的，应对其人员活动及仪器设备、无形资产使用情况做必要记录，并将其实际发生的相关费用按实际工时占比等合理方法在研发费用和生产经营费用间分配，未分配的不得加计扣除。

（三）其他相关费用的归集与限额计算

企业在一个纳税年度内进行多项研发活动的，应按照不同研发项目分别归集可加计扣除的研发费用。在计算每个项目其他相关费用的限额时应当按照以下公式计算：

其他相关费用限额＝《通知》第一条第一项允许加计扣除的研发费用中的第 1 项至第 5 项的费用之和 ×10％ /（1％～10％）。

当其他相关费用实际发生数小于限额时，按实际发生数计算税前加计扣除数额；当其他相关费用实际发生数大于限额时，按限额计算税前加计扣除数额。

（四）特殊收入的扣减

企业在计算加计扣除的研发费用时，应扣减已按《通知》规定归集计入研发费用，但在当期取得的研发过程中形成的下脚料、残次品、中间试制品等特殊收入；不足扣减的，允许加计扣除的研发费用按零计算。

企业研发活动直接形成产品或作为组成部分形成的产品对外销售的，研发费用中对应的材料费用不得加计扣除。

（五）财政性资金的处理

企业取得作为不征税收入处理的财政性资金用于研发活动所形成的费用或无形资产，不得计算加计扣除或摊销。

（六）不允许加计扣除的费用

法律、行政法规和国务院财税主管部门规定不允许企业所得税前扣除的费用和支出项目不得计算加计扣除。

已计入无形资产但不属于《通知》中允许加计扣除研发费用范围的，企业摊销时不得计算加计扣除。

《财政部、国家税务总局对中关村科技园区建设国家自主创新示范区有关研究开发费

用加计扣除试点政策的通知》（财税〔2010〕81号）：

企业在示范区内从事《国家重点支持的高新技术领域》、国家发展改革委等部门公布的《当前优先发展的高新技术产业化重点领域指南（2007年度）》和中关村国家自主创新示范区当前重点发展的高新技术领域规定项目的研究开发活动，其在一个纳税年度中实际发生的下列费用支出，允许在计算应纳税所得额时按照规定实行加计扣除。

（一）新产品设计费、新工艺规程制定费以及与研发活动直接相关的技术图书资料费、资料翻译费。

（二）从事研发活动直接消耗的材料、燃料和动力费用。

（三）在职直接从事研发活动人员的工资、薪金、奖金、津贴、补贴，以及依照国务院有关主管部门或者北京市人民政府规定的范围和标准为在职直接从事研发活动人员缴纳的基本养老保险费、基本医疗保险费、失业保险费、工伤保险费、生育保险费和住房公积金。

（四）专门用于研发活动的仪器、设备的折旧费或租赁费以及运行维护、调整、检验、维修等费用。

（五）专门用于研发活动的软件、专利权、非专利技术等无形资产的摊销费用。

（六）专门用于中间试验和产品试制的不构成固定资产的模具、工艺装备开发及制造费，以及不构成固定资产的样品、样机及一般测试手段购置费。

（七）勘探开发技术的现场试验费，新药研制的临床试验费。

（八）研发成果的论证、鉴定、评审、验收费用。

第9章

知识产权与技术标准

一、知识产权创造使用

《中华人民共和国专利法实施细则》（2010 修订）：

第七十七条　被授予专利权的单位未与发明人、设计人约定也未在其依法制定的规章制度中规定专利法第十六条规定的奖励的方式和数额的，应当自专利权公告之日起 3 个月内发给发明人或者设计人奖金。一项发明专利的奖金最低不少于3000元；一项实用新型专利或者外观设计专利的奖金最低不少于1000元。

第七十八条　被授予专利权的单位未与发明人、设计人约定也未在其依法制定的规章制度中规定专利法第十六条规定的报酬的方式和数额的，在专利权有效期限内，实施发明创造专利后，每年应当从实施该项发明或者实用新型专利的营业利润中提取不低于 2%或者从实施该项外观设计专利的营业利润中提取不低于 0.2%，作为报酬给予发明人或者设计人，或者参照上述比例，给予发明人或者设计人一次性报酬；被授予专利权的单位许可其他单位或者个人实施其专利的，应当从收取的使用费中提取不低于 10%，作为报酬给予发明人或者设计人。

《国务院关于新形势下加快知识产权强国建设的若干意见》（国发〔2015〕71 号）：

实施专利质量提升工程，培育一批核心专利。深化商标富农工作。

深入开展知识产权质押融资风险补偿基金和重点产业知识产权运营基金

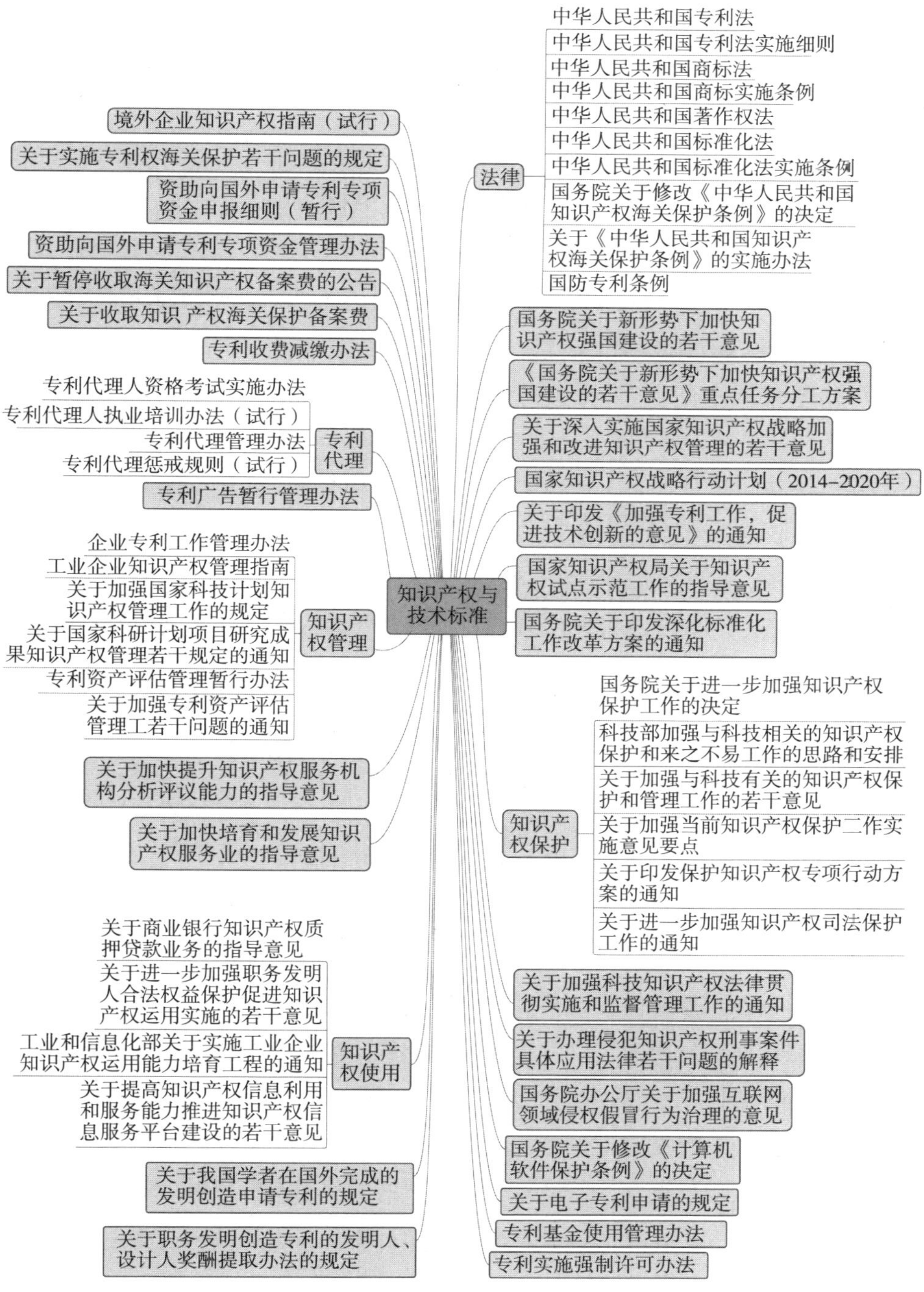

图3-3 知识产权与技术标准框架结构

试点。

《关于印发〈关于深入实施国家知识产权战略加强和改进知识产权管理的若干意见〉的通知》（国知发协字〔2014〕41号）：

以提升产业创新驱动发展能力为目标，开展专利导航试点工程，面向产业集聚区、行业和企业，实施一批专利导航试点项目，开展专利布局，构建支撑产业（企业）竞争力的专利储备。

《国务院办公厅转发科技部财政部〈关于国家科研计划项目研究成果知识产权管理若干规定〉的通知》（国办发〔2002〕30号）：

科研项目研究成果及其形成的知识产权，除涉及国家安全、国家利益和重大社会公共利益的以外，国家授予科研项目承担单位（以下简称项目承担单位）。项目承担单位可以依法自主决定实施、许可他人实施、转让、作价入股等，并取得相应的收益。

《关于加强专利资产评估管理工作若干问题的通知》（1996年10月18日）：

一、国有专利资产占有单位有下列情形之一的，应当依法进行专利资产的评估：（一）转让专利申请权、专利权的；（二）国有企业和事业单位作为法人在变更或终止前需要对专利资产作价的；（三）以国有专利资产与外国公司、企业、其他经济组织或个人合资、合作实施的，或者许可外国公司、企业、其他经济组织或个人合资、合作实施的；（四）以专利资产作价出资成立有限责任公司或股份有限公司的；（五）需要进行专利资产评估的其他情形。

《关于印发〈关于进一步加强职务发明人合法权益保护促进知识产权运用实施的若干意见〉的通知》（国知发法字〔2012〕122号）：

建立和完善职务发明奖励和报酬制度。国有企事业单位和军队单位应当依法建立和完善职务发明的奖励和报酬规章制度，遵循精神激励和物质奖励相结合的原则，明确职务发明奖励、报酬的条件、程序、方式和数额。

在未与职务发明人约定也未在单位规章制度中规定报酬的情形下，国有企事业单位和军队单位自行实施其发明专利权的，给予全体职务发明人的报酬总额不低于实施该发明专利的营业利润的3%；转让、许可他人实施发明专利权或者以发明专利权出资入股的，给予全体职务发明人的报酬总额不低于转让费、许可费或者出资比例的20%。

二、知识产权管理

《国务院办公厅印发〈国务院关于新形势下加快知识产权强国建设的若干意见〉重点任务分工方案的通知》（国办函〔2016〕66号）：

探索建立经营业绩、知识产权和创新并重的国有企业考评模式。

细化会计准则规定，推动企业科学核算和管理知识产权资产。

《关于加强国家科技计划知识产权管理工作的规定》（国科发政字〔2003〕94号）：

国家科技计划项目经费中可以列支知识产权事务经费，用于专利申请和维持等费用。

国家科技计划项目研究成果及其形成的知识产权，除涉及国家安全、国家利益和重大社会公共利益的以外，国家授予项目承担单位。项目承担单位可以依法自主决定实施、许可他人实施、转让、作价入股等，并取得相应的收益。

各类科技成果产业化计划、科技型中小企业创新基金等，对知识产权联盟的科技创新活动给予重点支持。

《关于印发〈专利收费减缴办法〉的通知》（财税〔2016〕78号）：

第二条　专利申请人或者专利权人可以请求减缴下列专利收费：（一）申请费（不包括公布印刷费、申请附加费）；（二）发明专利申请实质审查费；（三）年费（自授予专利权当年起六年内的年费）；（四）复审费。

第三条　专利申请人或者专利权人符合下列条件之一的，可以向国家知识产权局请求减缴上述收费：（一）上年度月均收入低于3500元（年4.2万元）的个人；（二）上年度企业应纳税所得额低于30万元的企业；（三）事业单位、社会团体、非营利性科研机构。

两个或者两个以上的个人或者单位为共同专利申请人或者共有专利权人的，应当分别符合前款规定。

第四条　专利申请人或者专利权人为个人或者单位的，减缴本办法第二条规定收费的85%。

两个或者两个以上的个人或者单位为共同专利申请人或者共有专利权人的，减缴本办法第二条规定收费的70%。

第五条　专利申请人或者专利权人只能请求减缴尚未到期的收费。减缴申请费的请求应当与专利申请同时提出，减缴其他收费的请求可以与专利申请同时提出，也可以在相关收费缴纳期限届满日两个半月之前提出。未按规定时限提交减缴请求的，不予减缴。

《关于暂停收取海关知识产权备案费的公告》（海关总署公告 2015 年第 51 号）：

自 2015 年 11 月 1 日（含本日）起向海关总署申请知识产权保护备案的，海关总署暂停收取备案费。

已向海关总署备案费专用账户预缴备案费，且在 2015 年 11 月 1 日（不含本日）之前有关预缴备案费尚未用于备案申请的，申请人可以向海关总署申请退款。

《企业专利工作管理办法（试行）》（2000 年 2 月 16 日）：

第二十二条　企业开展对外贸易有下列情形之一的，应进行项目专利检索：（一）技术、成套设备和关键设备的进出口；（二）未在国内销售过的原材料和产品的进口；（三）未在其他国家和地区销售过的原材料和产品的出口。

第二十三条　对企业重大的新技术、新产品研究开发项目，或者企业具有重大市场前景需要申请外国专利的技术创新成果，企业要进行项目专利战略研究，提出专利战略分析报告。

三、知识产权保护

《中华人民共和国专利法》（2008 年修正）：

第六十五条　侵犯专利权的赔偿数额按照权利人因被侵权所受到的实际损失确定；实际损失难以确定的，可以按照侵权人因侵权所获得的利益确定。权利人的损失或者侵权人获得的利益难以确定的，参照该专利许可使用费的倍数合理确定。赔偿数额还应当包括权利人为制止侵权行为所支付的合理开支。

权利人的损失、侵权人获得的利益和专利许可使用费均难以确定的，人民法院可以根据专利权的类型、侵权行为的性质和情节等因素，确定给予一万元以上一百万元以下的赔偿。

第六十八条 侵犯专利权的诉讼时效为二年，自专利权人或者利害关系人得知或者应当得知侵权行为之日起计算。

《国务院关于新形势下加快知识产权强国建设的若干意见》（国发〔2015〕71号）：

加大轻工、纺织、服装等产业的外观设计专利保护力度。

加强企业知识产权布局指导，在产业园区和重点企业探索设立知识产权布局设计中心。

《国务院办公厅关于转发知识产权局等单位深入实施国家知识产权战略行动计划》（2014—2020年）的通知（国办发〔2014〕64号）：

加强政府、企业和社会资本的协作，在信息技术等重点领域探索建立公益性和市场化运作的专利运营公司。加大海外知识产权维权援助机制建设，鼓励企业建立知识产权海外维权联盟，帮助企业在当地及时获得知识产权保护。

《关于办理侵犯知识产权刑事案件具体应用法律若干问题的解释》（法释〔2004〕19号）：

给出了假冒注册商标罪判处、销售假冒注册商标的商品罪判处、非法制造销售非法制造的注册商标标识罪判处、假冒专利罪判处、侵犯著作权罪判处、销售侵权复制品罪判处、侵犯商业秘密罪判处的解释。

《国务院关于修改〈计算机软件保护条例〉的决定》（2013年1月30日）：

第二十四条 除《中华人民共和国著作权法》、本条例或者其他法律、行政法规另有规定外，未经软件著作权人许可，有下列侵权行为的，应当根据情况，承担停止侵害、消除影响、赔礼道歉、赔偿损失等民事责任；同时损害社会公共利益的，由著作权行政管理部门责令停止侵权行为，没收违法所得，没收、销毁侵权复制品，可以并处罚款；情节严重的，著作权行政管理部门并可以没收主要用于制作侵权复制品的材料、工具、设备等；触犯刑律的，依照刑法关于侵犯著作权罪、销售侵权复制品罪的规定，依法追究刑事责任：（一）复制或者部分复制著作权人的软件的；（二）向公众发行、出租、通过信息网络传播著作权人的软件的；（三）故意避开或者破坏著作权人为保护其软件著作权而采取的技术措施的；（四）故意删除或者改变软件权利管理电子信息的；（五）转让或者许可他人行使著作权人的软件著作权的。

有前款第一项或者第二项行为的，可以并处每件 100 元或者货值金额 1 倍以上 5 倍以下的罚款；有前款第三项、第四项或者第五项行为的，可以并处 20 万元以下的罚款。

四、强制许可

《中华人民共和国专利法》（2008 年修正）：

第四十八条　有下列情形之一的，国务院专利行政部门根据具备实施条件的单位或者个人的申请，可以给予实施发明专利或者实用新型专利的强制许可：

（一）专利权人自专利权被授予之日起满三年，且自提出专利申请之日起满四年，无正当理由未实施或者未充分实施其专利的；

（二）专利权人行使专利权的行为被依法认定为垄断行为，为消除或者减少该行为对竞争产生的不利影响的。

第五十一条　一项取得专利权的发明或者实用新型比前已经取得专利权的发明或者实用新型具有显著经济意义的重大技术进步，其实施又有赖于前一发明或者实用新型的实施的，国务院专利行政部门根据后一专利权人的申请，可以给予实施前一发明或者实用新型的强制许可。

在依照前款规定给予实施强制许可的情形下，国务院专利行政部门根据前一专利权人的申请，也可以给予实施后一发明或者实用新型的强制许可。

五、知识产权服务

《国务院关于新形势下加快知识产权强国建设的若干意见》（国发〔2015〕71 号）：

推进专利数据信息资源开放共享，增强大数据运用能力。建立财政资助项目形成的知识产权信息披露制度。加快落实上市企业知识产权信息披露制度。

编制发布相关国家和地区专利申请实务指引。

《国务院办公厅关于转发知识产权局等单位深入实施国家知识产权战略行动计划

（2014—2020年）的通知》（国办发〔2014〕64号）：

知识产权信息服务工程。指导有关行业建设知识产权专业信息库，鼓励社会机构对知识产权信息进行深加工，提供专业化、市场化的知识产权信息服务，满足社会多层次需求。

深入开展百千万知识产权人才工程，建立面向社会的知识产权人才库。

《关于印发〈关于加快培育和发展知识产权服务业的指导意见〉的通知》（2012年11月13日）：

研究推动知识产权服务机构享受相关税收优惠政策。

建立健全知识产权预警应急机制、海外维权和争端解决机制。

实施知识产权服务对接工程，为科技创新型中小微型企业提供全流程知识产权服务。

探索设立由国家引导、多方参与的知识产权运营资金，促进知识产权运用。

推动国家设立知识产权服务业发展专项资金，有条件的地区设立知识产权服务业发展专项资金。

在知识产权服务业重点发展领域，开展知识产权服务示范机构创建工作，推进知识产权服务机构品牌建设，重点培育一批基础较好、能力较强、业绩显著、信誉优良的知识产权服务机构，提升社会影响力和国际竞争力。

《财政部关于印发〈资助向国外申请专利专项资金管理办法〉的通知》（财建〔2012〕147号）：

专项资金主要用于资助国内申请人向国外申请专利时向有关专利审查机构缴纳的在申请阶段和授予专利权当年起三年内的官方规定费用、向专利检索机构支付的检索费用，以及向代理机构支付的服务费等。

专项资金实行事后资助。向国外申请专利项目在外国国家（地区）完成国家公布阶段和正式获得授权后分两次给予资助。每件专利项目最多支持向5个国家（地区）申请，两个阶段的资助总额为每个国家（地区）不超过10万元。

专项资金采取属地化管理。

《关于印发〈资助向国外申请专利专项资金申报细则（暂行）〉的通知》（国知发管字〔2012〕67号）：

（二）申报费用范围

1. 向国外申请专利时向有关专利审查机构缴纳的在申请审批阶段和授予专利权当年起 3 年内的官方规定费用。具体为 PCT 申请在国际阶段缴纳的国际申请费、检索费、传送费、初步审查费、手续费等费用，PCT 申请和通过巴黎公约途径提出的申请在外国国家（地区）缴纳的国外审查费、授权登记费、授权后 3 年的年费等费用（以各国国内法律规定为准）。

2. 向专利代理机构支付的服务费。

3. 委托国家知识产权局专利检索咨询中心（以下简称“检索中心”）出具查新检索报告、法律状态检索报告所发生的检索费用。

（三）申报单位范围

申报单位为符合国家法律法规规定的国内中小企业、事业单位及科研机构。其中，国内中小企业为符合《中小企业划型标准规定》（工信部联企业〔2011〕300 号）的具有法人资格的企业组织；事业单位为持有编制部门颁发的事业单位法人证书的事业组织；科研机构为在编制、工商、民政部门注册登记的独立法人单位。

向国外专利申请有多个申请人的，应商定由其中一个具有申报资格的申请人申报。具有申报资格的单位以其法定代表人向国外申请专利的，可以单位名义进行申报。

（四）申报时间要求

向国外专利申请可以在外国国家（地区）完成国家公布阶段后和正式获得授权后分两次申报资助，也可以在授权后一次性申报资助。

向国外专利申请完成国家公布阶段的，应自外国国家（地区）公布日起当年或第二年申报资助；正式获得授权的，应自外国国家（地区）授权日起 3 年内申报资助。

六、技术标准化

《国务院关于印发深化标准化工作改革方案的通知》（国发〔2015〕13 号）：

在标准制定主体上，鼓励具备相应能力的学会、协会、商会、联合会等社会组织和产业技术联盟协调相关市场主体共同制定满足市场和创新需要的标准，供市场自愿选用，增加标准的有效供给。

企业根据需要自主制定、实施企业标准。鼓励企业制定高于国家标准、行业标准、地方标准，具有竞争力的企业标准。建立企业产品和服务标准自我声明公开和监督制度，逐步取消政府对企业产品标准的备案管理，落实企业标准化主体责任。鼓励标准化专业机构对企业公开的标准开展比对和评价，强化社会监督。

鼓励社会组织和产业技术联盟、企业积极参与国际标准化活动，争取承担更多国际标准组织技术机构和领导职务，增强话语权。

第10章

政府公共采购

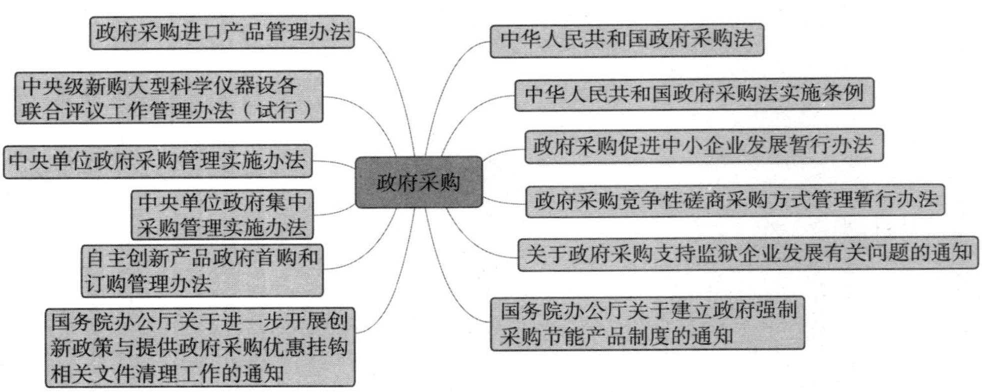

图3-4　政府公共采购政策框架结构

《中华人民共和国政府采购法》（2014 年 8 月 31 日修正）：

第九条　政府采购应当有助于实现国家的经济和社会发展政策目标，包括保护环境，扶持不发达地区和少数民族地区，促进中小企业发展等。

第十条　政府采购应当采购本国货物、工程和服务。但有下列情形之一的除外：（一）需要采购的货物、工程或者服务在中国境内无法获取或者无法以合理的商业条件获取的；（二）为在中国境外使用而进行采购的；（三）其他法律、行政法规另有规定的。

《中华人民共和国政府采购法实施条例》（中华人民共和国国务院令第 658 号）

第三十七条政府采购法第三十八条第五项、第四十条第四项所称质量和服务相等，是指供应商提供的产品质量和服务均能满足采购文件规定的实质性要求。

《政府采购促进中小企业发展暂行办法》（财库〔2011〕181号）

任何单位和个人不得阻挠和限制中小企业自由进入本地区和本行业的政府采购市场，政府采购活动不得以注册资本金、资产总额、营业收入、从业人员、利润、纳税额等供应商的规模条件对中小企业实行差别待遇或者歧视待遇。

在满足机构自身运转和提供公共服务基本需求的前提下，应当预留本部门年度政府采购项目预算总额的30%以上，专门面向中小企业采购，其中，预留给小型和微型企业的比例不低于60%。

对于非专门面向中小企业的项目，采购人或者采购代理机构应当在招标文件或者谈判文件、询价文件中做出规定，对小型和微型企业产品的价格给予6%～10%的扣除，用扣除后的价格参与评审，具体扣除比例由采购人或者采购代理机构确定。

鼓励大中型企业和其他自然人、法人或者其他组织与小型、微型企业组成联合体共同参加非专门面向中小企业的政府采购活动。联合协议中约定，小型、微型企业的协议合同金额占到联合体协议合同总金额30%以上的，可给予联合体2%～3%的价格扣除。

联合体各方均为小型、微型企业的，联合体视同为小型、微型企业享受本办法第四条、第五条规定的扶持政策。

《国务院办公厅关于进一步开展创新政策与提供政府采购优惠挂钩相关文件清理工作的通知》（国办函〔2016〕92号）：

《关于深入开展创新政策与提供政府采购优惠挂钩相关文件清理工作的通知》（国办发明电〔2011〕41号），要求各地方、各有关部门自2011年12月1日起停止执行规范性文件中关于创新政策与提供政府采购优惠挂钩的措施。

《财政部关于印发〈政府采购进口产品管理办法〉的通知》（财库〔2007〕119号）：

采购人采购进口产品时，应当坚持有利于本国企业自主创新或消化吸收核心技术的原则，优先购买向我方转让技术、提供培训服务及其他补偿贸易措施的产品。

采购人拟采购的进口产品属于国家法律、法规政策明确规定限制进口产品的，在报财政部门审核时，应当出具第八条第（一）款、第（三）款和第（四）款材料。

采购人拟采购国家限制进口的重大技术装备和重大产业技术的，应当出具发展改革委的意见。采购人拟采购国家限制进口的重大科学仪器和装备的，应当出具科技部的意见。

采购人及其委托的采购代理机构在采购进口产品的采购文件中应当载明优先采购向我国企业转让技术、与我国企业签订消化吸收再创新方案的供应商的进口产品。

第11章

科技计划与投入

一、科技计划管理改革

《关于深化中央财政科技计划（专项、基金等）管理改革的方案》（国发〔2014〕64号）：

中央各部门管理的科技计划（专项、基金等）整合形成五类科技计划（专项、基金等）：

（一）国家自然科学基金。资助基础研究和科学前沿探索，支持人才和团队建设，增强源头创新能力。

（二）国家科技重大专项。聚焦国家重大战略产品和重大产业化目标，发挥举国体制的优势，在设定时限内进行集成式协同攻关。

（三）国家重点研发计划（整合形成）。聚焦国家重大战略任务，遵循研发和创新活动的规律和特点，将科技部管理的国家重点基础研究发展计划、国家高技术研究发展计划、国家科技支撑计划、国际科技合作与交流专项，发展改革委、工业和信息化部管理的产业技术研究与开发资金，有关部门管理的公益性行业科研专项等，进行整合归并，形成一个国家重点研发计划。该计划根据国民经济和社会发展重大需求及科技发展优先领域，凝练形成若干目标明确、边界清晰的重点专项，从基础前沿、重大共性关键技术到应用示范进行全链条创新设计，一体化组织实施。

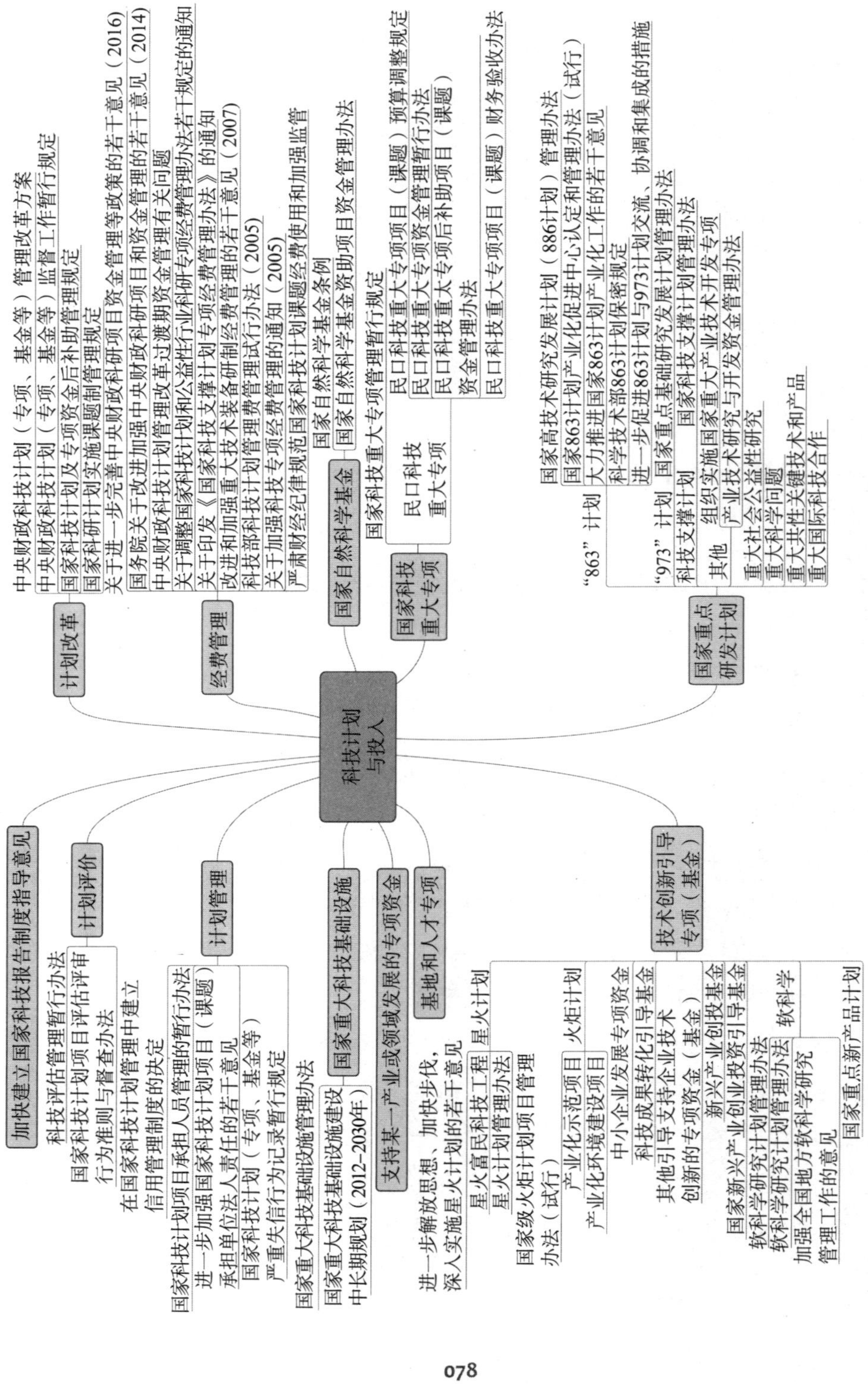

图3-5　国家科技计划与投入政策框架结构

（四）技术创新引导专项（基金）（分类整合）。按照企业技术创新活动不同阶段的需求，对发展改革委、财政部管理的新兴产业创投基金，科技部管理的政策引导类计划、科技成果转化引导基金，财政部、科技部、工业和信息化部、商务部共同管理的中小企业发展专项资金中支持科技创新的部分，以及其他引导支持企业技术创新的专项资金（基金），进一步明确功能定位并进行分类整合，避免交叉重复，并切实发挥杠杆作用，通过市场机制引导社会资金和金融资本进入技术创新领域，形成天使投资、创业投资、风险补偿等政府引导的支持方式。政府要通过间接措施加大支持力度，落实和完善税收优惠、政府采购等支持科技创新的普惠性政策，激励企业加大自身的科技投入，真正发展成为技术创新的主体。

（五）基地和人才专项（调整优化）。对科技部管理的国家（重点）实验室、国家工程技术研究中心、科技基础条件平台，发展改革委管理的国家工程实验室、国家工程研究中心等合理归并，进一步优化布局，按功能定位分类整合，完善评价机制，加强与国家重大科技基础设施的相互衔接。提高高校、科研院所科研设施开放共享程度，盘活存量资源，鼓励国家科技基础条件平台对外开放共享和提供技术服务，促进国家重大科研基础设施和大型科研仪器向社会开放，实现跨机构、跨地区的开放运行和共享。相关人才计划要加强顶层设计和相互之间的衔接。在此基础上调整相关财政专项资金。

（六）支持某一产业或领域发展的专项资金。要进一步聚焦产业和领域发展，其中有关支持技术研发的内容，要纳入优化整合后的国家科技计划（专项、基金等）体系，根据产业和领域发展需求，由中央财政科技预算统筹支持。

《关于中央财政科技计划管理改革过渡期资金管理有关问题的通知》（财教〔2015〕154号）

按照64号文要求，国家重点基础研究发展计划、国家高技术研究发展计划、国家科技支撑计划、国际科技合作与交流专项、产业技术研究与开发资金、公益性行业科研专项等，将整合形成国家重点研发计划。从2016年起，现有相关资金渠道将不再立项安排新的项目，在严格审核的基础上，只安排在研项目的后续拨款，在研项目仍按照原管理方式管理。在研项目拨款完成后，现有资金渠道将不再保留。其他拟撤销的计划专项也按照该原则执行。

国家重点研发计划通过重点专项组织实施，重点专项由专业机构负责具体管理。

《国务院办公厅转发科技部等部门关于〈国家科研计划实施课题制管理规定〉的通知》（国办发〔2002〕2 号）：

（二十四）加强固定资产管理，明确资产所有权归属。用课题研究费购置的资产属于国有资产，其使用权和经营权一般归课题或子课题依托单位（资助文件中另有注明的除外）。资产的处置按国家的有关规定执行，防止国有资产的流失。

用课题研究费购置的固定资产，必须纳入课题或子课题依托单位的固定资产账户进行核算与管理。

（二十六）明确知识产权的归属。课题研究形成的知识产权，在保障国家利益和社会公共利益、保护课题依托单位和课题研究人员合法权益的基础上，在国家新的有关知识产权归属管理办法未颁布前，按现行管理办法执行。

二、经费管理

《中共中央办公厅、国务院办公厅印发〈关于进一步完善中央财政科研项目资金管理等政策的若干意见〉》（2016 年 7 月 31 日）：

二、改进中央财政科研项目资金管理

（一）简化预算编制，下放预算调剂权限。根据科研活动规律和特点，改进预算编制方法，实行部门预算批复前项目资金预拨制度，保证科研人员及时使用项目资金。下放预算调剂权限，在项目总预算不变的情况下，将直接费用中的材料费、测试化验加工费、燃料动力费、出版／文献／信息传播／知识产权事务费及其他支出预算调剂权下放给项目承担单位。简化预算编制科目，合并会议费、差旅费、国际合作与交流费科目，由科研人员结合科研活动实际需要编制预算并按规定统筹安排使用，其中不超过直接费用 10%的，不需要提供预算测算依据。

（二）提高间接费用比重，加大绩效激励力度。中央财政科技计划（专项、基金等）中实行公开竞争方式的研发类项目，均要设立间接费用，核定比例可以提高到不超过直接费用扣除设备购置费的一定比例：500万元以下的部分为20%，500万元至1000万元的部分为15%，1000万元以上的部分为13%。加大对科研人员的激励力度，取消绩效支出比例限制。项目承担单位在统筹安排间接费用时，要处理好合理分摊间接成本和对科研人员激励的关系，绩效支出安排与科研人员在项目工作中的实际贡献挂钩。

（三）明确劳务费开支范围，不设比例限制。参与项目研究的研究生、博士后、访问学者以及项目聘用的研究人员、科研辅助人员等，均可开支劳务费。项目聘用人员的劳务费开支标准，参照当地科学研究和技术服务业从业人员平均工资水平，根据其在项目研究中承担的工作任务确定，其社会保险补助纳入劳务费科目列支。劳务费预算不设比例限制，由项目承担单位和科研人员据实编制。

（四）改进结转结余资金留用处理方式。项目实施期间，年度剩余资金可结转下一年度继续使用。项目完成任务目标并通过验收后，结余资金按规定留归项目承担单位使用，在2年内由项目承担单位统筹安排用于科研活动的直接支出；2年后未使用完的，按规定收回。

（五）自主规范管理横向经费。项目承担单位以市场委托方式取得的横向经费，纳入单位财务统一管理，由项目承担单位按照委托方要求或合同约定管理使用。

《国务院关于改进加强中央财政科研项目和资金管理的若干意见》（国发〔2014〕11号）：

（九）对于政府支持企业开展的产业重大共性关键技术研究等公共科技活动，在立项时要加强对企业资质、研发能力的审核，鼓励产学研协同攻关。对于政府引导企业开展的科研项目，主要由企业提出需求、先行投入和组织研发，政府采用“后补助”及间接投入等方式给予支持，形成主要由市场决定技术创新项目和资金分配、评价成果的机制以及企业主导项目组织实施的机制。

（十五）及时拨付项目资金。实行部门预算批复前项目资金预拨制度，保证科研任务顺利实施。对于有明确目标的重大项目，按照关键节点任务完成情况进行拨款。

（十六）规范直接费用支出管理。进一步下放预算调整审批权限，同时严格控制会议费、差旅费、国际合作与交流费，项目实施中发生的三项支出之间可以调剂使用，但不得突破三项支出预算总额。

（二十一）改进科研项目资金结算方式。企业承担的项目，所发生的会议费、差旅费、小额材料费和测试化验加工费等支出也应当采用非现金方式结算。项目承担单位对设备费、大宗材料费和测试化验加工费、劳务费、专家咨询费等支出，原则上应当通过银行转账方式结算。

《财政部、科技部关于印发〈国家科技计划及专项资金后补助管理规定〉的通知》（财教〔2013〕433号）：

第五条　国家科技计划及专项中以科技成果工程化、产业化为目标任务，具有量化考核指标的研究开发类项目，应当实施事前立项事后补助。

科技部根据预算评估评审结果提出项目后补助预算方案，并向项目申请单位反馈，达成一致后，报财政部备案。拟补助经费额不超过项目预算的50%。

经费拨付。项目通过验收后，科技部按照事先备案的预算方案，提出项目后补助预算安排建议，报财政部批复。预算批复下达后，资金按照财政国库管理制度有关规定支付至项目承担单位。经核定拨付的事前立项事后补助经费，由单位统筹安排使用。

第十五条　申请奖励性后补助的技术成果应当满足以下条件：（一）对解决国家急需的、影响经济社会发展的重大公共利益或重大产业技术问题等发挥关键作用；（二）属于申请单位的原创成果，研发记录完备；（三）未得到财政专项资金资助。

第十六条　科技部商财政部根据需要解决的问题和技术成果的贡献，按照一事一议的原则确定奖励额度。

第十七条　经核定拨付的奖励性后补助经费，由单位统筹安排使用。

第十八条　获得奖励性后补助的单位，应当与科技部签订协议，明确将其技术成果实际应用于解决相关问题。未按照协议要求实际应用的，收回补助资金。

第二十一条　共享服务后补助的绩效考核主要包括以下内容：（一）服务情况。（二）运行管理情况。（三）资源整合情况。

共享服务后补助经费主要用于国家科技基础条件平台的运行服务。

《关于改进和加强重大技术装备研制经费管理的若干意见》（财建〔2007〕1号）：

财政对重大技术装备研制的支持要符合WTO和公共财政原则，主要用于对共性技术和关键技术研发的支持。要综合运用无偿资助、贷款贴息、风险投资等多种投入方式，加大对企业、科研院所、高等院校开展联合研究开发的支持。

《关于调整国家科技计划和公益性行业科研专项经费管理办法若干规定的通知》（财教〔2011〕434号）。

三、计划管理

《科技部、财政部关于印发〈中央财政科技计划（专项、基金等）监督工作暂行规定〉的通知》（国科发政〔2015〕471号）：

将信用等级作为项目管理专业机构遴选、项目立项及资金安排、专家遴选、监督支撑机构使用等管理决策重要参考。对实行间接费用管理的项目，间接费用的核定与项目承担单位信用等级挂钩。项目完成任务目标并通过验收，且项目承担单位信用评价好的，项目结余资金按规定在一定期限内由单位统筹安排用于科研活动的直接支出。

《关于印发〈关于进一步加强国家科技计划项目（课题）承担单位法人责任的若干意见〉的通知》（科技部国科发计〔2012〕86号）：

依据计划管理办法，承担单位应在充分听取项目（课题）负责人意见并做必要论证的基础上，对本单位承担项目（课题）的技术路线、经费预算和主要研究人员变动等事项提出调整建议。

《关于印发〈关于进一步促进863计划与973计划交流、协调和集成的措施〉的通知》（国科发计字〔2002〕109号）。

《关于印发〈国家科技计划（专项、基金等）严重失信行为记录暂行规定〉的通知》（国科发政〔2016〕97号）。

《国务院办公厅转发科技部关于加快建立国家科技报告制度指导意见的通知》（国办发〔2014〕43号）。

四、国家自然基金

《国家自然科学基金条例》（中华人民共和国国务院令第 487 号）。

《关于印发〈国家自然科学基金资助项目资金管理办法〉的通知》（财教〔2015〕15 号）：

第三十条　依托单位应当严格执行国家有关政府采购、招投标、资产管理等规定。企业使用项目资金形成的固定资产，按照《企业财务通则》等相关规章制度执行。

项目资金形成的知识产权等无形资产的管理，按照国家有关规定执行。

五、国家科技重大专项

《国家科技重大专项管理暂行规定》（国科发计〔2008〕453 号）：

第五条　重大专项资金的筹措坚持多元化的原则，中央财政设立专项经费支持重大专项的组织实施，并引导和鼓励地方、企业、金融机构等方面的资金投入。针对重大专项任务实施，科学合理配置专项资金，加强审计与监管，提高经费使用效益。

第六条　本规定适用于《规划纲要》确定的与民口有关的重大专项。

第十一条　各重大专项组建专项总体组，明确技术总师。

第十二条　重大专项任务的承担实行法人负责制，法人单位是项目（课题）实施的责任主体。

第三十条　各重大专项每个五年计划的最后一年组织进行阶段总结。

第三十五条　统筹使用各方面的资金投入，提高资金使用效益。来源于中央和地方财政的专项经费，严格执行国家预算管理和财政资金管理的有关规定；其他来源的资金，按照“谁出资、谁监管”的原则和相应的管理规定进行管理。重大专项资金要严格按照国家有关规定，单独核算，专款专用。

第三十六条　中央资金支持的重大专项任务及其经费应安排一定比例，由重大专项牵头组织单位系统以外单位承担。

对承担重大专项项目（课题）形成的知识产权，有向国内其他单位有偿或无偿许可实施的义务。

第四十四条　重大专项任务实施过程中形成的无形资产，由任务承担单位负责管理和使用。成果转化及无形资产使用产生的经济效益按《中华人民共和国促进科技成果转化法》和国家有关规定执行。

第四十五条　使用重大专项财政经费购置和试制的固定资产属于国有资产，资产管理按照国家有关规定执行。

《关于印发〈民口科技重大专项后补助项目（课题）资金管理办法〉的通知》（财教〔2013〕443号）。

《关于民口科技重大专项项目（课题）预算调整规定的补充通知》（财教〔2012〕277号）。

《关于印发〈民口科技重大专项项目（课题）财务验收办法〉的通知》（财教〔2011〕287号）。

六、国家重点研发计划

《关于印发国家科技支撑计划管理办法的通知》（国科发计〔2011〕430号）：

第十九条　项目组织单位系统外的单位承担项目的财政资金所占比例，原则上不低于40%。

第二十条　对于具有明确产品导向和产业化前景的项目（课题），企业应作为实施主体，以企业投入为主。企业承担或参与项目（课题）的条件：

（一）符合课题承担单位要求的基本条件；

（二）产学研联合实施的项目（课题），企业应与其他机构事先签署具有法律约束力的协议，明确任务分工及知识产权归属和利益分配机制；

（三）通过项目（课题）实施获取的共性技术成果，企业有义务通过多种方式向本行业进行扩散；

（四）其自筹经费应不低于国拨经费。

第二十一条 鼓励产业技术创新战略联盟申报、组织和承担支撑计划项目。

第二十六条 支撑计划把形成技术标准作为组织实施项目（课题）的重要目标之一。优先支持有助于形成国家经济社会发展急需的、可显著提高产业国际竞争力的、形成我国重要技术性贸易措施的技术标准项目（课题）。

第三十一条 支撑计划项目实行年度报告制度。

《关于印发国家重点基础研究发展计划管理办法的通知》（国科发计〔2011〕626号）。

《关于印发〈国家高技术研究发展计划（863计划）管理办法〉的通知》（国科发计〔2011〕363号）

《财政部、科技部关于印发〈国家科技支撑计划专项经费管理办法〉的通知》（财教〔2006〕160号）。

七、技术创新引导专项（基金）

《关于印发实施〈国家重大科技基础设施管理办法〉的通知》（发改高技〔2014〕2545号）。

《国务院关于印发〈国家重大科技基础设施建设中长期规划〉（2012—2030年）的通知》（国发〔2013〕8号）。

《关于印发〈星火计划管理办法〉的通知》（国科发农社字〔2002〕1号）。

《关于印发〈产业技术研究与开发资金管理办法〉的通知》（财建〔2002〕30号）

八、科技评估管理

《科技评估管理暂行办法》（科技部，2000年）：

第七条 科技评估工作的对象和范围主要有：（一）科技政策的研究、制定和效果；（二）科技计划的执行情况与运营绩效；（三）科技项目的前期立项、中期实施、后期效果；（五）科技成果的技术水平、经济效益；（七）企业和其他社会组织的科技投资行为及运营绩效。

第十三条　从事科技评估业务的评估机构必须持有科技部颁发的科技评估资格证书。科技评估资格证书由科技部统一印制。

第十四条　科技评估可实行有偿服务。科技评估业务收费数额，由委托方与评估机构在委托评估合同中协商议定。

第十五条　国家实行评估机构资信等级管理制度，具体办法另定。

第12章

企业研发机构建设

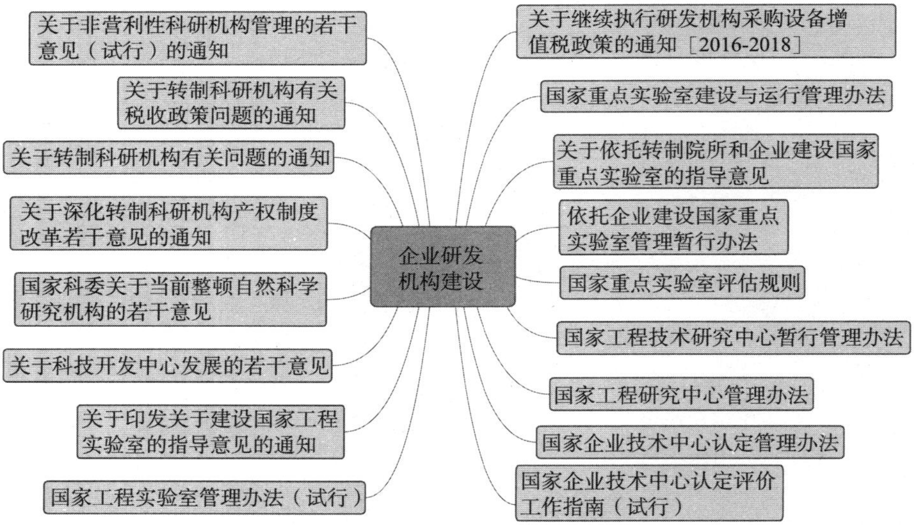

图3-6　企业研发机构建设政策框架结构

一、重点实验室

《科技部关于印发〈依托企业建设国家重点实验室管理暂行办法〉的通知》（国科发基〔2012〕716号）：

第四条　按照项目、基地、人才相结合的原则，国家相关科技计划、人才计划等，应优先委托有条件的企业国家重点实验室承担。

第五条　企业国家重点实验室从事的创新研发活动，享受国家有关优惠政策。

第九条　根据国家需求和企业国家重点实验室建设规划，科技部从部门和地方重点实验室中有计划、有重点地择优遴选建设企业国家重点实验室，并优先支持创新型企业和产业技术创新战略联盟建设企业国家重点实验室，保持适度建设规模，发挥其引领、示范和辐射带动作用。

二、国家工程技术研究中心

《国家工程技术研究中心暂行管理办法》（〔93〕国科发计字 060 号）：

第十二条　工程中心在组建期间，其所需经费采取“三三”制的原则，即国家拨款、银行贷款、主管部门或依托单位自筹各三分之一。

第十四条　工程中心组建所需的国家拨款，主要用于购置工程技术研究开发、试验所必需的先进仪器、设备及引进必要的技术软件。新添置的有关仪器设备等，统一纳入国有固定资产渠道，依法管理。

国家拨款不得用于工程中心的基本设施建设。必要的新建、扩建基本设施所需资金，原则上由主管部门和依托单位自行解决。

第十五条　工程中心的国家拨款，必须专款专用，任何部门、单位和个人均不得以任何形式截留、挪用或挤占。经费实行独立核算，超支不补，每年由依托单位按照国家的有关规定编报年度预、决算，并报上级主管部门和国家科委，同时接受国家的审计与监督。

第十六条　工程中心组建期间所使用的贷款由国家科委❶商有关金融部门调剂安排，其主要用于工程化研究开发，包括新的工程技术、新的工艺流程，以及新产品、新样机的开发研制及其小、中规模的批量生产。

第二十九条　工程中心享受国家给予科研机构的各项优惠政策。

---

❶ 现为国家科学技术部。

第三十条　工程中心研制开发出的中试产品，报经国家科委审批后，优先列入国家新产品试制鉴定计划和中试产品免税立项，享受国家有关减免所得税、产品税和增值税优惠。

第三十一条　工程中心所需部分必要的进口仪器设备、样机样品，以及部分原材料，由依托单位报经主管部门审查后，报送国家科委商海关办理有关减免关税手续。

第三十二条　工程中心在平等竞争、条件相同的前题下，国家将优先安排其承担相关重点科技开发任务。国家科委商有关上级主管部门共同支持工程中心参与国内有关企业从国外引进技术消化、吸收与创新的全过程。

第三十三条　工程中心在其技术成果或产品参与国际市场竞争中，凡能形成相当创汇能力的，按照国家有关规定，经国家科委商对外经济贸易部门共同审批后，同等条件下可优先授予外贸自主权。

第三十四条　工程中心所需出国培训进修人员和引进国外人才，报国家科委商国务院智力引进办公室审定后，列入国家重点出国进修培训计划和智力引进计划。

三、国家工程研究中心

《国家工程研究中心管理办法》（中华人民共和国国家发展和改革委员会令第52号）：

第二十七条　进入预备期的工程中心，可根据国家发展改革委的批复文件，提出创新能力建设项目，申请国家资金补助。

对于已通过正式核定三年以上，且评价结果为优秀或良好的工程中心，围绕新的发展方向和目标，为提高持续创新能力，也可提出创新能力建设项目申请国家资金补助。

第三十条　工程中心创新能力建设项目的具体申报、审批程序及项目管理，按《中央预算内投资补助和贴息项目管理暂行办法》和《国家高技术产业发展项目管理暂行办法》执行。对于中央预算内资金采取直接投资和资本金注入方式的工程中心创新能力建设项目，按照政府投资项目的有关规定进行管理。

四、国家工程实验室

《国家工程实验室管理办法（试行）》（国家发展和改革委员会令第 54 号）：

第六条　国家发展和改革委员会（以下简称国家发展改革委）采用专家评审、竞争择优的方式推进国家工程实验室建设，并对国家工程实验室建设项目予以适当投资补助。

《国家发展改革委办公厅关于印发关于建设国家工程实验室的指导意见的通知》（发改办高技〔2006〕1479 号）

国家将对符合相关标准的国家工程实验室建设予以一定资金补助。如需申请国家投资，建设单位可提出国家工程实验室建设项目资金申请报告，经主管部门审查后报国家发展改革委审批。国家发展改革委将根据有关规划、政策，对符合条件的建设项目安排一定的投资补助，相应项目和资金的管理按照《国家高技术产业发展项目管理暂行办法》（国家发展改革委令第 43 号）执行。

国家工程实验室建成后应积极参与产业关键技术和重大装备的研制，争取承担国家和行业下达的科研开发及试验研究任务。科技部等有关部门将通过科研计划等方式对国家工程实验室的发展给予适当支持。

五、企业技术中心

《国家发展和改革委员会、科学技术部、财政部、海关总署、国家税务总局关于发布〈国家企业技术中心认定管理办法〉的决定》（中华人民共和国国家发展和改革委员会、中华人民共和国科学技术部、中华人民共和国财政部、中华人民共和国海关总署、国家税务总局令第 34 号）：

第十五条　国家企业技术中心和国家企业技术中心分中心进口科技开发用品按照国家相关税收政策执行。经海关确认后，国家企业技术中心可按有关规定，将免税进口的科技开发用品放置在其异地非独立法人分支机构使用。

第十六条 国家发展改革委结合企业技术中心创新能力建设、高技术产业化、战略性新兴产业发展等工作，对国家企业技术中心予以支持。

第十七条 国家支持国家企业技术中心承担中央财政科技计划（专项、基金等）的研发任务。

六、科研机构建设

关于继续执行研发机构采购设备增值税政策的通知（2016—2018）（财税〔2016〕121号）：

一、适用采购国产设备全额退还增值税政策的内资研发机构和外资研发中心包括：（一）科技部会同财政部、海关总署和国家税务总局核定的科技体制改革过程中转制为企业和进入企业的主要从事科学研究和技术开发工作的机构；（二）国家发展改革委会同财政部、海关总署和国家税务总局核定的国家工程研究中心；（三）国家发展改革委会同财政部、海关总署、国家税务总局和科技部核定的企业技术中心；（四）科技部会同财政部、海关总署和国家税务总局核定的国家重点实验室和国家工程技术研究中心；（七）符合本通知第二条规定的外资研发中心；（八）财政部会同国务院有关部门核定的其他科学研究机构、技术开发机构和学校。

二、外资研发中心，根据其设立时间，应分别满足下列条件：

（一）2009年9月30日及其之前设立的外资研发中心，应同时满足下列条件：

1. 研发费用标准：（1）对外资研发中心，作为独立法人的，其投资总额不低于500万美元；作为公司内设部门或分公司的非独立法人的，其研发总投入不低于500万美元；（2）企业研发经费年支出额不低于1000万元。

2. 专职研究与试验发展人员不低于90人。

3. 设立以来累计购置的设备原值不低于1000万元。

（二）2009年10月1日及其之后设立的外资研发中心，应同时满足下列条件：

1. 研发费用标准：作为独立法人的，其投资总额不低于800万美元；作为公司内设部门或分公司的非独立法人的，其研发总投入不低于 800 万美元。

2. 专职研究与试验发展人员不低于 150 人。

3. 设立以来累计购置的设备原值不低于 2000 万元。

外资研发中心须经商务主管部门会同有关部门按照上述条件进行资格审核认定。具体审核认定办法见附件 1。在 2015 年 12 月 31 日（含）以前，已取得退税资格未满 2 年暂不需要进行资格复审的、按规定已复审合格的外资研发中心，在 2015 年 12 月 31 日享受退税未满 2 年的，可继续享受至 2 年期满。

经认定的外资研发中心，因自身条件变化不再符合退税资格的认定条件或发生涉税违法行为的，不得享受退税政策。

五、本通知规定的税收政策执行期限为 2016 年 1 月 1 日至 2018 年 12 月 31 日，具体从内资研发机构和外资研发中心取得退税资格的次月 1 日起执行。

《国务院办公厅转发〈国务院体改办等部门关于深化转制科研机构产权制度改革若干意见〉的通知》（国办发〔2003〕9 号）：

五、关于对转制科研机构科技创新加大支持的问题

为保持和发挥转制科研机构的科研创新能力，国家已明确规定，转制科研机构参加国家科研课题和项目的申请、竞标享有与其他科研机构同等的权利。中央财政还专门设立了科研院所技术开发研究专项资金，以支持中央级技术开发型科研机构（大部分为转制科研机构）开展应用开发研究工作。此外，转制科研机构如果能够申请建设国家重点实验室，也可获得国家在基础设施和科研仪器设备方面的经费支持。国家将继续通过以上渠道对转制科研机构科技创新进行支持。

《国务院办公厅转发〈科技部等部门关于非营利性科研机构管理的若干意见（试行）〉的通知》（国办发〔2000〕78 号）：

（一）非营利性科研机构从事技术开发、技术转让业务和与之相关的技术咨询、技术服务所得的收入，按有关规定免征营业税和企业所得税。

（二）非营利性科研机构从事与其科研业务无关的其他服务所取得的收入，如租赁收入、财产转让收入、对外投资收入等，应当按规定征收各项税收；非营利性科研机构从事上述非主营业务收入用于改善研究开发条件的投资部分，经税务部门审核批准可抵扣其应纳税所得额。

（三）非营利性科研机构自用的房产、土地，免征房产税、城镇土地使用税。

（四）社会力量对非营利性科研机构的新产品、新技术、新工艺所发生的研究开发经费资助，可依照税收法律、法规规定，允许在当年度应纳税所得额中扣除。

第13章

科技成果转化

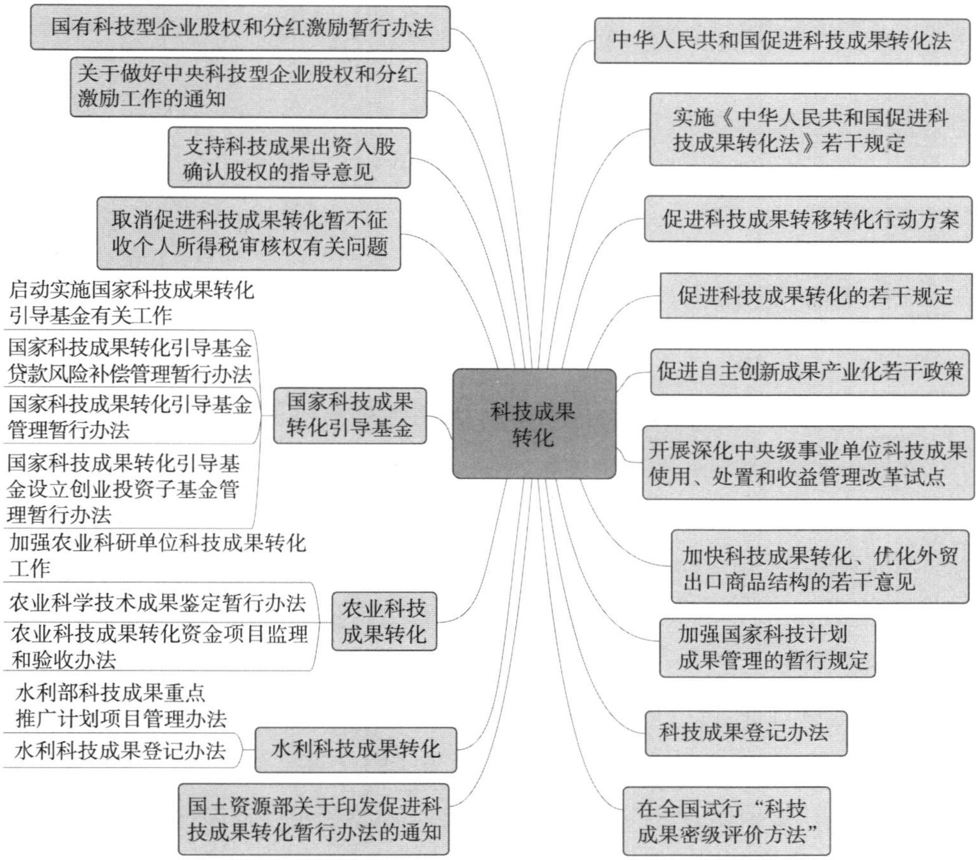

图3-7　促进科技成果转化政策框架结构

一、科技成果信息发布

《中华人民共和国促进科技成果转化法》（2015 年修改）：

第十一条　国家建立、完善科技报告制度和科技成果信息系统，向社会公布科技项目实施情况以及科技成果和相关知识产权信息，提供科技成果信息查询、筛选等公益服务。

国家鼓励利用非财政资金设立的科技项目的承担者提交相关科技报告，将科技成果和相关知识产权信息汇交到科技成果信息系统，县级以上人民政府负责相关工作的部门应当为其提供方便。

第二十二条　企业为采用新技术、新工艺、新材料和生产新产品，可以自行发布信息或者委托科技中介服务机构征集其所需的科技成果，或者征寻科技成果转化的合作者。

县级以上地方各级人民政府科学技术行政部门和其他有关部门应当根据职责分工，为企业获取所需的科技成果提供帮助和支持。

二、科研人员激励

《中华人民共和国促进科技成果转化法》（2015 年修改）：

第四十四条　职务科技成果转化后，由科技成果完成单位对完成、转化该项科技成果做出重要贡献的人员给予奖励和报酬。

第四十五条　科技成果完成单位未规定、也未与科技人员约定奖励和报酬的方式和数额的，按照下列标准对完成、转化职务科技成果做出重要贡献的人员给予奖励和报酬：

（一）将该项职务科技成果转让、许可给他人实施的，从该项科技成果转让净收入或者许可净收入中提取不低于百分之五十的比例；

（二）利用该项职务科技成果作价投资的，从该项科技成果形成的股份或者出资比例中提取不低于百分之五十的比例；

（三）将该项职务科技成果自行实施或者与他人合作实施的，应当在实施转化成功投产后连续三至五年，每年从实施该项科技成果的营业利润中提取不低于百分之五的比例。

国有企业、事业单位依照本法规定对完成、转化职务科技成果做出重要贡献的人员给予奖励和报酬的支出计入当年本单位工资总额，但不受当年本单位工资总额限制、不纳入本单位工资总额基数。

《国务院关于印发实施〈中华人民共和国促进科技成果转化法〉若干规定的通知》（2016 年 2 月 26 日）：

国家鼓励企业建立健全科技成果转化的激励分配机制，充分利用股权出售、股权奖励、股票期权、项目收益分红、岗位分红等方式激励科技人员开展科技成果转化。国务院财政、科技等行政主管部门要研究制定国有科技型企业股权和分红激励政策，结合深化国有企业改革，对科技人员实施激励。

科技成果转化过程中，通过技术交易市场挂牌交易、拍卖等方式确定价格的，或者通过协议定价并在本单位及技术交易市场公示拟交易价格的，单位领导在履行勤勉尽责义务、没有牟取非法利益的前提下，免除其在科技成果定价中因科技成果转化后续价值变化产生的决策责任。

《国家税务总局关于取消促进科技成果转化暂不征收个人所得税审核权有关问题的通知》（国税函〔2007〕833 号）：

根据国务院关于行政审批制度改革工作要求，现对取消促进科技成果转化暂不征收个人所得税审核权的有关问题通知如下：

一、《国家税务总局关于促进科技成果转化有关个人所得税问题的通知》（国税发〔1999〕125 号）规定，科研机构、高等学校转化职务科技成果以股份或出资比例等股权形式给予个人奖励，经主管税务机关审核后，暂不征收个人所得税。此项审核权自 2007 年 8 月 1 日起停止执行。

二、取消上述审核权后，主管税务机关应加强科研机构、高等学校转化职务科技成果以股份或出资比例等股权形式给予个人奖励暂不征收个人所得税的管理。

（二）主管税务机关应对科研机构、高等学校或者获奖人员提供的上述材料认真核对确认，并将其归入纳税人和扣缴义务人的“一户式”档案，一并动态管理。

（三）主管税务机关应对获奖人员建立电子台账（条件不具备的可建立纸质台账），及时登记奖励相关信息和股权转让等信息，具体包括授奖单位、获奖人员的姓名、获奖金额、获奖时间、职务转化股权数量或者出资比例，股权转让情况等信息，并根据获奖人员股权或者出资比例变动情况，及时更新电子台账和纸质台账，加强管理。

（四）主管税务机关要加强对有关科研机构、高等学校或者获奖人员的日常检查，及时掌握奖励和股权转让等相关信息，防止出现管理漏洞。

三、金融支持

《中华人民共和国促进科技成果转化法》（2015 年修改）：

国家设立的创业投资引导基金，应当引导和支持创业投资机构投资初创期科技型中小企业。

国家鼓励设立科技成果转化基金或者风险基金，其资金来源由国家、地方、企业、事业单位以及其他组织或者个人提供，用于支持高投入、高风险、高产出的科技成果的转化，加速重大科技成果的产业化。

科技成果转化基金和风险基金的设立及其资金使用，依照国家有关规定执行。

《国务院办公厅关于印发促进科技成果转移转化行动方案的通知》（国办发〔2016〕28 号）：

支持符合条件的创新创业企业通过发行债券、资产证券化等方式进行融资。支持银行探索股权投资与信贷投放相结合的模式，为科技成果转移转化提供组合金融服务。

《科技部、财政部关于印发〈国家科技成果转化引导基金贷款风险补偿管理暂行办法〉的通知》（国科发资〔2015〕417 号）：

第三条 科技成果转化贷款应符合以下条件：（一）向年销售额 3 亿元以下的科技型中小企业发放用于科技成果转化和产业化的贷款；（二）贷款期限为 1 年期（含 1 年）以上。

第二十四条 本办法自 2016 年 1 月 1 日起施行。

《关于印发〈国家科技成果转化引导基金管理暂行办法〉的通知》（财教〔2011〕289 号）：

第二十二条　年度风险补偿额按照合作银行当年的成果转化贷款额进行核定，补偿比例不超过贷款额的 2%。

《国家科技成果转化引导基金设立创业投资子基金管理暂行办法》（国科发财〔2014〕229 号）。

《科技部、财政部关于启动实施国家科技成果转化引导基金有关工作的通知》（国科发财〔2014〕311 号）：

科技部、财政部委托国家科技风险开发事业中心作为 2014—2015 年度受托管理机构，承担相应年度转化基金设立创业投资子基金受理申请等日常管理工作。

四、人才与基地支持

《中华人民共和国促进科技成果转化法》（2015 年修改）：

第二十八条　国家支持企业与研究开发机构、高等院校、职业院校及培训机构联合建立学生实习实践培训基地和研究生科研实践工作机构，共同培养专业技术人才和高技能人才。

《国务院办公厅关于印发促进科技成果转移转化行动方案的通知》（国办发〔2016〕28 号）：

建设 100 个示范性国家技术转移机构，支持有条件的地方建设 10 个科技成果转移转化示范区，在重点行业领域布局建设一批支撑实体经济发展的众创空间，建成若干技术转移人才培养基地，培养 1 万名专业化技术转移人才。

强化科技成果中试熟化。支持地方围绕区域特色产业发展、中小企业技术创新需求，建设通用性或行业性技术创新服务平台，提供从实验研究、中试熟化到生产过程所需的仪器设备、中试生产线等资源，开展研发设计、检验检测认证、科技咨询、技术标准、知识产权、投融资等服务。

构建国家技术交易网络平台。

建设国家科技成果转移转化试验示范区，在科技成果转移转化服务、金融、人才、政策等方面，探索形成一批可复制、可推广的工作经验与模式。

五、科技成果出资入股确认股权

《关于印发〈关于支持科技成果出资入股确认股权的指导意见〉的通知》（证监发〔2012〕87号）：

一、鼓励以科技成果出资入股确认股权。按照《公司法》的相关规定，包括科技成果在内的无形资产占注册资本的比例可达到70%。

二、鼓励企业明确科技人员在科技成果中享有的权益，依法确认股权。

三、落实北京中关村等园区先行先试政策，采取多种方式合理确认股权。支持北京中关村、上海张江、武汉东湖国家自主创新示范区和安徽合芜蚌自主创新综合试验区内的企业、高等院校及科研院所按照依据国家法律法规制定的先行先试政策进行股权和分红权激励，对做出突出贡献的科技人员和经营管理人员所实施的技术入股、股权奖励、分红权等，以合理的方式确认其在企业中的股权。

四、进一步深化发行审核机制改革，对科技成果形成的股权予以审核确认。涉及的股权占比较低、不影响公司控制权稳定且没有重大风险隐患的，在做充分的信息披露并说明出现股权纠纷时的解决机制的情况下，将不再要求企业在上市前补办相关确认手续。

第14章

技术市场

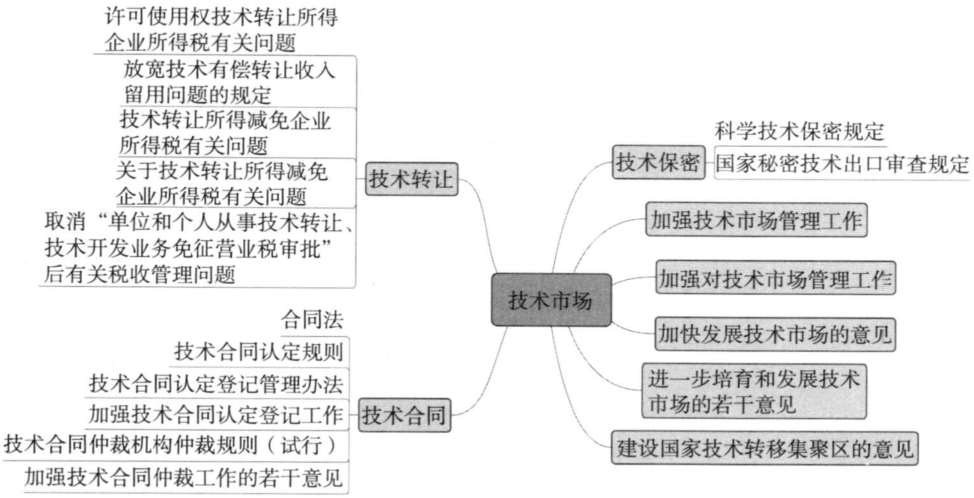

图3-8　技术市场政策框架结构

一、技术市场管理

《关于印发〈关于加快发展技术市场的意见〉的通知》（国科发市字〔2006〕75号）：

进一步落实现有技术市场税收优惠扶持政策，研究和完善持续激励自主创新和创新成果向现实生产力转化、体现技术参与收益分配的政策。加强面向企业技术创新的服务体系建设，研究科技中介机构开展技术咨询和技术服务的税收扶持政策。

建立技术市场奖励制度，稳定、吸引科技人才队伍。

要根据技术转移工作的实际需要，选择一批有条件的技术交易市场和技术转移机构形成国家级技术转移中心。

在发展较好的技术产权交易市场开展国家高新区内未上市高新技术企业股权流通的试点工作。

国家技术市场管理部门研究制定技术经纪人的资质认证标准和培训大纲，加强对技术经纪人的培训，大力提高技术经纪人的专业服务水平和职业道德。

科技部设立技术市场专项资金，用于发展我国技术市场基础建设和公共事业。各级科技行政管理部门必须建立促进本地区技术市场发展的专项资金，形成保障技术市场稳定发展的长效机制，促进我国技术市场快速、持续发展。

《科技部、北京市人民政府关于建设国家技术转移集聚区的意见》（国科发火〔2013〕456号）

（七）建设中国网上技术市场。

二、技术转让

《国家税务总局关于许可使用权技术转让所得企业所得税有关问题的公告》（国家税务总局公告2015年第82号）：

一、自2015年10月1日起，全国范围内的居民企业转让5年（含，下同）以上非独占许可使用权取得的技术转让所得，纳入享受企业所得税优惠的技术转让所得范围。居民企业的年度技术转让所得不超过500万元的部分，免征企业所得税；超过500万元的部分，减半征收企业所得税。

二、企业转让符合条件的5年以上非独占许可使用权的技术，限于其拥有所有权的技术。

三、符合条件的5年以上非独占许可使用权技术转让所得应按以下方法计算：

技术转让所得＝技术转让收入-无形资产摊销费用-相关税费-应分摊期间费用

技术转让收入是指转让方履行技术转让合同后获得的价款，不包括销售或转让设备、仪器、零部件、原材料等非技术性收入。不属于与技术转让项目密不可分的技术咨询、服务、培训等收入，不得计入技术转让收入。技术许可使用权转让收入，应按转让协议约定的许可使用权人应付许可使用权使用费的日期确认收入的实现。

无形资产摊销费用是指该无形资产按税法规定当年计算摊销的费用。涉及自用和对外许可使用的，应按照受益原则合理划分。

相关税费是指技术转让过程中实际发生的有关税费，包括除企业所得税和允许抵扣的增值税以外的各项税金及其附加、合同签订费用、律师费等相关费用。

应分摊期间费用（不含无形资产摊销费用和相关税费）是指技术转让按照当年销售收入占比分摊的期间费用。

五、本公告自2015年10月1日起施行。本公告实施之日起，企业转让5年以上非独占许可使用权确认的技术转让收入，按本公告执行。

《国家税务总局关于技术转让所得减免企业所得税有关问题的通知》（国税函〔2009〕212号）：

一、根据企业所得税法第二十七条第（四）项规定，享受减免企业所得税优惠的技术转让应符合以下条件：

（一）享受优惠的技术转让主体是企业所得税法规定的居民企业；

（二）技术转让属于财政部、国家税务总局规定的范围；

（三）境内技术转让经省级以上科技部门认定；

（四）向境外转让技术经省级以上商务部门认定；

（五）国务院税务主管部门规定的其他条件。

二、符合条件的技术转让所得应按以下方法计算：

技术转让所得＝技术转让收入-技术转让成本-相关税费

技术转让收入是指当事人履行技术转让合同后获得的价款，不包括销售或转让设备、仪器、零部件、原材料等非技术性收入。不属于与技术转让项目密不可分的技术咨询、技术服务、技术培训等收入，不得计入技术转让收入。

技术转让成本是指转让的无形资产的净值，即该无形资产的计税基础减除在资产使用期间按照规定计算的摊销扣除额后的余额。

相关税费是指技术转让过程中实际发生的有关税费，包括除企业所得税和允许抵扣的增值税以外的各项税金及其附加、合同签订费用、律师费等相关费用及其他支出。

三、享受技术转让所得减免企业所得税优惠的企业，应单独计算技术转让所得，并合理分摊企业的期间费用；没有单独计算的，不得享受技术转让所得企业所得税优惠。

四、企业发生技术转让，应在纳税年度终了后至报送年度纳税申报表以前，向主管税务机关办理减免税备案手续。

《国家税务总局关于技术转让所得减免企业所得税有关问题的公告》（国家税务总局公告 2013 年第 62 号）：

为加强技术转让所得减免企业所得税的征收管理，现将《国家税务总局关于技术转让所得减免企业所得税有关问题的通知》（国税函〔2009〕212 号）中技术转让收入计算的有关问题，公告如下：

一、可以计入技术转让收入的技术咨询、技术服务、技术培训收入，是指转让方为使受让方掌握所转让的技术投入使用、实现产业化而提供的必要的技术咨询、技术服务、技术培训所产生的收入，并应同时符合以下条件：

（一）在技术转让合同中约定的与该技术转让相关的技术咨询、技术服务、技术培训；

（二）技术咨询、技术服务、技术培训收入与该技术转让项目收入一并收取价款。

二、本公告自 2013 年 11 月 1 日起施行。此前已进行企业所得税处理的相关业务，不作纳税调整。

《国家税务总局关于取消“单位和个人从事技术转让、技术开发业务免征营业税审批”后有关税收管理问题的通知》（国税函〔2004〕825 号）：

取消审核手续后，纳税人的技术转让、技术开发的书面合同仍应到省级科技主管部门进行认定，并将认定后的合同及有关证明材料文件报主管地方税务局备查。主管地方税务局要不定期地对纳税人申报享受减免税的技术转让、技术开发合同进行检查，对不符合减免税条件的单位和个人要取消税收优惠政策，同时追缴其所减免的税款，并按照《中华人民共和国税收征收管理法》的有关规定进行处罚。

三、技术合同

《关于印发〈技术合同认定登记管理办法〉的通知》（国科发政字〔2000〕063号）：

第三条　科学技术部管理全国技术合同认定登记工作。

第五条　法人和其他组织按照国家有关规定，根据所订立的技术合同，从技术开发、技术转让、技术咨询和技术服务的净收入中提取一定比例作为奖励和报酬，给予职务技术成果完成人和为成果转化做出重要贡献人员的，应当申请对相关的技术合同进行认定登记，并依照有关规定提取奖金和报酬。

第六条　未申请认定登记和未予登记的技术合同，不得享受国家对有关促进科技成果转化规定的税收、信贷和奖励等方面的优惠政策。

第七条　经认定登记的技术合同，当事人可以持认定登记证明，向主管税务机关提出申请，经审核批准后，享受国家规定的税收优惠政策。

第八条　技术合同认定登记实行按地域一次登记制度。技术开发合同的研究开发人、技术转让合同的让与人、技术咨询和技术服务合同的受托人，以及技术培训合同的培训人、技术中介合同的中介人，应当在合同成立后向所在地区的技术合同登记机构提出认定登记申请。

第十七条　财政、税务等机关在审核享受有关优惠政策的申请时，认为技术合同登记机构的认定有误的，可以要求原技术合同登记机构重新认定。财政、税务等机关对重新认定的技术合同仍认为认定有误的，可以按国家有关规定对当事人享受相关优惠政策的申请不予审批。

《科学技术部关于印发〈技术合同认定规则〉的通知》（国科发政字〔2001〕253号）：

第五条《中华人民共和国合同法》分则部分所列的其他合同，不得按技术合同登记。但其合同标的中明显含有技术开发、转让、咨询或服务内容，其技术交易部分能独立成立并且合同当事人单独订立合同的，可以就其单独订立的合同申请认定登记。

第六条 以技术入股方式订立的合同，可按技术转让合同认定登记。

以技术开发、转让、咨询或服务为内容的技术承包合同，可根据承包项目的性质和具体技术内容确定合同的类型，并予以认定登记。

第十八条 申请认定登记的技术合同，其合同条款含有下列非法垄断技术、妨碍技术进步等不合理限制条款的，不予登记：

（一）一方限制另一方在合同标的技术的基础上进行新的研究开发的。

（二）一方强制性要求另一方在合同标的基础上研究开发所取得的科技成果及其知识产权独占回授的。

（三）一方限制另一方从其他渠道吸收竞争技术的。

（四）一方限制另一方根据市场需求实施专利和使用技术秘密的。

第二十二条 单纯以揭示自然现象、规律和特征为目标的基础性研究项目所订立的合同，以及软科学研究项目所订立的合同，不予登记（技术开发合同）。

第二十三条 下列各项符合本规则第二十一条规定的，属于技术开发合同：

（一）小试、中试技术成果的产业化开发项目。

（二）技术改造项目。

（三）成套技术设备和试验装置的技术改进项目。

（四）引进技术和设备消化、吸收基础上的创新开发项目。

（五）信息技术的研究开发项目，包括语言系统、过程控制、管理工程、特定专家系统、计算机辅助设计、计算机集成制造系统等，但软件复制和无原创性的程序编制的除外。

（六）自然资源的开发利用项目。

（七）治理污染、保护环境和生态项目。

（八）其他科技成果转化项目。

前款各项中属一般设备维修、改装、常规的设计变更及其已有技术直接应用于产品生产的，不属于技术开发合同。

第二十四条 下列合同不属于技术开发合同：

（一）合同标的为当事人已经掌握的技术方案，包括已完成产业化开发的产品、工艺、材料及其系统。

（二）合同标的为通过简单改变尺寸、参数、排列，或者通过类似技术手段的变换实现的产品改型、工艺变更以及材料配方调整。

（三）合同标的为一般检验、测试、鉴定、仿制和应用。

第二十八条　当事人就技术进出口项目订立的合同，可参照技术转让合同予以认定登记。

第三十五条　下列各项符合本规则第三十四条规定的，属于技术咨询合同：

（一）科学发展战略和规划的研究。

（二）技术政策和技术路线选择的研究。

（三）重大工程项目、研究开发项目、科技成果转化项目、重要技术改造和科技成果推广项目等的可行性分析。

（四）技术成果、重大工程和特定技术系统的技术评估。

（五）特定技术领域、行业、专业技术发展的技术预测。

（六）就区域、产业科技开发与创新及特定技术项目进行的技术调查、分析与论证。

（七）技术产品、服务、工艺分析和技术方案的比较与选择。

（八）专用设施、设备、仪器、装置及技术系统的技术性能分析。

（九）科技评估和技术查新项目。

前款项目中涉及新的技术成果研究开发或现有技术成果转让的，可根据其技术内容的比重确定合同性质，分别认定为技术开发合同、技术转让合同或者技术咨询合同。

第三十六条　申请认定登记的技术合同，其标的为大、中型建设工程项目前期技术分析论证的，可以认定为技术咨询合同。但属于建设工程承包合同一部分、不能独立成立的情况除外。

第三十七条　就解决特定技术项目提出实施方案，进行技术服务和实施指导所订立的合同，不属于技术咨询合同。符合技术服务合同条件的，可退回当事人补正后，按技术服务合同重新申请认定登记。

第三十八条　下列合同不属于技术咨询合同：

（一）就经济分析、法律咨询、社会发展项目的论证、评价和调查所订立的合同。

（二）就购买设备、仪器、原材料、配套产品等提供商业信息所订立的合同。

第四十一条 下列各项符合本规则第四十条规定，且该专业技术项目有明确技术问题和解决难度的，属于技术服务合同：

（一）产品设计服务，包括关键零部件、国产化配套件、专用工模量具及工装设计和具有特殊技术要求的非标准设备的设计，以及其他改进产品结构的设计。

（二）工艺服务，包括有特殊技术要求的工艺编制、新产品试制中的工艺技术指导，以及其他工艺流程的改进设计。

（三）测试分析服务，包括有特殊技术要求的技术成果测试分析，新产品、新材料、植物新品种性能的测试分析，以及其他非标准化的测试分析。

（四）计算机技术应用服务，包括计算机硬件、软件、嵌入式系统、计算机网络技术的应用服务，计算机辅助设计系统（CAD）和计算机集成制造系统（CIMS）的推广、应用和技术指导等。

（五）新型或者复杂生产线的调试及技术指导。

（六）特定技术项目的信息加工、分析和检索。

（七）农业的产前、产中、产后技术服务，包括为技术成果推广，以及为提高农业产量、品质、发展新品种、降低消耗、提高经济效益和社会效益的有关技术服务。

（八）为特殊产品技术标准的制订。

（九）对动植物细胞植入特定基因、进行基因重组。

（十）对重大事故进行定性定量技术分析。

（十一）为重大科技成果进行定性定量技术鉴定或者评价。

前款各项属于当事人一般日常经营业务范围的，不应认定为技术服务合同。

第四十二条 下列合同不属于技术服务合同：

（一）以常规手段或者为生产经营目的进行一般加工、定作、修理、修缮、广告、印刷、测绘、标准化测试等订立的加工承揽合同和建设工程的勘察、设计、安装、施工、监理合同。但以非常规技术手段，解决复杂、特殊技术问题而单独订立的合同除外。

（二）就描晒复印图纸、翻译资料、摄影摄像等所订立的合同。

（三）计量检定单位就强制性计量检定所订立的合同。

（四）理化测试分析单位就仪器设备的购售、租赁及用户服务所订立的合同。

第四十五条　技术开发、技术转让等合同中涉及技术培训内容的，应按技术开发合同或技术转让合同认定，不应就其技术培训内容单独认定登记。

第四十六条　下列培训教育活动，不属于技术培训合同：

（一）当事人就其员工业务素质、文化学习和职业技能等进行的培训活动。

（二）为销售技术产品而就有关该产品性能、功能及使用、操作进行的培训活动。

第四十九条　技术中介合同可以以下列两种形式订立：

（一）中介方与委托方单独订立的有关技术中介业务的合同。

（二）在委托方与第三方订立的技术合同中载明中介方权利与义务的有关中介条款。

第五十条　根据当事人申请，技术中介合同可以与其涉及的技术合同一起认定登记，也可以单独认定登记。

第五十一条　技术合同登记机构应当对申请认定登记合同的交易总额和技术交易额进行审查，核定技术性收入。

四、技术保密

《国家秘密技术出口审查规定》（国科发计字〔1998〕425号）：

第五条　国家秘密技术出口保密审查、审批机构及权限：

（一）绝密级国家秘密技术禁止出口。

（二）机密级国家秘密技术，由申请单位按行政隶属关系经省、自治区、直辖市、计划单列市或国务院各部委、直属机构的科技保密管理机构审查同意后，报科学技术部审批。

（三）秘密级国家秘密技术，由申请单位按行政隶属关系上报省、自治区、直辖市、计划单列市或国务院各部委、直属机构的科技保密管理机构审批，报科学技术部备案。

第六条　国家秘密技术出口时，申请单位必须依照本规定先行办理保密审查手续，获批准后，按有关规定履行技术出口许可手续，方可与外方进行实质性洽谈。

第十一条　国家秘密技术在获得技术出口许可后，海关凭外经贸部颁发的《许可证》核验放行。申请单位应将《许可证》的复印件报保密审查批准机关备案。

第十二条　国家秘密技术出口，必须按照保密审查批准和许可证许可出口的范围和内容进行，不得擅自扩大或变更。

第15章

人才政策

一、人才培养

《创新人才推进计划实施方案》（国科发政〔2011〕538号）：

到2020年，推进计划的主要任务是：

1. 设立科学家工作室。重点在我国具有相对优势的科研领域设立100个科学家工作室，支持其潜心开展探索性、原创性研究，努力造就世界级科技大师及创新团队。

2. 造就中青年科技创新领军人才。

3. 扶持科技创新创业人才。面向科技型企业，每年重点扶持1000名运用自主知识产权或核心技术创新创业的优秀创业人才，培养造就一批具有创新精神的企业家。

科技创新创业人才原则上应具备以下基本条件：1）科技型企业的主要创办人，具有本科以上学历和较强的创新创业精神；2）企业创办不足5年；3）企业拥有核心技术或拥有自主知识产权；4）企业具有较好的经营业绩和成长性。

科技创新创业人才由省级科技行政管理部门限额推荐，科技部组织专家咨询论证，经公示无异议后批准支持。

同等条件下，科技型中小企业创新基金项目承担单位的主要创办人、法人

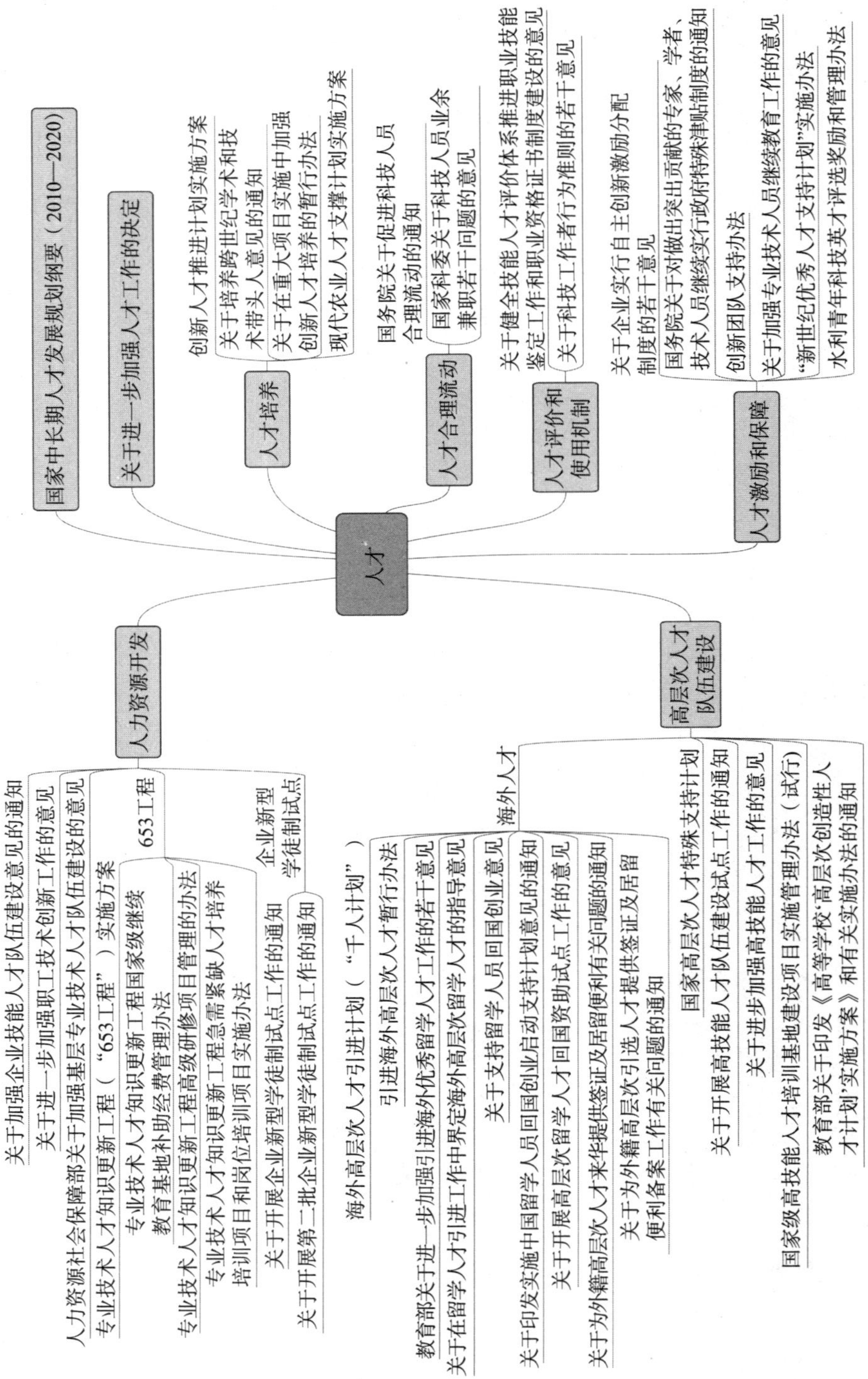

图3-9　人才政策框架结构

科技特派员的法人代表以及“千人计划”创业人才入选者优先。

4. 建设重点领域创新团队。依托国家重大科研项目、国家重点工程和重大建设项目，建设500个重点领域创新团队。

5. 建设创新人才培养示范基地。以高等学校、科研院所和科技园区为依托，建设300个创新人才培养示范基地。

《关于印发〈现代农业人才支撑计划实施方案〉的通知》（2011年10月20日）。

《水利青年科技英才评选奖励和管理办法》（水国科〔2004〕215号）。

二、人力资源开发与人才使用

《中共中央、国务院关于进一步加强人才工作的决定》（2003年12月26日）：

以推进企业经营管理者市场化、职业化为重点，坚持市场配置、组织选拔和依法管理相结合，改革和完善国有企业经营管理人才选拔任用方式。对国有资产出资人代表依法实行派出制或选举制。对经理人推行聘任制，实行契约化管理。按照企业发展战略和市场取向，拓宽选人视野，吸引国际国内一流人才到企业任职。

《关于转发人力资源社会保障部、财政部、国资委关于加强企业技能人才队伍建设意见的通知》（国办发〔2012〕34号）：

各地应贯彻落实《国务院关于加强职业培训促进就业的意见》（国发〔2010〕36号）的要求，完善职业培训补贴直补企业的政策措施，对符合条件的，按规定给予企业相应的培训费补贴。

企业要按照财政部等部门《关于印发〈关于企业职工教育经费提取与使用管理的意见〉的通知》（财建〔2006〕317号）要求，足额提取并合理使用企业职工教育经费，职工教育经费的60%以上应用于一线职工的教育和培训，重点投向职工岗前培训、在岗技能提升培训、高技能人才培训和职业技能鉴定等。

对参加技师、高级技师培训并获得相应技能人员职业资格证书的企业在岗职工，按规定给予一定的培训费补贴，补贴资金由地方政府和企业共同负担，政府负担的补贴资金从就业专项资金中列支，中央财政通过就业专项转移支付资金，对地方给予适当补助。

各地应制定支持企业建立新型学徒制度的政策措施，对符合企业岗前培训补贴条件的，按规定享受企业岗前培训费补贴政策。

鼓励企业高技能人才参加科研机构的科技攻关和企业技术改造，支持企业建设技能大师工作室，开展关键工艺攻关、技能研习和创新以及技能传承等活动，各级财政部门应给予资金扶持。

《关于进一步加强高技能人才工作的意见》（2011 年 12 月 27 日）：

支持企业为职业院校建立学生实习实训基地。实行校企合作的定向培训费用可从企业职工教育经费中列支。对积极开展校企合作承担实习见习任务、培训成效显著的企业，由当地政府给予适当奖励。

企业应按规定提取职工教育经费（职工工资总额的 1.5%～2.5%），加大高技能人才培养投入。企业进行技术改造和项目引进，应按相关规定提取职工技术培训经费，重点保证高技能人才培养的需要。

《专业技术人才知识更新工程国家级继续教育基地补助经费管理办法》（财行〔2014〕6 号）：

第十条　在专业技术人才知识更新工程实施期间，通过竞争择优的方式，中央财政对经专家评审确定的继续教育基地给予一次性补助，每个最高不超过 500 万元。

《专业技术人才知识更新工程高级研修项目管理的办法》（人社厅发〔2014〕70 号）：

第十四条　高级研修项目经费由中央财政专项资助，主要用于支付高级研修项目的住宿费、伙食费、场地费、讲课费、资料费、交通费等。除往返交通费由学员承担外，一般不得向学员收取任何费用。

《关于开展企业新型学徒制试点工作的通知》（人社厅发〔2015〕127 号）：

人力资源社会保障部门会同财政部门对开展学徒制培训的企业按规定给予职业培训补贴，补贴资金从就业专项资金列支。

补贴数额一般可按企业支付给培训机构培训费用（以培训费发票为准）的 60% 确定，每人每年的补贴标准原则上应控制在 4000 ～ 6000 元的合理区间，补贴期限不超过 2 年。培训后未能取得中级以上职业资格证书的，按补贴标准的50%给予补贴；培训合格并通过职业技能鉴定取得中级以上职业资格证书（未颁布国家职业技能标准的职业应取得培训合格证书）的，按补贴标准的100%给予补贴。

企业新型学徒制职业培训补贴实行先支后补、按年度事后结算的办法，企业在开展学徒培训前将有关备案材料报当地人力资源社会保障部门备案，年度培训任务完成后由企业向当地人力资源社会保障部门申请职业培训补贴，经人力资源社会保障部门审核后，财政部门按规定将补贴资金支付到企业在银行开立的基本账户。

三、人才流动

《中共中央、国务院关于进一步加强人才工作的决定》（2003年12月26日）：

进一步消除人才流动中的城乡、区域、部门、行业、身份、所有制等限制，疏通三支队伍之间、公有制与非公有制组织之间、不同地区之间的人才流动渠道。发展人事代理业务，改革户籍、人事档案管理制度，放宽户籍准入政策，推广以引进人才为主导的工作居住证制度，探索建立社会化的人才档案公共管理服务系统。

鼓励专业技术人才通过兼职、定期服务、技术开发、项目引进、科技咨询等方式进行流动。

四、人才评价

《关于转发人力资源社会保障部、财政部、国资委关于加强企业技能人才队伍建设意见的通知》（国办发〔2012〕34号）：

职工在岗位练兵活动中的表现，可作为晋升职业资格和参评全国技术能手等相关荣誉称号的重要依据。

对于在企业生产一线掌握高超技能、业绩突出的职工，可破格或越级参加技师、高级技师考评。

鼓励企业建立完善技术带头人制度，在关键岗位、核心技术领域探索设立“首席技师”，享受高层次人才的相关待遇。

《中共中央、国务院关于进一步加强人才工作的决定》（2003 年 12 月 26 日）：

企业经营管理人才的评价重在市场和出资人认可。发展企业经营管理人才评价机构，探索社会化的职业经理人资质评价制度。完善反映经营业绩的财务指标和反映综合管理能力等非财务指标相结合的企业经营管理人才评价体系，积极开发适应不同类型企业经营管理人才的考核测评技术。

改进国有资产出资人对国有企业经营管理者考核评价工作，围绕任期制和任期目标责任制，突出对经营业绩和综合素质的考核。

专业技术人才的评价重在社会和业内认可。全面推行专业技术职业资格制度，加快执业资格制度建设。积极探索资格考试、考核和同行评议相结合的专业技术人才评价方法。

五、人才激励与保障

《中共中央、国务院关于进一步加强人才工作的决定》（2003 年 12 月 26 日）：

在分类指导、分步实施的基础上，进一步完善国有企业经营者年薪制。

《关于转发人力资源社会保障部、财政部、国资委关于加强企业技能人才队伍建设意见的通知》（国办发〔2012〕34 号）：

要切实落实高技能人才享受政府特殊津贴的政策。各大中城市可根据当地紧缺急需技能人才情况，研究制定高技能人才落户政策，具体办法由各地人民政府制定。

《国务院关于对做出突出贡献的专家、学者、技术人员继续实行政府特殊津贴制度的通知》（中发〔2001〕10 号）：

对享受政府特殊津贴的人员，每人一次性发给政府特殊津贴 10 000 元，并免征个人所得税，对经国务院批准享受政府特殊津贴的人员，国务院授权人事部颁发政府特殊津贴证书。对 1995 年以前享受政府特殊津贴的人员，仍按月发放政府特殊津贴。

《关于进一步加强高技能人才工作的意见》（2011年12月27日）：

允许国有高新技术企业探索实施有利于鼓励优秀高技能人才创新创造的收入分配制度。企业应对高技能人才在聘任、工资、带薪学习、培训、休假、出国进修等方面，制定相应的鼓励办法；对参加科技攻关和技术革新，并做出突出贡献的高技能人才，可从成果转化所得收益中，通过奖金等多种形式给予相应奖励。

六、高层次人才

《中央人才工作协调小组关于实施海外高层次人才引进计划的意见》（2013年12月5日）：

根据海外高层次人才的工作领域和工作性质，实行弹性考核制度，避免多头评价、重复评价。

对海外高层次人才可以实行协议薪酬制，有条件的用人单位还可以实行期权、股权和企业年金等中长期激励措施。

各地区各部门要制定完善的有关政策措施，妥善解决海外高层次人才在居留和出入境、落户、医疗、保险、住房、子女入学等方面的困难和问题，并建立专门服务窗口，解除他们回国（来华）工作、生活的后顾之忧。

对千人计划中引进的海外高层次人才，有关部门要研究制定专门政策、采取特殊措施，为他们提供相应工作条件和生活待遇。国家有关部门、地方引进的海外高层次人才，符合千人计划标准的，经有关部门评审后，可纳入千人计划。

《国家高层次人才特殊支持计划》（中组发〔2012〕12号）：

第六条："国家特支计划"领军人才。计划支持8000名，每年遴选一批，每批800名左右。

科技创新领军人才。计划支持3000名，每批300名左右。具体标准为：在国家中长期科学和技术发展规划确立的重点方向，主持重大科研任务、领衔高层次创新团队、领导国家级创新基地和重点学科建设的科技人才和科研管理人才，其研究工作具有重大创新性和发展前景。以50周岁以下中青年人才为主。

科技创业领军人才。计划支持2000名，每批200名。具体标准为：运用自主知识产权创建科技企业的科技人才，或具有卓越经营管理才能的高级管理人才，创业项目符合我国战略性新兴产业发展方向并处于领先地位。以近5年内创办企业的主要创始人为主。

第十三条：统筹国家重大人才工程支持经费、国家科技计划专项经费和相关基金，为"国家特支计划"杰出人才、科技创新领军人才、哲学社会科学领军人才、百千万工程领军人才、教学名师安排每人不高于100万元的特殊支持，用于自主选题研究、人才培养和团队建设等。特殊支持经费由财政部专管，商各主管部门统一拨付。

《关于支持留学人员回国创业意见》（2013年12月5日）：

留学人员企业一般要由留学人员担任企业法人代表，或者留学人员自有资金（含技术入股）及海内外跟进的风险投资占企业总投资的30%以上。

有条件的地区可为留学人员回国创办企业提供一定数量的创业启动资金，并为领军型回国创业留学人员及其创业团队成员提供一定数额的安家费或租房补贴。

有条件的地方可以设立政府创业投资引导基金，引导和鼓励国有企业、私营企业、外资企业、社会团体、自然人等各类社会资本参与创业投资事业，为留学人员回国创业拓宽融资渠道。

符合条件的留学人员企业可以按规定参与国家和省级科技计划项目、科研项目等，对进入各类园区孵化或转化的科研项目给予减免场地租金等优惠。

留学人员回国创办企业的，按有关规定享受相应的税收优惠政策。其中，属于国家需要重点扶持的高新技术企业，减按15%的税率征收企业所得税；企业开发新技术、新产品、新工艺发生的研究开发费用，可按实际发生额的150%在计算应纳税所得额时加计扣除；企业从事农、林、牧、渔业项目的所得，从事国家重点扶持的公共基础设施项目投资经营的所得，从事符合条件的环境保护、节能节水项目的所得，可以免征、减征企业所得税；企业以《资源综合利用企业所得税优惠目录》规定的资源作为主要原材料，生产国家非限制和禁止并符合国家和行业相关标准的产品取得的收入，可以在计算应纳税所得额时减计收入。

外籍或取得海外永久居留权的回国创业留学人员在国内取得的合法收入，依法纳税并持有税务部门出具的对外支付税务证明后，可全部兑换外汇汇出境外。在售付汇管理上，根据收入的性质，按照相关外汇管理规定办理。

回国创业留学人员以租赁方式使用国有土地进行创业，可享受各地政府优先供应土地等政策。留学回国人员可依照土地管理法律法规和土地利用总体规划，利用荒山、滩涂等特殊土地开发农业、林业项目，但不能抵押、转让、转租土地，不得改变用地性质。

留学人员企业参加政府采购公开招标，按有关政策规定予以支持。

积极鼓励留学人员企业申报设立博士后科研工作站，鼓励博士后科研工作站招收海外博士后进站开展科研活动，并对进站的海外博士后给予经费资助。

对回国创业留学人员坚持来去自由的原则，回国创业留学人员出国学习、考察，参加有关学术活动等正常业务活动，有关部门要简化手续，优先办理。

回国创业留学人员本人及其随行配偶、未成年子女，经本地人力资源社会保障部门和公安部门审核后，可在创业地或其本人原籍户口所在地落户，也可在其本人原户口注销地恢复户口。

回国创业留学人员按照国家有关规定参加中国境内各项社会保险（有社会保险双边或多边互免协议的除外），包括基本养老、基本医疗、失业和工伤保险等，缴费年限以实际缴纳各项社会保险费的年限为准。

已加入外国籍的回国创业留学人员在中国境内跨统筹地区流动，按照中国有关规定，办理社会保险关系转移接续，享受各项社会保险待遇的办法和个人住房公积金时，在交费标准、转移办法和享受待遇等方面，与中国公民有相同的权利和义务。

回国创业留学人员在国内首次申报职称时，可比照国内同等资历人员申报相应级别专业技术职务任职资格的评审，免试外语和计算机。

已加入外籍的回国创业留学人员初次申领机动车驾驶证，符合驾驶证申领条件的，可凭其入境时所持有的护照或者其他旅行证件、有效签证或者居留许可，以及公安机关出具的住宿登记证明和身体条件证明，经考试合格后，由公安机关核发《中华人民共和国机动车驾驶证》。

《引进海外高层次人才暂行办法》（中组发〔2008〕28 号）：

附件三：中央企业和国有商业金融机构引进人才工作细则。

第六条　本领域引进的人才除应符合《引进海外高层次人才暂行办法》规定的基本要求外，还需具备下列条件之一：

（一）拥有能够促进企业自主创新、技术产品升级的重大科研成果；

（二）具有丰富的金融管理、资本运作经验，在业界有较大影响。

《关于开展高层次留学人才回国资助试点工作的意见》（国人部发〔2003〕45 号）：

高层次留学人才回国工作资助金额度暂定为每人 30 万元，资助人选从试点地区或部门推荐的人选中择优产生。

申请高层次留学人才回国工作资助金的人员须同时具备以下条件：

（一）具有中国国籍。

（二）在海外（国外、境外）获得博士学位。

（三）在国外跨国公司、国际组织、著名高校、科研院所等主持过重要科研项目、取得过重要科研成果、主管过重要高新技术工程、担任过高级管理职务或相当于副教授（副研究员）以上专业职务，具有显著成绩或拥有较好产业化开发前景的专利、发明或专有技术。

（四）国家急需并能在国内每年稳定工作 9 个月以上。

（五）新近回国工作不到一年。

（六）年龄一般在 50 周岁以下。

为鼓励地方或部门加大吸引高层次留学人才工作力度，使留学人员回国后能够顺利开展工作，各有关地区或部门，要按照人事部提供的资助金进行至少 1∶1比例的资金配套，并提交配套支持的证明。

《中共中央组织部 人力资源社会保障部等五部门关于为外籍高层次人才来华提供签证及居留便利有关问题的通知》（人社部发〔2012〕57 号）。

《中共中央组织部办公厅、人力资源社会保障部办公厅、国家外专局办公室关于为外籍高层次引进人才提供签证及居留便利备案工作有关问题的通知》（人社厅函〔2014〕432 号）。

第16章

产学研合作

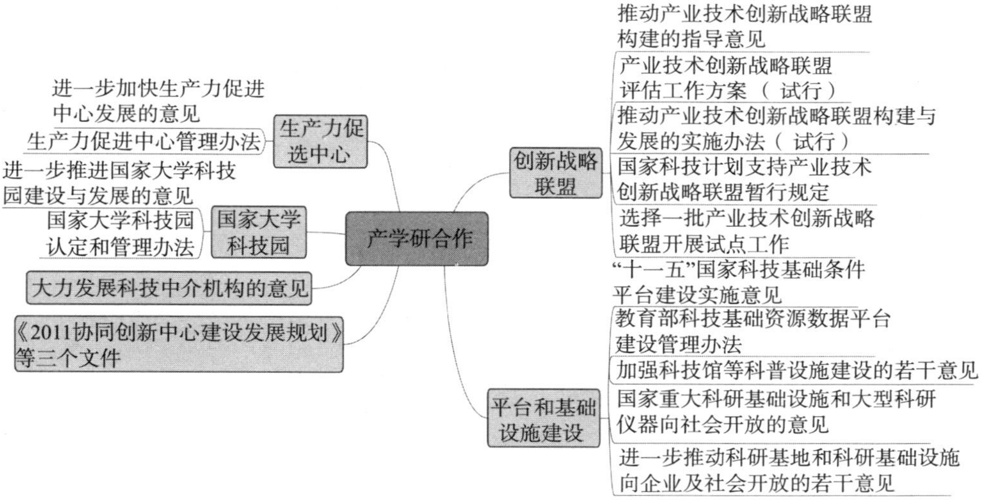

图3-10　产学研合作政策框架结构

一、创新战略联盟

《关于推动产业技术创新战略联盟构建的指导意见》（国科发政〔2008〕770号）：

二、本《意见》所称的产业技术创新战略联盟（以下简称联盟）是指由企业、大学、科研机构或其他组织机构，以企业的发展需求和各方的共同利益为基础，以提升产业技术创新能力为目标，以具有法律约束力的契约为保障，形成的联合开发、优势互补、利益共享、风险共担的技术创新合作组织。

五、联盟的主要任务是组织企业、大学和科研机构等围绕产业技术创新的关键问题，开展技术合作，突破产业发展的核心技术，形成重要的产业技术标准；建立公共技术平台，实现创新资源的有效分工与合理衔接，实行知识产权共享；实施技术转移，加速科技成果的商业化运用，提升产业整体竞争力；联合培养人才，加强人员的交流互动，为产业持续创新提供人才支撑。

七、开展产业技术创新战略联盟试点工作。开展试点工作，支持和鼓励一批重点领域联盟的发展和壮大，对于探索有效的机制和模式、引导联盟的发展具有重要的示范意义。符合本《意见》第八条所列基本条件的联盟可自愿申请参加试点。由推进产学研结合工作协调指导小组办公室负责选择并共同组织推动联盟试点工作。

八、构建联盟应具备以下基本条件：（一）要由企业、大学和科研机构等多个独立法人组成。（二）要有具有法律约束力的联盟协议，协议中有明确的技术创新目标，落实成员单位之间的任务分工。（三）要设立决策、咨询和执行等组织机构，建立有效的决策与执行机制，明确联盟对外承担责任的主体。（四）要健全经费管理制度。（五）要建立利益保障机制。（六）要建立开放发展机制。

九、鼓励和支持试点联盟在组织模式、运行机制、发挥行业作用、承担重大产业技术创新任务、落实国家自主创新政策等方面先试先行。

十、积极探索支持联盟构建和发展的有效措施。国家科技计划按照有关规定支持符合条件的联盟开展重大产业技术创新活动。

《关于印发〈关于推动产业技术创新战略联盟构建与发展的实施办法（试行）〉的通知》（国科发政〔2009〕648 号）：

第十六条　加强对试点工作的指导，建立试点联盟的跟踪调研和评价考核机制。研究建立试点联盟的评价考核体系，及时了解试点工作中出现的情况和问题，开展对试点联盟的定期评估考核工作，建立试点联盟的动态调整机制。总结试点形成的好的机制和做法，充分发挥试点联盟的示范带动作用。

研究制定支持和规范联盟发展的政策措施，探索总结联盟运行的体制机制和模式。

第十八条　在联盟先行投入的基础上，国家科技计划积极探索无偿资助、贷款贴息、后补助等方式支持联盟的发展。经科技部审核并开展试点的联盟，可作为项目组织单位参与国家科技计划项目的组织实施。鼓励联盟向国家科技计划专家咨询库推荐评审专家。国家科技计划根据各自的管理程序反映和征集联盟的科技需求。

第十九条　依托联盟制定产业发展技术路线图，为国家制定科技计划指南提供依据。充分发挥联盟在产业技术创新政策研究和制定中的重要作用。

第二十条　支持有条件的联盟整合相关成员单位优势，围绕产业发展的战略需求，集成产学研各方力量组建国家重点实验室。

第二十一条　支持联盟开展国际科技合作，组织联盟成员单位承担国际科技合作计划项目。

《国家科技计划支持产业技术创新战略联盟暂行规定》（国科发计〔2008〕338 号）：

第三条　国际科技计划（重大专项、国家科技支撑计划、863 计划等）积极支持联盟的建立和发展。经科技部审核的联盟可作为项目组织单位参与国家科技计划项目的组织实施，审核的程序和办法另行规定。

第六条　国家有关科技计划根据各自的管理程序反映和征集联盟的科技需求，并依据各自的管理程序进行评审、立项、检查、验收等各个环节的管理。联盟理事会根据联盟协议确定的技术创新方向，以及各有关科技计划的定位和支持重点，由理事长单位代表联盟向科技部提出项目建议，获得批准后，依据各有关科技计划的管理办法组织实施科技项目（课题）。

第十条　联盟承担国家科技计划项目形成的知识产权的管理，按照《科学技术进步法》《关于国家科研计划项目成果知识产权管理的若干规定》（国办发〔2002〕30 号）以及各计划管理办法的有关规定执行，并需遵守以下规定：

（一）联盟承担国家科技计划项目形成的知识产权，由项目（课题）承担单位所有。

（二）联盟组织申报国家科技计划项目，应依据联盟协议在项目申请书和任务书中约定成果和知识产权的权利归属、许可实施及利益分配，以及联盟解散或成员退出的知识产权处理方案。对于知识产权约定不明确的项目不予立项。

如联盟及课题承担单位违反成果和知识产权的权益分配约定，5 年内不得参与国家科技计划组织实施。

（三）联盟对承担国家科技计划项目形成的知识产权，有向国内其他单位有偿或无偿许可实施的义务。

（四）联盟承担国家科技计划项目形成的知识产权，向境外转让或许可独占实施的，须报科技部批准。

第十一条　联盟根据本规定及国家科技计划管理办法制定联盟承担国家科技计划项目配套管理办法，报科技部备案。办法应包括项目的组织管理体系、经费的匹配及使用、监督及责任追究体系、知识产权共享及分割等内容。配套办法应与联盟既定的管理办法相衔接。

《科技部办公厅关于印发〈产业技术创新战略联盟评估工作方案（试行）〉的通知》（国科办政〔2012〕47 号）。

二、平台与基础设施

《国务院关于国家重大科研基础设施和大型科研仪器向社会开放的意见》（国发〔2014〕70 号）：

科研设施与仪器包括大型科学装置、科学仪器中心、科学仪器服务单元和单台套价值在 50 万元及以上的科学仪器设备等，主要分布在高校、科研院所和部分企业的各类重点实验室、工程（技术）研究中心、分析测试中心、野外科学观测研究站及大型科学设施中心等研究实验基地。

鼓励企业和社会力量以多种方式参与共建国家重大科研基础设施，组建专业的科学仪器设备服务机构，促进科学仪器设备使用的社会化服务。

《关于进一步推动科研基地和科研基础设施向企业及社会开放的若干意见》（国科发基字〔2006〕558 号）：

1. 政府投资建立的科研基地和科研基础设施属于国家公共科技资源，非涉密或国家无特殊规定的，均应向企业及社会开放。

2. 科研基地和科研基础设施要利用现代信息技术手段，建立信息网站和公共信息交流服务平台，通过多种方式向企业及社会发布开放工作信息。

3. 科研基地和科研基础设施要积极为企业及社会使用科学仪器设备提供服务。符合条件的科学仪器设备应纳入全国或区域性大型科学仪器协作共用网。

5. 有条件的科研基地和科研基础设施应面向企业及社会设立开放课题并予以经费资助。

6. 鼓励科研基地和科研基础设施根据企业及社会需求开展技术人员培训，有条件的机构要积极与企业联合培养研究生、共建博士后工作站。

7. 具备条件的科研基地和科研基础设施要加强与企业研发中心的联系与合作，为产学研战略联盟的形成发挥积极作用。

9. 科研基地和科研基础设施开放可以采取有偿服务的形式，但不能以营利为目的。

《教育部、财政部关于印发〈2011 协同创新中心建设发展规划〉等三个文件的通知》（教技〔2014〕2 号）。

三、大学科技园

《关于印发〈科学技术部、教育部关于进一步推进国家大学科技园建设与发展的意见〉的通知》（2004 年 12 月 1 日）：

四、鼓励地方政府有关部门在规划、用地、财政等方面提供政策支持，推进大学科技园的建设与发展，并将有关优惠政策落实到大学科技园及其在孵企业。大学科技园所在地科技、教育行政管理部门应制订积极的政策措施，在项目、经费等方面给予重点扶持并把大学科技园作为国家高新技术产业开发区二次创业的重要创新源泉。

十二、大学科技园必须加强创新创业、增值服务等条件与能力建设，建设一支职业化、规范化、专业化、高素质的创业管理与服务队伍，在创业辅导、企业诊断、市场营销、投资融资、产权交易、技术支持、人才引进、人才培训、对外合作、展览展销和法律咨询等方面为高等学校师生入园创业提供服务，源源不断地培育科技型企业家和创新型科技企业。

十三、大学科技园要进一步明确建设方向，积极发展，规范企业入孵、毕业退出和利益分配等方面的管理，建立明确的退出机制。

十四、科技部、教育部将把大学科技园的建设与发展纳入国家中长期科学和技术发展规划，并通过有关发展计划，加强对大学科技园的支持。设立专项经费，建立大学科技园创业服务公共信息网络平台，实现信息资源共享、网络孵化服务，推动大学科技园建立战略联盟。

十五、科技部、教育部鼓励大学组建专业化的管理公司实施园区运作，并支持符合条件的大学科技园管理公司按程序认定为高新技术企业，并享受有关优惠政策。

十六、科技部、教育部将支持大学科技园内的科技企业孵化器（创业中心）按照有关规定，争创国家高新技术创业服务中心，并在其中选择有条件的开展科技型中小企业技术创新基金小额资助试点工作。

《关于印发〈国家大学科技园认定和管理办法〉的通知》（国科发高〔2010〕628号）：

第六条 国家大学科技园是为科技企业创新创业提供条件和增值服务的机构。要大力提高创业辅导、技术平台等孵化条件和技术转移能力，不断完善人力资源、市场开拓、法律财税等专业服务能力，重点改善园区金融投资的环境与能力，拓展大学科技园的融资服务渠道。

第七条 国家大学科技园是支撑战略性新兴产业发展的重要平台。将高校资源优势与地方特色产业相结合，通过与地方共建技术平台和中试基地，面向产业需求开展技术研发与应用转化，为提升产业竞争力、培育战略性新兴产业、发展区域经济提供支撑。

第十条 国家大学科技园在孵企业应具备以下条件：

1. 企业注册地及主要研发、办公场所必须在大学科技园工作场地内。

2. 申请进入大学科技园的企业，成立时间不超过3年。

3. 迁入的企业，上年营业收入不超过500万元。

4. 企业在大学科技园的孵化时间不超过42个月（海外高层次创业人才或从事生物医药、集成电路设计等特殊领域的创业企业，不超过60个月）。

5. 企业成立时注册资金中扣除“知识产权”出资后，现金部分不超过500

万元人民币（属海外高层次创业人才或从事生物医药、集成电路设计等特殊领域的创业企业，现金部分不超过1000万元人民币）。

6. 单一在孵企业使用的孵化场地面积不大于1000平方米；从事航空航天、现代农业等特殊领域的单一在孵企业，不大于3000平方米。

7. 企业研发的项目（产品），知识产权界定清晰。

8. 企业团队具有一定的经营管理能力。留学生、大学生企业的团队主要管理者或技术带头人，由其本人担任。

四、生产力促进中心

《科学技术部关于印发〈生产力促进中心管理办法〉的通知》（国科发高字〔2003〕433号）：

第四条　生产力促进中心的主要功能是在中小企业与政府机构、科研机构、教育机构、金融机构等之间架起桥梁，通过整合社会科技资源，为中小企业提供技术信息、技术咨询、技术转让和人才培训等服务，提高中小企业的技术创新能力和市场竞争力，促进科技与经济的紧密结合。

第五条　生产力促进中心应以市场需求为导向，加强自身核心服务能力建设，走专业化、规范化和国际化的道路，逐步实现“组织网络化、功能社会化和服务产业化”。其主要业务是：

（一）信息服务。根据企业需求，向其提供科技、经济、政策法规、市场、人才等方面的信息服务。

（二）咨询服务。为企业提供技术、管理、政策法规等咨询服务与顾问服务。

（三）技术服务。为企业导入先进适用的技术，并提供技术支持服务。如共性技术、关键技术的开发、推广和示范，及产品检测、中间试验等。

（四）培训服务。为企业提供技术、管理等方面的教育与训练服务。

（五）创业服务。为科技型企业创业提供孵化服务。

（六）其他服务。包括为企业提供市场营销、投资融资、贷款担保、产权交易、人才引进、对外合作、展览展销等服务。

（七）承担政府委托的任务，为政府的科学决策提供服务。

第九条　科学技术部负责国家级示范生产力促进中心（以下简称示范中心）的认定和管理工作。

考核工作按照科学技术部高新技术发展及产业化司发布的《国家级示范生产力促进中心绩效评价工作细则（试行）》执行。

《关于印发〈关于进一步加快生产力促进中心发展的意见〉的通知》（国科发高字〔2004〕283 号）：

各地方应通过设立“生产力促进中心专项”等措施，加大对生产力促进中心的投入力度。

各地方在转变政府职能过程中，要充分发挥生产力促进中心的作用。对生产力促进中心能够承担的工作，特别是面向中小企业的先进技术推广、产学研联合等，要积极委托生产力促进中心组织实施，为生产力促进中心创造更广阔的发展空间。

五、科技中介机构

《关于大力发展科技中介机构的意见》（国科发政字〔2002〕488 号）：

鼓励国有企业、民营企业与科研单位联合兴办科技企业孵化器或生产力促进中心，盘活存量资产；继续支持科技人员创办科技类民办非企业单位，从事科技中介服务。

要大力扶持农业“龙头”企业和农村技术经济协作组织的发展，实行区域化布局、市场化运作，增强技术服务、农副产品深加工和市场开拓能力，为广大农户提供产前、产中、产后全程服务，成为农业技术服务体系的重要组成部分，大幅度提高农业生产的组织化、市场化程度。

各地方要建立稳定的投入渠道，选择有区域优势的生产力促进中心、科技企业孵化器、技术交易机构等，在共用技术开发平台建设、服务设备购置、从业人员培训等方面加大支持力度，打造精品服务项目，提升服务质量和水平。

星火计划、农业科技成果转化基金等要重点支持农业“龙头”企业、农村技术经济合作组织转化农业科技成果，提高先进适用技术应用能力。

第17章

引进技术消化吸收再创新

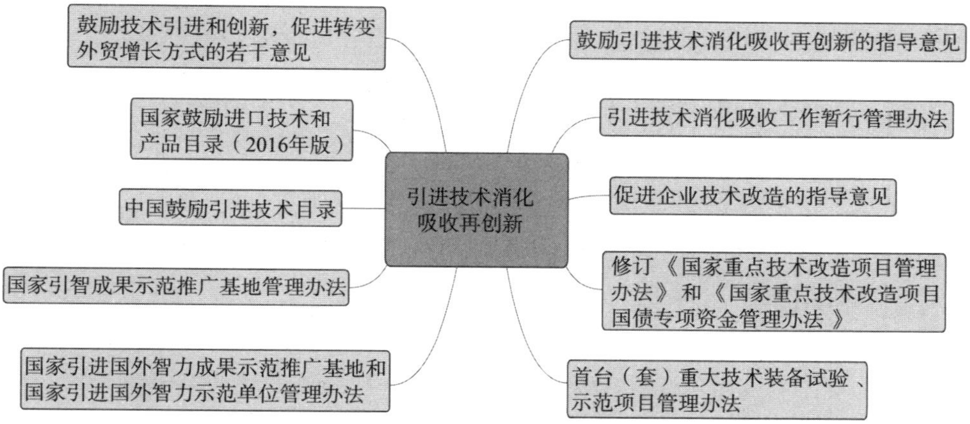

图3-11　引进技术消化吸收再创新政策框架结构

一、引进技术消化吸收

《关于鼓励引进技术消化吸收再创新的指导意见》（商服贸发〔2010〕505号）：

第二条　商务部将会同有关部门依托“中国服务贸易指南网”等信息平台，建立技术引进和消化吸收再创新的信息服务平台。

第四条　商务部将依据《中国鼓励引进技术目录》（商务部、国家税务总局公告2006年第13号），确定鼓励技术引进和消化吸收再创新的重点领域，每年认定一批重点项目，给予表彰。

第五条 对属于国家鼓励类的内、外投资项目，进口国内不能生产的自用设备，以及按照合同随设备进口的技术，在规定范围内免征关税。

第六条 对于消化吸收再创新形成的具有自主品牌和知识产权的先进装备和产品，符合条件的可根据国家相关规定获得认定。

第十条 “科技型中小企业技术创新基金”对通过消化吸收再创新形成自主知识产权，并符合规定条件的中小企业给予适当倾斜。通过引进技术消化吸收再创新形成拥有知识产权的技术出口或产品出口的中小企业，符合“中小企业国际市场开拓资金”支持条件的，可申请资金支持。

第十一条 进一步鼓励跨国公司在华设立研发机构，制定促进外资技术溢出的支持政策。

第十二条 支持企业赴境外设立或并购研究与开发机构，为企业的相关活动提供必要的政策支持。重点支持利用国际先进技术、管理经验和专业人才的境外研发中心项目。符合“对外经济技术合作专项资金”资助条件的，可申请资金支持。

《国家发展改革委、财政部、商务部关于印发〈鼓励进口技术和产品目录（2016年版）〉的通知》（发改产业〔2016〕1982号）。

二、技术改造

《国务院关于促进企业技术改造的指导意见》（国发〔2012〕44号）：

实施装备创新工程，不断提高装备制造业技术水平。

整合相关资源，面向重点行业建设一批产业技术创新和服务平台、质量安全技术示范平台、企业诚信信息管理平台、综合信息服务平台等。加大对中小企业实施技术改造的支持力度，建立和完善一批中小企业公共服务平台和生产力促进中心。

研究制定技术改造投资指南，发布年度重点项目导向计划。

用好现行有关税收优惠政策支持企业技术改造，包括增值税一般纳税人购进或者自制机器设备发生的增值税进项税额可按规定从销项税额中抵扣；企业所得税法规定的固定资产加速折旧，购置用于环境保护、节能节水、安全生产等专用设备的投资额可按一定比例实行税额抵免，研发费用加计扣除所得税，技术转让减免企业所得税，被认定为高新技术企业的享受企业所得税优惠；对从事国家鼓励发展的项目所需、国内不能生产的先进设备，在规定范围内免征进口关税；对国内企业为生产国家支持发展的重大技术装备而确有必要进口的关键零部件及原材料，享受进口税收优惠等。稳步推进营业税改征增值税改革，逐步将转让技术专利、商标、品牌等无形资产纳入增值税征收范围，支持企业技术改造。

三、首台（套）技术装备开发

《关于印发〈首台（套）重大技术装备试验、示范项目管理办法〉的通知》（发改工业〔2008〕224号）：

本办法所指的首台（套）重大技术装备中的成套装备总价值在1000万元以上，单台设备价值在500万元以上，总成或核心部件价值在100万元以上。具体适用范围见附录。

第三条　试验、示范项目申请。项目业主单位与制造单位协商达成一致，并提供该重大技术装备自主创新实施方案（包括该项重大技术装备自主创新工作的必要性、条件、目标、实施步骤、工作要点、措施等）的基础上，可直接或通过其主管部门向国家投资主管部门申请试验、示范项目。制造行业的单位与业主单位亦可各自独立通过其主管部门向国家投资主管部门申请。

第七条　试验、示范项目的政策。国家优先审批、核准和安排首台（套）重大技术装备试验、示范项目，国家政策性银行应在自身业务范围内给予信贷支持，国家有关部门优先安排用地审查、优先安排环保评估、优先纳入科技支撑计划。

对开发符合规定条件的首台（套）重大技术装备所需进口关键配套部件或系统及原材料，可申请享受《财政部、国家发展改革委、海关总署、国家税务总局关于落实国务院关于振兴装备制造业的若干意见有关进口税收政策的通知》

中的专项税收政策。项目单位采购的首台（套）自主创新重大技术装备，符合税法规定加速折旧条件的，允许加速折旧。对首台（套）重大技术装备的成套装备、单台设备、核心部件研制或总成过程中可能出现的风险，实施单位可申请国家给予必要风险补助，但补助数额应不高于设备平均价格的10%（不含国防军工项目）。

四、引进国外智力成果

《国家引进国外智力成果示范推广基地和国家引进国外智力示范单位管理办法》（外专发〔2008〕23号）：

二、支持引智基地和示范单位以“国家引进国外智力成果示范推广基地”或“国家引进国外智力示范单位”的名义申请国家或地方政府的国际间科技合作、人才交流等重点项目、参加国家或地方政府有关奖项的评选。

三、对引智基地和示范单位申报的引智项目予以优先安排，项目申报和经费使用按照国家引智专项经费管理的有关规定办理。

第18章

国际化（对外交流）

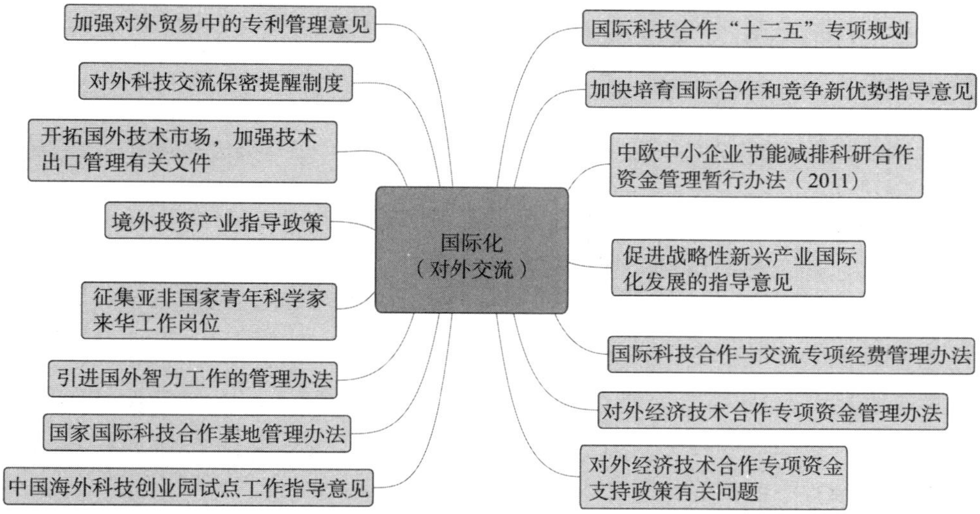

图3-12　国际化政策框架结构

一、促进国际合作

《国务院办公厅转发发展改革委等部门关于加快培育国际合作和竞争新优势指导意见的通知》（国办发〔2012〕32号）：

增强利用外资效应。更加注重择优选资，促进“引资”与“引智”结合，进一步发挥外资作为引进先进技术、管理经验和高素质人才的载体作用。

鼓励跨国公司在华设立地区总部、研发中心、采购中心、财务管理中心；鼓励外资投向科技中介、创新孵化器、生产力中心、技术交易市场等公共科技服务平台建设，积极发展研发服务、信息服务、创业服务、知识产权和科技成果转化等高新技术服务业。

推进中资金融机构在境外开办人民币业务和人民币金融资产境外发行。研究允许境外机构在境内发行股票、债券、基金等，逐步放宽境内机构在境外发行有价证券，拓宽境内投资者对外证券投资渠道。

《关于促进战略性新兴产业国际化发展的指导意见》（商产发〔2011〕310号）。

二、国际人才交流

《科技部国际合作司关于征集亚非国家青年科学家来华工作岗位的通知》（科技部2015年4月30日）

“亚非国家杰出青年科学家来华工作计划”（以下简称“来华工作计划”）通过资助来自45岁以下的外籍青年科学家，以访问学者身份，到我国科研院所、大学或企业开展为期半年到一年的工作，支持合作国培养科技领军人才、提升科研水平。

一、申报单位资质

1. 依法在中国境内设立，具有较强对外交往与合作能力和科研条件，并具备法人资格的科研院所、企业和高校。

2. 有意愿接收亚非青年科学家到本单位工作，并能提供必要工作条件。

3. 能够协助来华青年科学家办理入境签证、住宿和必要保险等相关手续。

二、岗位要求

1. 非涉密岗位。

2. 非学历教育。

3. 具有明确科研内容和工作职责（如：企业提供：各专业领域方向 & 项目经理、项目助理等的岗位）。

4. 来华青年科学家须与中方科研人员共同开展科研工作。

5. 本计划支持来华青年科学家在华工作 6 个月或 12 个月，根据需要可申请延期一次。

三、接收对象标准

1. 来自亚非国家（不含日本、新加坡、以色列、中亚地区国家）的青年科学家。

2. 年龄在 45 岁以下（韩国青年科学家要求 40 岁以下）。

3. 具有 5 年以上科研经验，或有博士学位（国内用人单位需验证其工作和学历背景）。

4. 具有良好的英语或汉语语言能力。

5. 身心健康，能够胜任科研工作。

6. 承诺资助期间全职在华工作。

7. 承诺在华期间遵守中国有关法律。

四、资助方式和标准

1. 科技部将为列入该计划的来华青年科学家提供每人每月 12500 元（人民币）的资助，用于其在华住房补贴、生活补贴和健康保险的开支。

2. 资助经费将由科技部拨付来华青年科学家接收单位（以下简称接收单位），所有资助经费须用于来华青年科学家在华工作和生活，接收单位不得克扣或计提管理费。

三、合作专项资金

《财政部、科技部关于印发〈中欧中小企业节能减排科研合作资金管理暂行办法〉的通知》（财企〔2011〕226 号）：

第六条　中欧节能资金支持内容主要包括：

（一）支持国内中小企业与欧方合作机构联合研究开发国际尖端节能减排技术。重点支持有利于国内中小企业追踪国际技术发展方向，掌握关键核心技术，填补国内技术空白的研发项目。

（二）引导国内中小企业转化中欧节能减排先进技术合作成果。重点支持国内中小企业应用中欧联合研发成果，开展技术延伸研究及小试、中试等活动，推动技术成果产业化的研发项目。

（三）鼓励国内中小企业从欧方合作机构引进消化吸收国际先进节能减排技术。重点支持国内中小企业引进适合我国国情的先进技术，进行消化吸收再创新或本土化改造，提升我国技术研发水平与推广应用能力的研发项目。

（四）促进国内中小企业与欧方合作机构加强节能减排技术交流与合作。重点支持国内中小企业参加欧方合作机构组织的与节能减排技术相关的国际会议、考察、访问等交流项目。

第七条　中欧节能资金采取无偿资助方式。同一年度，每个项目单位只能选择本办法第六条规定的一项内容申请支持。

研发项目按不超过项目投资额 40%的比例给予资助，每个项目最高资助额不超过 300 万元。

交流项目按照不超过实际发生的国际差旅费（仅包括国际交通费、会议费）50%的比例给予资助，每个中小企业最高资助额不超过 30 万元。

第八条　申请中欧节能资金的中小企业应当具备下列条件：

（一）在境内依法登记注册，具有企业法人资格；

（二）财务管理制度健全，会计信息准确完整，纳税信用和银行信用良好；

（三）经省级以上人民政府科技主管部门认定的高新技术企业，或具有大专以上学历的科研人员占企业职工总数的比例不低于 30%的企业；

（四）主要从事节能减排相关高新技术产品的研制、开发、生产和服务，其业务收入占企业年营业收入的比例不低于 50%；

（五）已与欧方合作机构在节能减排技术方面建立正式合作关系，申报项目符合本办法的支持内容及年度支持方向和重点，且同期未获得其他财政资金支持；

（六）经营业绩良好，管理团队具有较强的创新意识、较高的市场开拓能力和经营管理水平。

第十七条　企业收到中欧节能资金后，按照《企业财务通则》（财政部令第 41 号）第二十条等相关规定进行财务处理。

第十八条　中欧节能资金研发项目承担单位在项目执行期内每年 1 月底前，

及项目完成后1个月内向省级科技主管部门和省级财政部门报送项目进展情况及专项资金的使用情况，不能按期完成的项目，需及时书面说明不能按期完成的理由和预计完成日期。

《财政部、科技部关于印发〈国际科技合作与交流专项经费管理办法〉的通知》（财教〔2007〕428号）：

第六条 专项经费重点支持符合以下条件的国际科技合作与交流项目：

（一）通过政府间双边和多边科技合作协定或者协议框架确定,并对我国科技、经济、社会发展和总体外交工作有重要支撑作用的政府间科技合作与交流项目。

（二）立足国民经济、社会可持续发展和国家安全的重大需求，符合国家对外科技合作政策目标，着力解决制约我国经济、科技发展的重大科学问题和关键技术问题，具有高层次、高水平、紧迫性特点的国际科技合作与交流项目。

（三）与国外一流科研机构、著名大学开展实质性合作研发，能够吸引海外杰出科技人才或者优秀创新团队来华从事短期或者长期工作，有利于推动我国国际科技合作基地建设，有利于增强自主创新能力，实现“项目－人才－基地”相结合的国际科技合作与交流项目。

专项经费不支持国内成熟技术产业化和属于基本建设支出范围的国际科技合作与交流项目。

第七条 专项经费主要用于支付在项目组织实施过程中发生的，与国际科技合作与交流直接相关的各项费用。其开支范围主要包括设备费、材料费、测试化验加工费、燃料动力费、技术引进费、差旅费、会议费、合作交流费、出版/文献/信息传播/知识产权事务费、劳务费、专家咨询费、管理费和其他费用。

第八条 申请专项经费必须经国务院有关部门、中央直属企事业单位的国际科技合作或科技主管部门、地方省级科技厅（委、局）推荐，并具备以下条件：

（一）项目承担单位与外方合作单位有良好合作基础，且与外方合作单位签订了合作协议或者意向书。

（二）外方合作单位具有较强的技术实力或者较高的科研水平，并有一定人员、资金或设备投入。特殊情况下，外方合作单位可以技术投入（包括知识产权、专有技术和资料等）的方式参与合作。

（三）科技部根据对外科技合作政策认为应当具备的其他申请条件。

第十条 对于专项经费需求超过500万元的重大项目，项目承担单位在编制项目申报材料时，应当同时编制项目概算及其任务分解等材料。

《关于印发〈对外经济技术合作专项资金管理办法〉的通知》（财企〔2005〕255号）。

《财政部、商务部关于对外经济技术合作专项资金支持政策有关问题的通知》（财企〔2006〕124）。

四、国际合作基地

《关于印发〈国家国际科技合作基地管理办法〉的通知》（科技部国科发外〔2011〕316号）：

第四条 为突出国际科技合作的特点，国合基地采用“分类认定，统一管理”的认定和管理原则，即对国际创新园、国际联合研究中心、国际技术转移中心、示范型国际科技合作基地等四种不同类型的国合基地，按照不同的条件和程序进行认定，并由科技部对全国的各类国合基地统一进行宏观管理。

第五条 国际创新园认定条件和程序。

（一）国际创新园是根据国家创新体系或区域创新体系建设目标，为有效利用全球创新资源，依托大型科技产业基地或园区，由科技部与省级人民政府共建的国际科技合作基地。申报国际创新园的机构应满足下列条件：

1. 是领域或地区研发力量集聚的重要平台，机构发展方向与《规划纲要》确定的重点领域相一致，具有技术研发、智力引进、技术转移、技术产业化等多种功能和条件。

2. 具有完整、可行的发展规划，以及明确的国际科技合作发展目标和体现管理创新的实施方案。

3. 建立有完善的国际科技合作管理机构，具有相应的政策、制度、资金和服务保障体系。

4. 与国外政府、知名企业、研发机构等建立有长期稳定的合作关系，所开展的高水平国际科技合作对国家科技发展具有引领、辐射和示范作用。

5. 可有效推进国际产学研合作，在提高科技创新能力、培育新的经济增长点和推动产业结构升级等方面取得显著成绩。

第六条 国际联合研究中心认定条件和程序。

（一）国际联合研究中心是面向国际科技前沿，为促进与国外一流科研机构开展长期合作，依托具有高水平科学研究与技术开发能力的国内机构建立的国际科技合作基地。申报国际联合研究中心的机构应满足下列条件：

1. 研发方向符合《规划纲要》中确立的重点领域，在前沿技术、竞争前技术和基础科学领域具有较强研发实力，是国家研发任务的重要承担机构，并多次承担国家国际科技合作专项项目和政府间科技合作项目。

2. 属于国内知名的重点科研机构、重点院校、创新型企业等单位，并具有与国外开展高水平合作研发的条件、能力、人才和经验。

3. 具有相对稳定的国际科技合作渠道，有条件吸引海外杰出人才或优秀创新团队来华开展短期或长期的合作研发工作，具有国际科技合作的良好基础。

4. 具有明确的国际科技合作发展目标和可行的合作实施方案，以及相对稳定的资金来源和专门的管理机构，同时对本领域或本地区开展国际科技合作具有引导和示范作用。

5. 有能力与世界一流科研院所、著名大学和高技术企业建立长期合作伙伴关系，能够使国外合作伙伴同时接受国际联合研究中心的资格认定。

第七条 国际技术转移中心认定条件和程序。

（一）国际技术转移中心是专门面向国际技术转移和科技合作中介服务，依托国家高新区建立的国际科技合作基地。申报国际技术转移中心的机构应满足下列条件：

1. 依托国家高新区建设，以推动国际产学研合作和促进高新技术产业国际化发展为目标，主要从事国际技术转移和国际科技合作中介服务的独立法人机构，依法注册 1 年以上。

2. 具有明确的机构功能定位和发展目标，以及符合市场经济规律的机制体制，并得到所在国家高新区政策、资金、条件环境等方面的支持。

3. 具有广泛并相对稳定的国际科技合作渠道和较为完备的服务支撑条件，拥有具备国际技术转移服务能力和经验，可以提供高效服务的专业化团队，有能力提供技术、人才国际寻访、引入、推荐和测评等中介服务。

4. 具有明确的目标服务群体和特色鲜明的发展模式，在技术引进、技术孵化、消化吸收、技术输出、技术产业化，以及国际人才引进等领域具有效果显著的服务业绩。

第八条 示范型国际科技合作基地认定条件和程序。

（一）示范型国际科技合作基地是积极开展国际科技合作，并取得显著合作成效及示范影响力，依托国内各类机构建立的国际科技合作基地，是国合基地建设全国布局、统筹发展的基础性力量。申报示范型国际科技合作基地的机构应满足下列条件：

1. 具有独立开展国际科技合作的条件和能力，承担过国家级或省部级国际科技合作项目，研发方向与《规划纲要》中确立的重点领域相一致。

2. 具有相对稳定的国际科技合作队伍、渠道和资金来源，设有专职开展国际科技合作的管理机构和管理人员。

3. 具有明确的国际科技合作发展目标和实施方案，并积极在现有合作基础上不断拓展国际合作渠道，深化合作内涵。

4. 已取得显著的国际科技合作成效，合作成果具有国内领先或国际先进水平，人才引进成效明显。

5. 对本地区、本领域或本行业国际科技合作的发展具有引导和示范作用。

第十六条 国家国际科技合作专项对国合基地所开展的国际科技合作项目给予重点支持，并通过进一步加大相关项目资金的投入力度和强度，推动国合基地更好更快发展，适应做大项目、攻关键技术和出高水平成果的要求。国合基地的推荐部门也应对列入国家国际科技合作专项的基地项目予以经费匹配。

《关于印发〈中国海外科技创业园试点工作指导意见〉的通知》（国科发火字〔2003〕316 号）。

五、技术出口与保密

《加强对外贸易中的专利管理意见》（对外贸易经济合作部、国家知识产权局

2003 年 1 月 24 日）：

五、对外贸易经营者进口货物或接受委托从事来料加工、进料加工进口有关原材料、零部件涉及专利权的，应要求出口方或委托方提供其作为该专利的合法拥有者或合法被许可实施人的相关证明。

进口或委托加工合同中可明确规定：货物进口合同的进口方或委托加工合同的受委托方如因履行合同被第三方指控侵权或出现其他专利纠纷的，应由出口方或委托方承担法律责任。

六、对外贸易经营者引进技术设备涉及专利权转让、专利申请权转让或专利实施许可的，应当要求转让方或许可方出示该专利有效的证明文件或存在专利申请权的证明材料。必要时应到经知识产权局及其授权机关认定的专利服务机构就所涉技术领域进行专利文献检索，避免侵犯第三方专利权。

七、对外贸易经营者出口货物涉及新技术和新发明的，应就所涉技术领域检索进口方所在国家和地区的专利文献，避免发生出口产品在该国家和地区侵犯专利权。确有需要并条件具备的，可先行或同时向进口方所在国家和地区提交专利申请。

八、对外贸易经营者出口技术设备的，应就所涉技术领域检索进口方所在国家和地区的专利文献，避免侵犯第三方专利权。确有需要并条件具备的，可先行或同时向进口方所在国家和地区提交专利申请。

九、对外贸易经营者引进或出口技术设备，涉及专利权转让、专利申请权转让的，应签订专利权或专利申请权转让合同；涉及专利许可的，应签订专利许可合同。

《关于印发〈对外科技交流保密提醒制度〉的通知》（国保发〔2002〕7 号）。

第19章

金融政策

一、科技金融

《关于促进科技和金融结合加快实施自主创新战略的若干意见》（国科发财〔011〕540号）：

（四）充分发挥创业投资引导基金的重要作用。扩大科技型中小企业创业投资引导基金规模，综合运用阶段参股、风险补助和投资保障等方式，引导创业投资机构向初创期科技型中小企业投资，促进科技型中小企业创新发展。鼓励和支持地方规范设立和运作创业投资引导基金，逐步形成上下联动的创业投资引导基金体系，引导更多社会资金进入创业投资领域，促进政府引导、市场运作的创业投资发展。

（五）充分发挥国有创业投资的重要作用，推动国有创业投资机构加大对初创期科技型中小企业投资力度。创新国有创业投资管理制度，探索建立适合创业投资发展规律的资本筹集、投资决策、考核评价、转让退出和激励约束等制度。国有创业投资机构和国有创业投资引导基金投资于未上市中小企业，符合条件的，可申请豁免国有股转持义务。

（六）鼓励民间资本进入创业投资行业。探索科技项目与创业投资的对接机制，引导金融资本进入工业、现代农业、民生等领域。

完善全国创业投资调查统计和年报制度，加强和完善全国创业投资信息系

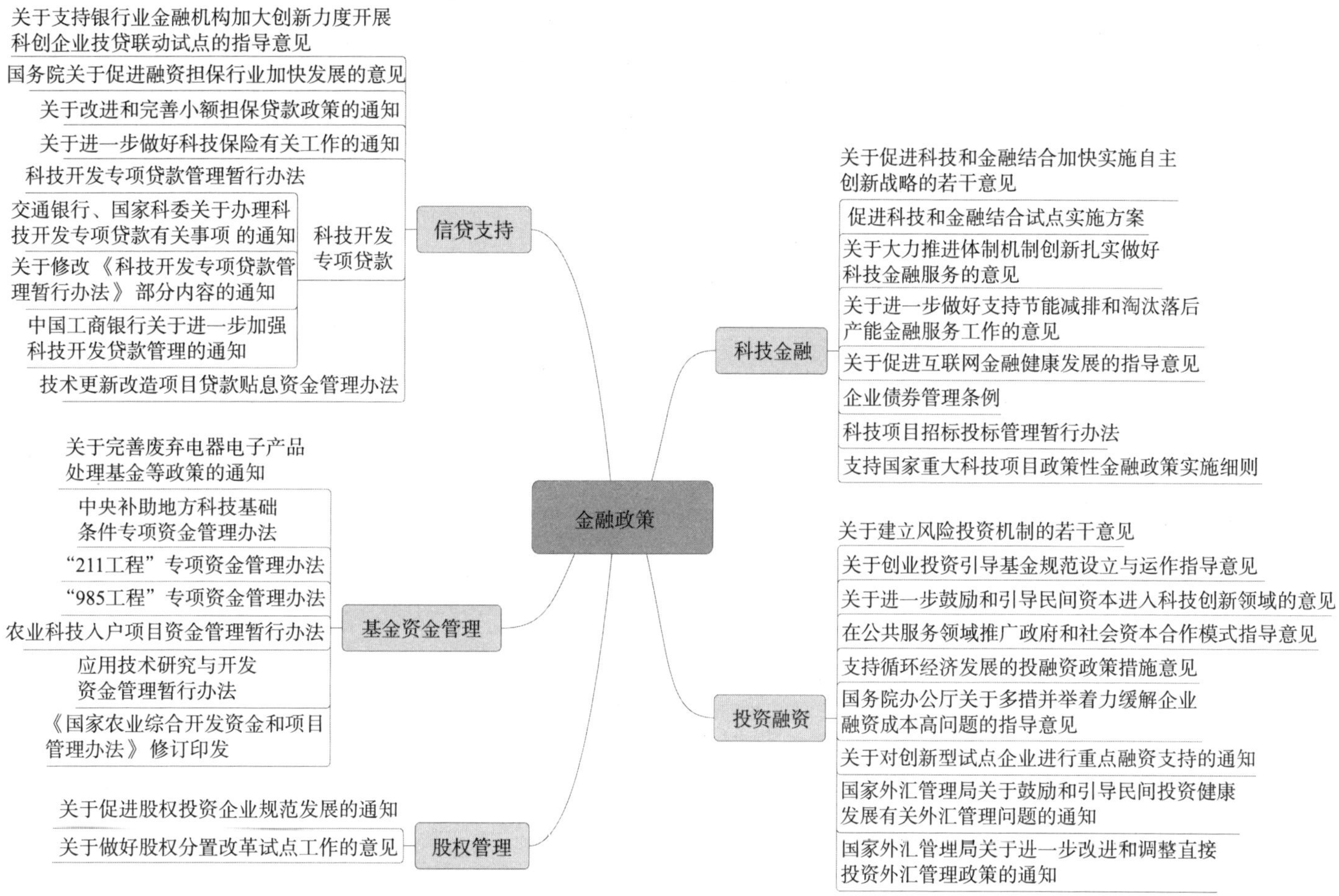

图3-13　金融政策框架结构

统建设。

（十一）鼓励商业银行先行先试，积极探索，进行科技型中小企业贷款模式、产品和服务创新。扩大知识产权质押贷款规模，推进高新技术企业股权质押贷款业务。

（十四）建立科技型中小企业贷款风险补偿机制，形成政府、银行、企业以及中介机构多元参与的信贷风险分担机制。

（十六）探索建立科技部门和证券监管部门的信息沟通机制，支持符合条件的创新型企业上市。

（二十一）探索保险资金参与国家高新区基础设施建设、战略性新兴产业培育和国家重大科技项目投资等支持科技发展的方式方法。支持开展自主创新首台（套）产品的推广应用、科技型中小企业融资以及科技人员保障类保险。

《中国人民银行、科技部、银监会、证监会、保监会、知识产权局、关于大力推进体制机制创新、扎实做好科技金融服务的意见》（2014 年 1 月 7 日）：

在加强监管的前提下，允许具备条件的民间资本依法发起设立中小型银行，为科技创新提供专业化的金融服务。

支持发展科技小额贷款公司，按照“小额、分散”原则，向小微科技企业提供贷款服务。鼓励符合条件的小额贷款公司、金融租赁公司通过开展资产证券化、发行债券等方式融资。积极推动产融结合，支持符合条件的大型科技企业集团公司按规定设立财务公司，强化其为集团内科技企业提供金融服务的功能。

支持科技企业通过在全国中小企业股份转让系统实现股份转让和定向融资。探索研究全国中小企业股份转让系统挂牌公司的并购重组监管制度，规范引导其并购重组活动。

探索利用各类产权交易机构为非上市小微科技企业提供股份转让渠道，建立健全未上市科技股份公司股权集中托管、转让、市场监管等配套制度。

《中国人民银行、工业和信息化部、公安部、财政部、工商总局、法制办、银监会、证监会、保监会、国家互联网信息办公室关于促进互联网金融健康发展的指导意见》（银发〔2015〕221 号）：

支持有条件的金融机构建设创新型互联网平台开展网络银行、网络证券、网络保险、网络基金销售和网络消费金融等业务。支持互联网企业依法合规设立互联网支付机构、网络借贷平台、股权众筹融资平台、网络金融产品销售平台，建立服务实体经济的多层次金融服务体系，更好地满足中小微企业和个人投融资需求，进一步拓展普惠金融的广度和深度。

鼓励银行业金融机构开展业务创新，为第三方支付机构和网络贷款平台等提供资金存管、支付清算等配套服务。支持小微金融服务机构与互联网企业开展业务合作，实现商业模式创新。支持证券、基金、信托、消费金融、期货机构与互联网企业开展合作，拓宽金融产品销售渠道，创新财富管理模式。鼓励保险公司与互联网企业合作，提升互联网金融企业风险抵御能力。

支持社会资本发起设立互联网金融产业投资基金，推动从业机构与创业投资机构、产业投资基金深度合作。

推动符合条件的相关从业机构接入金融信用信息基础数据库。允许有条件的从业机构依法申请征信业务许可。支持具备资质的信用中介组织开展互联网企业信用评级，增强市场信息透明度。鼓励会计、审计、法律、咨询等中介服务机构为互联网企业提供相关专业服务。

按照税收公平原则，对于业务规模较小、处于初创期的从业机构，符合我国现行对中小企业特别是小微企业税收政策条件的，可按规定享受税收优惠政策。结合金融业营业税改征增值税改革，统筹完善互联网金融税收政策。落实从业机构新技术、新产品研发费用税前加计扣除政策。

《中国银行业监督管理委员会关于印发〈支持国家重大科技项目政策性金融政策实施细则〉的通知》（银监发〔2006〕95号）：

第八条 政策性银行支持的国家重大科技项目应当具备以下条件：

（一）符合《规划纲要》制定的相关政策，符合国家行业规划、产业政策、项目审核程序、用地政策、用地标准、环境保护、生产安全等方面的要求。

（二）在政策性银行支持的范围内，优先选择列入国家科技计划，且产品和技术具有创新性的项目。

（三）符合国家有关法律法规的规定，项目的建设需得到国家有关部门的批准，确保贷款资金用于国家重大科技项目。

（四）具备良好的国内外市场前景、较强的竞争力和盈利能力。

（五）项目申请人应当为在工商行政管理部门（或主管机关）依法核准登记注册的企（事）业法人，具备承担民事责任的资格，自主经营、独立核算。

（六）项目申请人建立了产权清晰、职责明确、分工合理、相互制衡的公司治理结构，制定了规范的内部管理制度和可操作的风险管理制度。

（七）项目申请人具有足够的偿债能力或风险覆盖能力，能提供符合法律规定的第三方保证或抵质押担保。

（八）政策性银行认为应当满足的其他条件。

第九条　国家通过招标投标方式确定国家重大科技项目政策性金融服务的承办人，政策性银行作为投标人依法进行投标活动。商业银行等机构对于通过国家组织的招投标获得的政策性金融业务，应当严格按照招投标约定的条件承办，分账管理。

《关于印发促进科技和金融结合试点实施方案的通知》（国科发财〔2010〕720 号）。

《中国人民银行、中国银行业监督管理委员会关于进一步做好支持节能减排和淘汰落后产能金融服务工作的意见》（银发〔2010〕170 号）。

二、投资融资

《科技部关于进一步鼓励和引导民间资本进入科技创新领域的意见》（国科发财〔2012〕739 号）：

（三）创新国家科技计划资助方式。继续探索和实践国家科学基金与有实力的企业设立联合基金，以企业需求为导向资助研发活动。

（六）加快推进民营企业研发机构建设。积极探索设立专项资金，吸引和带动民间资本，鼓励和引导有条件的中小型民营科技企业自建或与科研院所、高等院校共建技术（开发）中心和中试示范基地。

研究制定民办科研机构进口科研仪器设备的税收优惠政策。

（十一）推动民营科技企业进入多层次资本市场融资。加快推进中关村非上市公司股权转让试点，为非上市民营科技企业的产权转让、融资提供服务。

（十六）落实民间资本参与创业投资的税收政策。创业投资企业采取股权投资方式投资于未上市的中小高新技术企业 2 年以上的，可以按照其投资额的 70%在股权持有满 2 年的当年抵扣该创业投资企业的应纳税所得额。

《国务院办公厅关于多措并举着力缓解企业融资成本高问题的指导意见》（国办发〔2014〕39 号）。

《关于支持循环经济发展的投融资政策措施意见的通知》（发改环资〔2010〕801 号）。

《国家开发银行、科学技术部关于对创新型试点企业进行重点融资支持的通知》（科技部开行发〔2007〕225 号）。

三、股权管理

《国家发展改革委办公厅关于促进股权投资企业规范发展的通知》（发改办财金〔2011〕2864 号）。

四、资金基金管理

《国家外汇管理局关于鼓励和引导民间投资健康发展有关外汇管理问题的通知》（汇发〔2012〕33 号）：

一、简化境外直接投资资金汇回管理。

二、简化境外放款外汇管理。

三、适当放宽个人对外担保管理。

本通知自 2012 年 7 月 1 日起实施。

《国家外汇管理局关于进一步改进和调整直接投资外汇管理政策的通知》（汇发〔2012〕59 号）：

一、取消直接投资项下外汇账户开立及入账核准：

（一）取消前期费用外汇账户、外汇资本金账户、资产变现账户、保证金账户的开户核准，由银行根据外汇局相关业务系统登记信息为开户主体办理开户手续。

（二）取消资产变现账户、境外放款专用账户入账核准，由银行根据外汇局相关业务系统登记信息为开户主体办理资金入账手续。

（三）取消异地开立外汇资本金账户、资产变现账户的限制。以外商投资企业为主体设定资本金流入限额，取消外汇资本金账户开户数量的限制，取消单个外汇资本金账户的流入限额。

二、取消外国投资者境内合法所得再投资核准。

三、简化外商投资性公司境内再投资外汇管理。

四、简化外商投资企业验资询证手续。

五、简化外国投资者收购中方股权外资外汇登记手续。

六、取消直接投资项下购汇及对外支付核准。

七、取消直接投资项下境内外汇划转核准。

八、进一步放宽境外放款管理。

九、改进外商投资企业外汇资本金结汇管理。

十、提高银行办理直接投资项下外汇业务的合规意识。

《关于完善废弃电器电子产品处理基金等政策的通知》（财综〔2013〕110号）：

将已建成的优质处理企业纳入基金补贴范围。

本通知发布前已建成但尚未纳入相关省（区、市）废弃电器电子产品处理发展规划的优质处理企业，可以向设区的市级环保部门申请废弃电器电子产品处理资格，并向财政部、环境保护部、发展改革委、工业和信息化部申请废弃电器电子产品处理基金补贴。

《国务院办公厅转发发展改革委等部门关于创业投资引导基金规范设立与运作指导意见的通知》（国办发〔2008〕116号）。

《农业部关于印发〈农业科技入户项目资金管理暂行办法〉的通知》（农财发〔2005〕70号）：

第八条 项目资金主要用于以下三个方面：

（一）科技示范户补贴：用于科技示范户的示范条件建设补贴和采用新品种、新技术过程中物化技术的补贴。科技示范户补贴占总项目资金的比例不低于40%。

（二）技术服务补贴：用于技术指导员开展技术服务的差旅费、通讯费、下乡补助等。技术服务补贴占总项目资金的比例不低于40%。

（三）培训和项目监管补贴：用于技术指导员和科技示范户的科技培训，区域内主导品种、主推技术的遴选，建立核心示范区，编印培训资料，项目专家组工作和监管、调研、宣传等。培训和项目监管补贴占总项目资金的比例不超过20%。

第九条　科技示范户补贴由科技示范户按照一定补贴额度提交合法支出凭证，经技术指导员审核，在项目承担单位报账，再由技术指导员兑现到每个科技示范户。

《关于印发〈应用技术研究与开发资金管理暂行办法〉的通知》（财教〔2004〕3号）：

第二条　应用技术研发资金是中央财政为支持科技创新与发展，加强科技与经济的结合，促进国民经济和社会可持续发展而设立的专项资金。主要支持方向是：

（一）科技攻关计划。通过支持国民经济与社会发展中重大共性、关键性、公益性技术的研发活动，为产业结构调整、人民生活质量提高及社会可持续发展提供技术支撑。

（二）科技产业化环境建设及科技成果的转移扩散。通过支持科技产业化基地技术创新能力建设、科技产业化示范项目研究与开发以及相关科技培训等，为技术创新和科技成果产业化创造环境。

1. 星火计划。2. 火炬计划。3. 工程技术研究中心计划。4. 重点科技成果推广计划。5. 重点新产品计划。6. 科技兴贸行动计划。

（三）其他。主要支持上述专项计划之外，经财政部、科技部确定予以支持的应用技术研究与开发方面的其他计划或项目。

第三条　应用技术研发资金来源于中央财政拨款，由财政部、科技部共同管理。

第四条　应用技术研发资金的支持对象是具有独立法人资格的企事业单位。优先支持具有较强自主研究开发能力，具备较好科研条件的科研机构（包括转制科研机构）、高等院校和企业。

第五条　应用技术研发资金的管理和使用，坚持集中资源、突出重点、合理安排、讲求效益的原则，并充分发挥中介机构和专家在管理与决策过程中的评议和咨询作用。

第六条　科技计划管理部门要按照财政项目支出预算管理的有关要求建立项目库，加强对应用技术研发资金的管理。

第十一条　应用技术研发资金根据项目类型、课题规模及管理工作的需要，对项目按照成本补偿式和定额补助式两种方式给予不同额度的资助。科技攻关计划项目一般采用成本补偿式和定额补助式，其他计划项目一般实行定额补助式。

《国家农业综合开发资金和项目管理办法》修订印发（中华人民共和国财政部令第 84 号）。

五、信贷支持

《中国银监会、科技部、中国人民银行关于支持银行业金融机构加大创新力度开展科创企业投贷联动试点的指导意见》（银监发〔2016〕14 号）：

投贷联动是指银行业金融机构以“信贷投放”与本集团设立的具有投资功能的子公司“股权投资”相结合的方式，通过相关制度安排，由投资收益抵补信贷风险，实现科创企业信贷风险和收益的匹配，为科创企业提供持续资金支持的融资模式。

本指导意见所称科创企业是指试点地区内符合下列条件之一的科技型中小微企业：1. 满足高新技术企业认定条件、获得国家高新技术企业证书；2. 经试点地区政府认定且纳入地方政府风险补偿范畴；3. 经银行业金融机构审慎筛查后认定。

《国务院关于促进融资担保行业加快发展的意见》（国发〔2015〕43 号）：

以省级、地市级为重点，科学布局，通过新设、控股、参股等方式，发展一批政府出资为主、主业突出、经营规范、实力较强、信誉较好、影响力较大的政府性融资担保机构。

研究设立国家融资担保基金，推进政府主导的省级再担保机构基本实现全覆盖。发挥政府政策导向作用，研究论证国家融资担保基金通过股权投资、技术支持等方式，支持省级再担保机构发展。

落实好融资担保机构免征营业税和准备金税前扣除等相关政策。综合运用资本投入、代偿补偿等方式，加大对主要服务小微企业和“三农”的融资担保机构的财政支持力度。

《关于进一步做好科技保险有关工作的通知》（科技部保监发〔2010〕31号）：

进一步完善出口信用保险功能。发挥中国出口信用保险公司政策性业务在应对国际金融危机和支持科技企业出口方面的特殊作用，在信用风险管理、融资支持和企业信用体系建设等方面，为科技企业提供信用保险、资信调查、商账追收、保单融资等多方面的保障服务，扩大信用保险在科技领域的综合性服务。

研究在重大专项、国家科技计划经费中列支科技保险费和财政资金对自主创新首台（套）产品实施保费补贴的相关政策。

地方科技主管部门要创新科研经费使用方式，制定支持科技保险发展的制度措施，推行科技保险保费补贴制度。

企业科技保险保费计入高新技术企业研究与开发费用核算范围，享受国家规定的税收优惠政策。

《中国人民银行、财政部、劳动和社会保障部关于改进和完善小额担保贷款政策的通知》（银发〔2006〕5号）。

《中国人民建设银行、国家科学技术委员会科技开发专项贷款管理暂行办法》（建总发字〔1993〕第54号）。

《关于修改〈科技开发专项贷款管理暂行办法〉部分内容的通知》（建总函字〔1993〕第386号）。

《交通银行、国家科委关于办理科技开发专项贷款有关事项的通知》（交银发〔1991〕180号）。

《中国工商银行关于进一步加强科技开发贷款管理的通知》（工银发〔1995〕29号）。

第20章

科技奖励

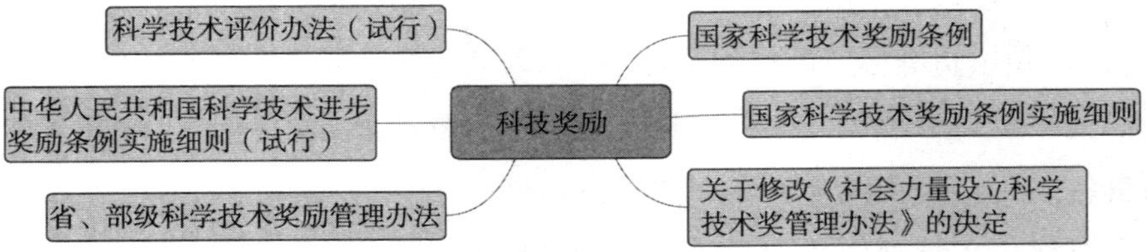

图3-14　科技奖励政策框架结构

一、国家科技奖励

《国家科学技术奖励条例》（国务院令第396号）：

第九条　国家自然科学奖授予在基础研究和应用基础研究中阐明自然现象、特征和规律，做出重大科学发现的公民。

前款所称重大科学发现，应当具备下列条件：（一）前人尚未发现或者尚未阐明；（二）具有重大科学价值；（三）得到国内外自然科学界公认。

第十条　国家技术发明奖授予运用科学技术知识做出产品、工艺、材料及其系统等重大技术发明的公民。

前款所称重大技术发明，应当具备下列条件：（一）前人尚未发明或者尚未公开；（二）具有先进性和创造性；（三）经实施，创造显著经济效益或者社会效益。

第十一条　国家科学技术进步奖授予在应用推广先进科学技术成果，完成重大科学技术工程、计划、项目等方面，做出突出贡献的下列公民、组织：

（一）在实施技术开发项目中，完成重大科学技术创新、科学技术成果转化，创造显著经济效益的。

（二）在实施社会公益项目中，长期从事科学技术基础性工作和社会公益性科学技术事业，经过实践检验，创造显著社会效益的。

（三）在实施国家安全项目中，为推进国防现代化建设、保障国家安全做出重大科学技术贡献的。

（四）在实施重大工程项目中，保障工程达到国际先进水平的。

前款第（四）项重大工程类项目的国家科学技术进步奖仅授予组织。

《关于修改〈国家科学技术奖励条例实施细则〉的决定》（科学技术部令第13号）：

第十七条　奖励条例第十条第一款所称的产品包括各种仪器、设备、器械、工具、零部件以及生物新品种等；工艺包括工业、农业、医疗卫生和国家安全等领域的各种技术方法；材料包括用各种技术方法获得的新物质等；系统是指产品、工艺和材料的技术综合。

国家技术发明奖的授奖范围不包括仅依赖个人经验和技能、技巧又不可重复实现的技术。

第二十条　奖励条例第十条第二款（三）所称“经实施，创造显著经济效益或者社会效益”，是指该项技术发明成熟，并实施应用三年以上，取得良好的应用效果。

第二十一条　国家技术发明奖的候选人应当是该项技术发明的全部或者部分创造性技术内容的独立完成人。

第三十二条　国家科学技术进步奖授奖等级根据候选人或者候选单位所完成的项目进行综合评定，评定标准如下：

（一）技术开发项目类：

在关键技术或者系统集成上有重大创新，技术难度大，总体技术水平和主要技术经济指标达到了国际同类技术或者产品的先进水平，市场竞争力强，成果转化程度高，创造了重大的经济效益，对行业的技术进步和产业结构优化升级有重大作用的，可以评为一等奖。

在关键技术或者系统集成上有较大创新，技术难度较大，总体技术水平和主要技术经济指标达到国际同类技术或者产品的水平，市场竞争力较强，成果转化程度较高，创造了较大的经济效益，对行业的技术进步和产业结构调整有较大意义的，可以评为二等奖。

（二）社会公益项目类：

在关键技术或者系统集成上有重大创新，技术难度大，总体技术水平和主要技术经济指标达到了国际同类技术或者产品的先进水平，并在行业得到广泛应用，取得了重大的社会效益，对科技发展和社会进步有重大意义的，可以评为一等奖。

在关键技术或者系统集成上有较大创新，技术难度较大，总体技术水平和技术经济指标达到国际同类技术或者产品的水平，在行业较大范围应用，取得了较大的社会效益，对科技发展和社会进步有较大意义的，可以评为二等奖。

（三）国家安全项目类：

在关键技术或者系统集成上有重大创新，技术难度很大，总体技术达到国际同类技术或者产品的先进水平，应用效果十分突出，对国防建设和保障国家安全具有重大作用的，可以评为一等奖。

在关键技术或者系统集成上有较大创新，技术难度较大，总体技术达到国际同类技术或者产品的水平，应用效果突出，对国防建设和保障国家安全有较大作用的，可以评为二等奖。

（四）重大工程项目类：

团结协作、联合攻关，在关键技术、系统集成和系统管理方面有重大创新，技术难度和工程复杂程度大，总体技术水平、主要技术经济指标达到国际同类项目的先进水平，取得了重大的经济效益或者社会效益，对推动本领域的科技发展有重大意义，对经济建设、社会发展和国家安全具有重大战略意义的，可以评为一等奖。

团结协作、联合攻关，在关键技术、系统集成和系统管理方面有较大创新，技术难度和工程复杂程度较大，总体技术水平、主要技术经济指标达到国际同类项目的水平，取得了较大的经济效益或者社会效益，对推动本领域的科技发展有较大意义，对经济建设、社会发展和国家安全具有战略意义的，可以评为二等奖。

对于技术创新性特别突出、经济效益或者社会效益特别显著、推动行业科技进步作用特别明显的项目，可以评为特等奖。

二、省部级科技奖

《省、部级科学技术奖励管理办法》（科学技术部令第 2 号）：

第三条　省、自治区、直辖市人民政府可以设立一项省级科学技术奖（以下称省级科学技术奖）。省级科学技术奖可以分类奖励在科学研究、技术创新与开发、推广应用先进科学技术成果以及实现高新技术产业化等方面取得重大科学技术成果或者做出突出贡献的个人和组织。

省、自治区、直辖市人民政府所属部门不再设立科学技术奖。

第十一条　根据国防、国家安全的特殊情况，国防科学技术工业委员会、公安部、国家安全部可以设立部级科学技术奖。部级科学技术奖的奖励范围只涉及国防和国家安全，并由于国家安全和保密不能公开的项目。

民用项目不属于部级科学技术奖的奖励范围。上述部门所属单位完成的民用项目可以参照本办法第七条的规定推荐省级科学技术奖。

中国人民解放军有关科学技术奖奖励办法可以参照本办法自行制定。

国务院所属其他部门不再设立部级科学技术奖。

三、社会力量设立科学技术奖

《关于修改〈社会力量设立科学技术奖管理办法〉的决定》（中华人民共和国科学技术部令第 10 号）：

第三条　本办法所称社会力量设奖是指国家机构以外的社会组织或者个人

（以下简称设奖者）利用非国家财政性经费，在中华人民共和国境内面向社会设立的经常性的科学技术奖。

本办法所称经常性是指社会力量设立的科学技术奖应当按照一定的周期连续进行相关授奖活动，奖励周期的间隔最长不得超过三年，且授奖活动开展次数不得少于三个周期。

本办法所称科学技术奖是指以在科学研究、技术创新与开发、科技成果推广应用、实现高新技术产业化、科学技术普及等方面取得成果或者做出贡献的个人、组织为奖励对象而设立和开展的奖励活动。

第四条 社会力量设奖实行登记管理制度。

第四十四条 社会力量经登记设立面向社会的科学技术奖，在科学技术奖励活动中收取费用的，由登记管理机关根据《条例》第二十三条第二款的规定，没收其所收取的费用，并处以所收取费用的 1 倍以上 3 倍以下的罚款；情节严重的，撤销登记。

第四篇

专项政策

专项政策为面向特定的某一领域、某一方面的创新政策。本类政策为在产业维度之上，针对某一类具有相同经济属性或活动特征的企业创新政策。

专项政策框架结构图见图 4-1 所示。其主要内容包括中小企业政策、国有企业政策、外资企业政策、民营企业政策、创新创业服务政策和军民融合科技创新政策等。

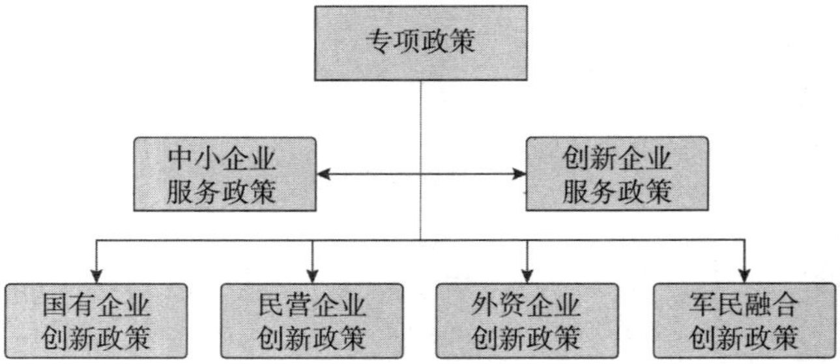

图4-1　专项政策框架结构

第21章

中小企业创新政策

一、中小企业创新发展

《中华人民共和国中小企业促进法》（中华人民共和国主席令第69号）：

第二十九条　国家制定政策，鼓励中小企业按照市场需要，开发新产品，采用先进的技术、生产工艺和设备，提高产品质量，实现技术进步。

中小企业技术创新项目以及为大企业产品配套的技术改造项目，可以享受贷款贴息政策。

第三十条　政府有关部门应当在规划、用地、财政等方面提供政策支持，推进建立各类技术服务机构，建立生产力促进中心和科技企业孵化基地，为中小企业提供技术信息、技术咨询和技术转让服务，为中小企业产品研制、技术开发提供服务，促进科技成果转化，实现企业技术、产品升级。

第三十一条　国家鼓励中小企业与研究机构、大专院校开展技术合作、开发与交流，促进科技成果产业化，积极发展科技型中小企业。

《国务院关于进一步促进中小企业发展的若干意见》（国发〔2009〕36号）：

（一）加快制定融资性担保管理办法，修订《贷款通则》，修订中小企业划型标准，明确对小型企业的扶持政策。

（十）逐步扩大中央财政预算扶持中小企业发展的专项资金规模，重点支持中小企业技术创新、结构调整、节能减排、开拓市场、扩大就业，以及改善对

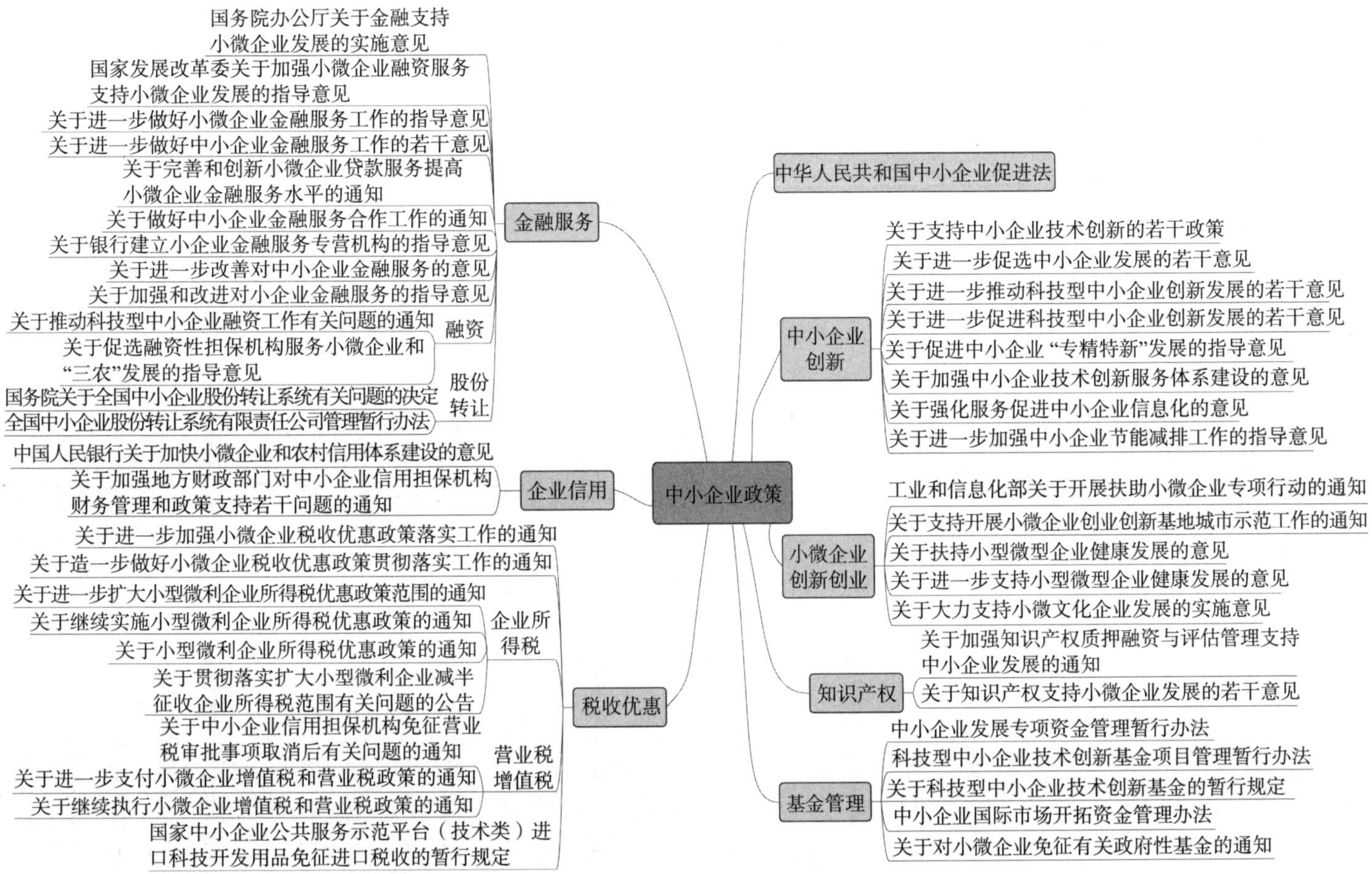

图4-2　中小企业创新政策框架结构

中小企业的公共服务。加快设立国家中小企业发展基金。

（十四）支持中小企业采用新技术、新工艺、新设备、新材料进行技术改造。中央预算内技术改造专项投资中，要安排中小企业技术改造资金，地方政府也要安排中小企业技术改造专项资金。

中小企业专项资金、技术改造资金等要重点支持销售渠道稳定、市场占有率高的中小企业。

（十八）加快发展生产性服务业。鼓励支持中小企业在科技研发、工业设计、技术咨询、信息服务、现代物流等生产性服务业领域发展。

《科技部关于进一步推动科技型中小企业创新发展的若干意见》（国科发高〔2015〕3号）：

支持科技型中小企业建立企业实验室、企业技术中心、工程技术研究中心等研发机构，提升对技术创新的支撑与服务能力。对拥有自主知识产权并形成良好经济社会效益的科技型中小企业研发机构给予重点扶持。

将技术改造项目纳入贷款贴息等优惠政策的支持范围。

鼓励科技型中小企业组成联合体共同参加政府采购与首台（套）示范项目。

深入开展科技人员服务企业行动，通过科技特派员等方式组织科技人员帮助科技型中小企业解决技术难题。

鼓励通过政府购买服务的方式，为科技型中小企业提供管理指导、技能培训、市场开拓、标准咨询、检验检测认证等服务。

《关于进一步促进科技型中小企业创新发展的若干意见》（国科发政〔2011〕178号）：

对于研发投入占企业总收入的比例达到5%以上的科技型中小企业，探索多种形式的鼓励、补贴机制。

加强企业研究开发费用税前加计扣除、技术转让以及高新技术企业、软件企业和技术先进型服务企业等税收优惠政策在科技型中小企业群体中落实情况的跟踪检查，及时分析问题、采取措施，保证各项政策的有效落实。

《关于印发〈关于支持中小企业技术创新的若干政策〉的通知》（发改企业〔2007〕2797号）：

中小企业投资建设属于国家鼓励发展的内外资项目，其投资总额内进口的自用设备，以及随设备进口的技术和配套件、备件，按照《国务院关于调整进口设备税收政策的通知》（国发〔1997〕37 号）的有关规定，免征关税和进口环节增值税。

《工业和信息化部关于促进中小企业中小企业“专精特新”发展的指导意见》（工信部企业〔2013〕264 号）：

二、小微企业创新创业

《国务院关于扶持小型微型企业健康发展的意见》（国发〔2014〕52 号）：

加大中小企业专项资金对小企业创业基地（微型企业孵化园、科技孵化器、商贸企业集聚区等）建设的支持力度。

《国务院关于进一步支持小型微型企业健康发展的意见》（国发〔2012〕14 号）：

实施中小企业创新能力建设计划，鼓励有条件的小型微型企业建立研发机构，参与产业共性关键技术研发、国家和地方科技计划项目以及标准制定。

实施中小企业信息化推进工程，重点提高小型微型企业生产制造、运营管理和市场开拓的信息化应用水平，鼓励信息技术企业、通信运营商为小型微型企业提供信息化应用平台。

允许符合条件的小型微型集成电路设计企业作为加工贸易经营单位开展加工贸易业务，将集成电路产业链中的设计、芯片制造、封装测试企业等全部纳入保税监管范围。

实施小企业会计准则，开展培训和会计代理服务。

《关于支持开展小微企业创业创新基地城市示范工作的通知》（财建〔2015〕114 号）：

（一）中央财政给予示范城市奖励支持。示范期内，计划单列市及省会城市奖励总额为 9 亿元，一般城市（含直辖市所属区、县）奖励总额为 6 亿元。示范期为 3 年，奖励资金分年拨付。

（二）对示范城市实行绩效考核，建立退出机制。对不能按期保质完成示范工作的城市，扣回奖励资金并责其退出示范；对示范工作完成好、成绩突出的城市，按奖励资金规模10%加大奖励。

（三）采取竞争性评审方式选择示范城市。

《工业和信息化部关于开展扶助小微企业专项行动的通知》（工信部企业〔2013〕67号）：

继续实施中小企业创新能力建设计划。

继续实施中小企业信息化推进工程。

继续实施中小企业知识产权战略推进工程。

进一步实施创办小企业计划。落实《关于大力支持小型微型企业创业兴业的实施意见》，推动简化创立程序、减免相关费用、放宽经营场所限制、加强信贷支持等政策的实施。

认定和培育国家中小企业公共服务示范平台，落实进口设备免税政策，加强对已认定平台运营情况的跟踪测评和监督检查，组织开展服务承诺活动，鼓励示范平台率先为小微企业提供优质服务。

推动食品企业诚信信息平台建设。

深入实施国家中小企业银河培训工程和中小企业经营管理领军人才培训计划。

《关于大力支持小微文化企业发展的实施意见》（文产发〔2014〕27号）：

健全12318文化市场举报体系，畅通维权投诉渠道，严厉打击各种违法违规经营活动，切实保护小微文化企业合法权益。

实施“成长型小微文化企业扶持计划”，培育一批具有发展潜力的小微文化企业和孵化效果显著的小微文化企业创业发展载体。

将小微文化企业培训工作纳入“国家中小企业银河培训工程”扶持范围，加强对小微文化企业经营管理能力的培养。

在政府采购过程中，各级文化行政部门对小微文化企业及小微文化企业份额达到30%的联合体有自主知识产权的投标产品和服务，可在价格扣除优惠政策规定范围内按较高标准执行。

实施“文化金融扶持计划”，提升面向小微文化企业的金融服务规模与水平。

三、知识产权

《关于知识产权支持小微企业发展的若干意见》(国知发管字〔2014〕57号):

完善专利审查快速通道，对小微企业亟需获得授权的核心专利申请予以优先审查，并按照《发明专利申请优先审查办法》规定的程序办理。

开展小微企业专利审查高速路（PPH）推广帮扶项目，编制针对小微企业的海外获权指导手册，建立小微企业国外专利申请—获权援助渠道，支持小微企业在海外快速获得专利权。

完善专利资助政策。积极探索推进小微企业专利费用减免政策，支持小微企业知识产权创造和运用。加大对小微企业专利申请资助力度，推动专利一般资助向小微企业倾斜。结合科技型中小企业专利申请“消零”行动，对小微企业申请获权的首件发明专利予以奖励。鼓励小微企业通过实施专利提高专利产品种类和产值，对小微企业通过独占许可和排他许可方式引进实施专利给予专项资助。

鼓励建立小微企业信贷风险补偿基金，对知识产权质押贷款提供重点支持。加快推动知识产权保险服务纳入小微企业产业引导政策，完善小微企业风险补偿机制。

深入推进中小企业知识产权战略推进工程，建立健全省、市、县三级知识产权服务网络。

可采取“专利服务券”等政府购买服务方式满足小微企业服务需求。

支持科技型小微企业申报国家级知识产权优势企业。

依托各类服务平台向小微企业免费或低成本提供专利查新检索服务，广泛开展知识产权信息订制推送服务。

积极组织拥有知识产权项目的小微企业参加境内外展览展销活动，在名额、费用等方面适当倾斜。

推进知识产权维权援助工作。

四、基金支持

《关于印发〈中小企业发展专项资金管理暂行办法〉的通知》（财建〔2015〕458号）：

第六条 专项资金支持范围包括：

（一）小微企业创业创新基地城市示范。

（二）中小企业参加重点展会、完善中小企业公共服务体系、中小企业创新活动、融资担保及国内贸易信用保险等。

（三）民族贸易和少数民族特需商品定点生产企业发展。

（四）其他促进中小企业发展的工作。

第十一条 专项资金补助对象按照政府机构、事业单位和企业等分类，专项资金补助根据支持内容的不同，可以采取无偿资助、投资补助、政府购买服务等方式。

《关于印发〈中小企业国际市场开拓资金管理办法〉的通知》（财企〔2010〕87号）：

第六条 申请企业项目的中小企业应符合下列条件：

1. 在中华人民共和国关境内注册，依法取得进出口经营资格的或依法办理对外贸易经营者备案登记的企业法人，上年度海关统计进出口额在4500万美元以下。

2. 近三年在外经贸业务管理、财务管理、税收管理、外汇管理、海关管理等方面无违法、违规行为。

3. 具有从事国际市场开拓的专业人员，对开拓国际市场有明确的工作安排和市场开拓计划。

4. 未拖欠应缴还的财政性资金。

第七条 申请团体项目的项目组织单位应符合下列条件：

1. 具有组织全国、行业或地方企业赴境外参加或举办经济贸易展览会资格。

2. 通过管理部门审核具有组织中小企业培训资格。

3. 申请的团体项目应以支持中小企业开拓国际市场和提高中小企业国际竞

争力为目的。

4. 未拖欠应缴还的财政性资金。

第八条　已批准支持的团体项目，参加该项目的中小企业不得以企业项目名义重复申请同一项目或内容的市场开拓资金支持。

第九条　市场开拓资金主要支持内容包括：境外展览会；企业管理体系认证；各类产品认证；境外专利申请；国际市场宣传推介；电子商务；境外广告和商标注册；国际市场考察；境外投（议）标；企业培训；境外收购技术和品牌等。

第十条　市场开拓资金优先支持下列活动：

1. 面向拉美、非洲、中东、东欧、东南亚、中亚等新兴国际市场的拓展。

2. 取得质量管理体系认证、环境管理体系认证和产品认证等国际认证。

第十二条　市场开拓资金对符合本办法第九条规定且支出大于1万元的项目予以支持，支持金额原则上不超过项目支持内容所需金额的50%。对中、西部地区和东北老工业基地的中小企业，以及符合本办法第十条第一项的支持比例可提高到70%。

第十七条　根据市场开拓资金管理工作需要，可在市场开拓资金中列支相关管理性支出，用于聘请承办单位、项目的评审、论证、审计等，支出比例不超过资金总额的3%，并予严格控制，厉行节约。

第十九条　中小企业或项目组织单位组织中小企业开拓香港、澳门、台湾地区市场参照本办法执行。

《关于印发〈科技型中小企业技术创新基金项目管理暂行办法〉的通知》（国科发计字〔2005〕60号）：

第四条　申请创新基金支持的项目需符合以下条件：

（一）符合国家产业、技术政策。

（二）技术含量较高，技术创新性较强。

（三）项目产品有较大的市场容量、较强的市场竞争力。

（四）无知识产权纠纷。

第五条　承担项目的企业应具备以下条件：

（一）在中国境内注册，具有独立企业法人资格；

（二）主要从事高新技术产品的研制、开发、生产和服务业务；

（三）企业管理层有较高经营管理水平，有较强的市场开拓能力；

（四）职工人数不超过 500 人，具有大专以上学历的科技人员占职工总数的比例不低于 30%，直接从事研究开发的科技人员占职工总数的比例不低于 10%；

（五）有良好的经营业绩，资产负债率合理；每年用于高新技术产品研究开发的经费不低于销售额的 5%；

（六）有健全的财务管理机构，有严格的财务管理制度和合格的财务人员。

第六条　创新基金以贷款贴息、无偿资助和资本金投入的方式支持科技型中小企业的技术创新活动。

（一）贷款贴息

1. 主要用于支持产品具有一定水平、规模和效益，银行已经贷款或有贷款意向的项目；

2. 项目新增投资在 3000 万元以下，资金来源基本确定，投资结构合理，项目实施周期不超过 3 年；

3. 创新基金贴息总额一般不超过 100 万元，个别重大项目不超过 200 万元。

（二）无偿资助

1. 主要用于科技型中小企业技术创新活动中新技术、新产品研究开发及中试放大等阶段的必要补助；

2. 项目新增投资一般在 1000 万元以下，资金来源基本确定，投资结构合理，项目实施周期不超过 2 年；

3. 企业需有与申请创新基金资助数额等额以上的自有资金匹配；

4. 创新基金资助数额一般不超过 100 万元，个别重大项目不超过 200 万元。

（三）资本金投入具体办法另行制定。

第七条　在同一年度内，一个企业只能申请一个项目和一种支持方式。申请企业应根据项目所处的阶段，选择一种相应的支持方式。

《财政部、国家税务总局关于对小微企业免征有关政府性基金的通知》（财税〔2014〕122 号）：

一、自 2015 年 1 月 1 日起至 2017 年 12 月 31 日，对按月纳税的月销售额或营业额不超过 3 万元（含 3 万元），以及按季纳税的季度销售额或营业额不超过 9 万元（含 9 万元）的缴纳义务人，免征教育费附加、地方教育附加、水利建设基金、文化事业建设费。

二、自工商登记注册之日起 3 年内，对安排残疾人就业未达到规定比例、在职职工总数 20 人以下（含 20 人）的小微企业，免征残疾人就业保障金。

五、税收优惠

《关于进一步扩大小型微利企业所得税优惠政策范围的通知》（财税〔2015〕99 号）：

一、自 2015 年 10 月 1 日起至 2017 年 12 月 31 日，对年应纳税所得额在 20 万元到 30 万元（含 30 万元）之间的小型微利企业，其所得减按 50%计入应纳税所得额，按 20%的税率缴纳企业所得税。

三、《财政部、国家税务总局关于小型微利企业所得税优惠政策的通知》（财税〔2015〕34 号）继续执行。

《关于贯彻落实扩大小型微利企业减半征收企业所得税范围有关问题的公告》（国家税务总局公告 2015 年第 17 号）：

一、符合规定条件的小型微利企业，无论采取查账征收还是核定征收方式，均可享受小型微利企业所得税优惠政策。

二、符合规定条件的小型微利企业，在季度、月份预缴企业所得税时，可以自行享受小型微利企业所得税优惠政策，无须税务机关审核批准。

三、小型微利企业预缴时享受企业所得税优惠政策，按照以下规定执行：

（一）查账征收的小型微利企业。上一纳税年度符合小型微利企业条件，且年度应纳税所得额不超过 20 万元（含）的，分别按照以下情况处理：

1. 本年度按照实际利润额预缴企业所得税的，预缴时累计实际利润额不超过 20 万元的，可以享受小型微利企业所得税减半征税政策；超过 20 万元的，应当停止享受减半征税政策。

2. 本年度按照上年度应纳税所得额的季度（或月份）平均额预缴企业所得税的，可以享受小型微利企业减半征税政策。

（二）定率征税的小型微利企业。上一纳税年度符合小型微利企业条件，且年度应纳税所得额不超过 20 万元（含）的，本年度预缴企业所得税时，累计应纳税所得额不超过 20 万元的，可以享受减半征税政策；超过 20 万元的，不享受减半征税政策。

（三）定额征税的小型微利企业，由主管税务机关根据优惠政策规定相应调减定额后，按照原办法征收。

（四）本年度新办的小型微利企业预缴企业所得税时，凡累计实际利润额或应纳税所得额不超过 20 万元的，可以享受减半征税政策；超过 20 万元的，停止享受减半征税政策。

（五）企业根据本年度生产经营情况，预计本年度符合小型微利企业条件的，季度、月份预缴企业所得税时，可以享受小型微利企业所得税优惠政策。

四、企业预缴时享受了小型微利企业优惠政策，但年度汇算清缴超过规定标准的，应按规定补缴税款。

六、本公告适用于 2015 年至 2017 年度小型微利企业申报缴纳企业所得税。

《工业和信息化部、国家税务总局关于中小企业信用担保机构免征营业税审批事项取消后有关问题的通知》（工信部联企业〔2015〕286 号，同国家税务总局公告 2015 年第 69 号）：

一、符合条件的担保机构从事中小企业信用担保或再担保业务取得的收入（不含信用评级、咨询、培训等收入）三年内免征营业税。上述免征营业税政策涉及的审核批准工作程序取消，改为备案管理。

二、第一条所称“符合条件”是指同时符合下列条件：（一）已取得监管部门颁发的融资性担保机构经营许可证，依法登记注册为企（事）业法人，实收资本超过 2000 万元。（二）平均年担保费率不超过银行同期贷款基准利率的 50%。平均年担保费率 = 本期担保费收入 /（期初担保余额 + 本期增加担保金额）× 100%。（三）连续合规经营两年以上，资金主要用于担保业务，具备健全的内部管理制度和为中小企业提供担保的能力，经营业绩突出，对受保项目具有完善的事前评估、事中监控、事后追偿与处置机制。（四）为中小企业提供的累计担保贷款额占其两年累计担保业务总额的 80% 以上，单笔 800 万元以下的累计担保贷款额占其累计担保业务总额的 50% 以上。（五）对单个受保企业提供的担保余额不超过担保机构实收资本总额的10%，且平均单笔担保责任金额最多不超过3000万元人民币。（六）担保责任余额不低于其净资产的3倍，且代偿率不超过2%。

三、担保机构免征营业税政策采取备案管理方式。符合条件的担保机构应到所在地县（市）地方税务局和同级中小企业管理部门履行规定的备案手续，自完成备案手续之日起，享受三年免征营业税政策。三年免税期满后，符合条件的担保机构可按规定程序办理备案手续后继续享受该项政策。

四、此前已列入工业和信息化部和国家税务总局下发的免征营业税的中小企业信用担保机构名单的担保机构，在剩余的免税期限内继续免征营业税；2014年10月1日（含）以后新办或免税期限已满但仍符合免税条件的，纳税人可以按照本通知规定到所在地县（市）主管税务机关及同级中小企业管理部门履行规定的备案手续。

《关于继续执行小微企业增值税和营业税政策的通知》（财税〔2015〕96号）：

《财政部、国家税务总局关于进一步支持小微企业增值税和营业税政策的通知》（财税〔2014〕71号）规定的增值税和营业税政策继续执行至2017年12月31日。

《关于进一步支持小微企业增值税和营业税政策的通知》（财税〔2014〕71号）：

自2014年10月1日起至2015年12月31日，对月销售额2万元（含本数，下同）至3万元的增值税小规模纳税人，免征增值税；对月营业额2万元至3万元的营业税纳税人，免征营业税。

《国家税务总局关于进一步做好小微企业税收优惠政策贯彻落实工作的通知》（税总发〔2015〕35号）：

将专门备案改为通过填写纳税申报表自动履行备案手续。税务总局将进一步修改企业所得税季度预缴申报表，使纳税人通过填写申报表有关栏次自动履行备案手续，不再另行报送专门备案材料，进一步减轻小微企业办税负担。

完善小微企业所得税纳税申报软件。省税务机关通过核心征管系统或开发应用小微企业纳税申报税务端软件，运用软件自动识别小微企业身份，主动提示享受优惠政策。同时通过手机短信或其他形式告知纳税情况，使其享受税收优惠更便捷、更明白。

六、金融服务

《国务院办公厅关于金融支持小微企业发展的实施意见》（国办发〔2013〕87号）：

适当放宽创业板市场对创新型、成长型企业的财务准入标准，尽快启动上市小微企业再融资。

建立完善全国中小企业股份转让系统（以下称“新三板”），加大产品创新力度，增加适合小微企业的融资品种。

进一步扩大中小企业私募债券试点，逐步扩大中小企业集合债券和小微企业增信集合债券发行规模，在创业板、“新三板”、公司债、私募债等市场建立服务小微企业的小额、快速、灵活的融资机制。

《国务院关于全国中小企业股份转让系统有关问题的决定》（国发〔2013〕49号）：

在全国股份转让系统挂牌的公司，达到股票上市条件的，可以直接向证券交易所申请上市交易。在符合《国务院关于清理整顿各类交易场所切实防范金融风险的决定》（国发〔2011〕38号）要求的区域性股权转让市场进行股权非公开转让的公司，符合挂牌条件的，可以申请在全国股份转让系统挂牌公开转让股份。

挂牌公司依法纳入非上市公众公司监管，股东人数可以超过200人。股东人数未超过200人的股份公司申请在全国股份转让系统挂牌，证监会豁免核准。挂牌公司向特定对象发行证券，且发行后证券持有人累计不超过200人的，证监会豁免核准。

《国家发展改革委关于加强小微企业融资服务支持小微企业发展的指导意见》（发改财金〔2013〕1410号）：

一、各省级、副省级创业投资企业备案管理部门（以下简称各省级备案管理部门）应依据《关于促进创业投资企业发展有关税收政策的通知》（财税〔2007〕31号），与属地财税部门建立顺畅的工作机制，确保符合条件的创业投资企业及时足额享受税收优惠政策。

三、支持符合条件的创业投资企业、股权投资企业、产业投资基金发行企业债券，专项用于投资小微企业；支持符合条件的创业投资企业、股权投资企业、产业投资基金的股东或有限合伙人发行企业债券，扩大创业投资企业、股权投资企业、产业投资基金资本规模。

十一、清理规范涉及企业的基本银行服务费用，完善银行收费定价机制。

《中国银监会关于进一步做好小微企业金融服务工作的指导意见》（银监发〔2013〕37号）：

三、银行业金融机构应根据自身的市场定位和发展战略，在风险可控的前提下，切实加大对小微企业的信贷资源投入和考核力度，力争实现“两个不低于”目标，即：小微企业贷款增速不低于各项贷款平均增速，增量不低于上年同期。

九、进一步规范小微企业金融服务收费。银行业金融机构要在建立科学合理的小微企业信贷风险定价机制的基础上，严格执行《关于支持商业银行进一步改进小型微型企业金融服务的补充通知》（银监发〔2011〕94号）有关规定，除银团贷款外，不得对小微企业贷款收取承诺费、资金管理费，严格限制对小微企业及其增信机构收取财务顾问费、咨询费等费用。严禁在发放贷款时附加不合理的贷款条件。

《中国人民银行银监会、证监会、保监会关于进一步做好中小企业金融服务工作的若干意见》（银发〔2010〕193号）：

（四）实施小企业金融服务差异化监管。银监会派出机构要因地制宜制定科学、审慎的小金融机构市场准入细则，实行分类监管、差异化监管，不断提高监管技术和监管有效性。小企业金融服务专营机构要进一步落实小企业金融服务“四单”原则，即单列信贷计划、单独配置人力资源和财务资源、单独客户认定与信贷评审、单独会计核算，构建专业化的经营与考核体系。认真贯彻落实对小企业授信工作的相关规定，制定小企业信贷人员尽职免责机制，切实做到尽职者免责，失职者问责。

继续推动科技保险发展，为高新技术型中小企业提供创新创业风险保障。

《中国银监会关于完善和创新小微企业贷款服务提高小微企业金融服务水平的通知》（银监发〔2014〕36号）：

三、积极创新小微企业流动资金贷款服务模式。对流动资金周转贷款到期后仍有融资需求，又临时存在资金困难的小微企业，经其主动申请，银行业金融机构可以提前按新发放贷款的要求开展贷款调查和评审。符合下列条件的小微企业，经银行业金融机构审核合格后可以办理续贷：

（一）依法合规经营。

（二）生产经营正常，具有持续经营能力和良好的财务状况。

（三）信用状况良好，还款能力与还款意愿强，没有挪用贷款资金、欠贷欠息等不良行为。

（四）原流动资金周转贷款为正常类，且符合新发放流动资金周转贷款条件和标准。

（五）银行业金融机构要求的其他条件。

银行业金融机构同意续贷的，应当在原流动资金周转贷款到期前与小微企业签订新的借款合同，需要担保的签订新的担保合同，落实借款条件，通过新发放贷款结清已有贷款等形式，允许小微企业继续使用贷款资金。

《中国银监会关于银行建立小企业金融服务专营机构的指导意见》（银监发〔2008〕82号）。

《国家开发银行、科学技术部关于推动科技型中小企业融资工作有关问题的通知》（开行发〔2005〕117号）。

《融资性担保业务监管部际联席会议 关于促进融资性担保机构服务小微企业和“三农”发展的指导意见》（融资性担保发〔2014〕1号）：

七、中小企业信用

《中国人民银行关于加快小微企业和农村信用体系建设的意见》（银发〔2014〕37号）：

完善信用信息征集体系。根据《中小企业信用体系建设基本数据项指引》和《农村信用体系建设基本数据项指引》（银办发〔2013〕62号文印发），结合当地小微企业、农户等经济主体的特点和信息分布情况，确定采集指标体系；完善信息征集机制，采取数据报送、直接征集、信息系统联网共享等多种方式征集信息。

建立信用评价机制。推动小微企业信用评级（分）。鼓励评级机构制定适合小微企业特点的评级方法体系，按照市场化原则推动评级机构为小微企业评定信用等级。持续推进农村地区信用评定。大力推进“信用户”“信用村”“信用乡镇”评定与创建。

健全信息通报与应用制度。建立小微企业、农户等经济主体的信息共享和应用机制，做好对金融机构、政府部门、社会的信息服务。做好对社会的信息公布。

《关于加强地方财政部门对中小企业信用担保机构财务管理和政策支持若干问题的通知》（财金〔2003〕88 号）。

第22章

国有企业创新政策

一、国有企业改革

《中共中央、国务院关于深化国有企业改革的指导意见》（2015 年 8 月 24 日）：

（十四）以管资本为主推动国有资本合理流动优化配置。推动国有企业加快管理创新、商业模式创新，合理限定法人层级，有效压缩管理层级。发挥国有企业在实施创新驱动发展战略和制造强国战略中的骨干和表率作用，强化企业在技术创新中的主体地位，重视培养科研人才和高技能人才。支持国有企业开展国际化经营，鼓励国有企业之间以及与其他所有制企业以资本为纽带，强强联合、优势互补，加快培育一批具有世界一流水平的跨国公司。

（十九）探索实行混合所有制企业员工持股。优先支持人才资本和技术要素贡献占比较高的转制科研院所、高新技术企业、科技服务型企业开展员工持股试点，支持对企业经营业绩和持续发展有直接或较大影响的科研人员、经营管理人员和业务骨干等持股。员工持股主要采取增资扩股、出资新设等方式。完善相关政策，健全审核程序，规范操作流程，严格资产评估，建立健全股权流转和退出机制，确保员工持股公开透明，严禁暗箱操作，防止利益输送。

《国务院关于改革和完善国有资产管理体制的若干意见》（国发〔2015〕63 号）：

（七）改组组建国有资本投资、运营公司。

《国务院关于国有企业发展混合所有制经济的意见》（国发〔2015〕54 号）。

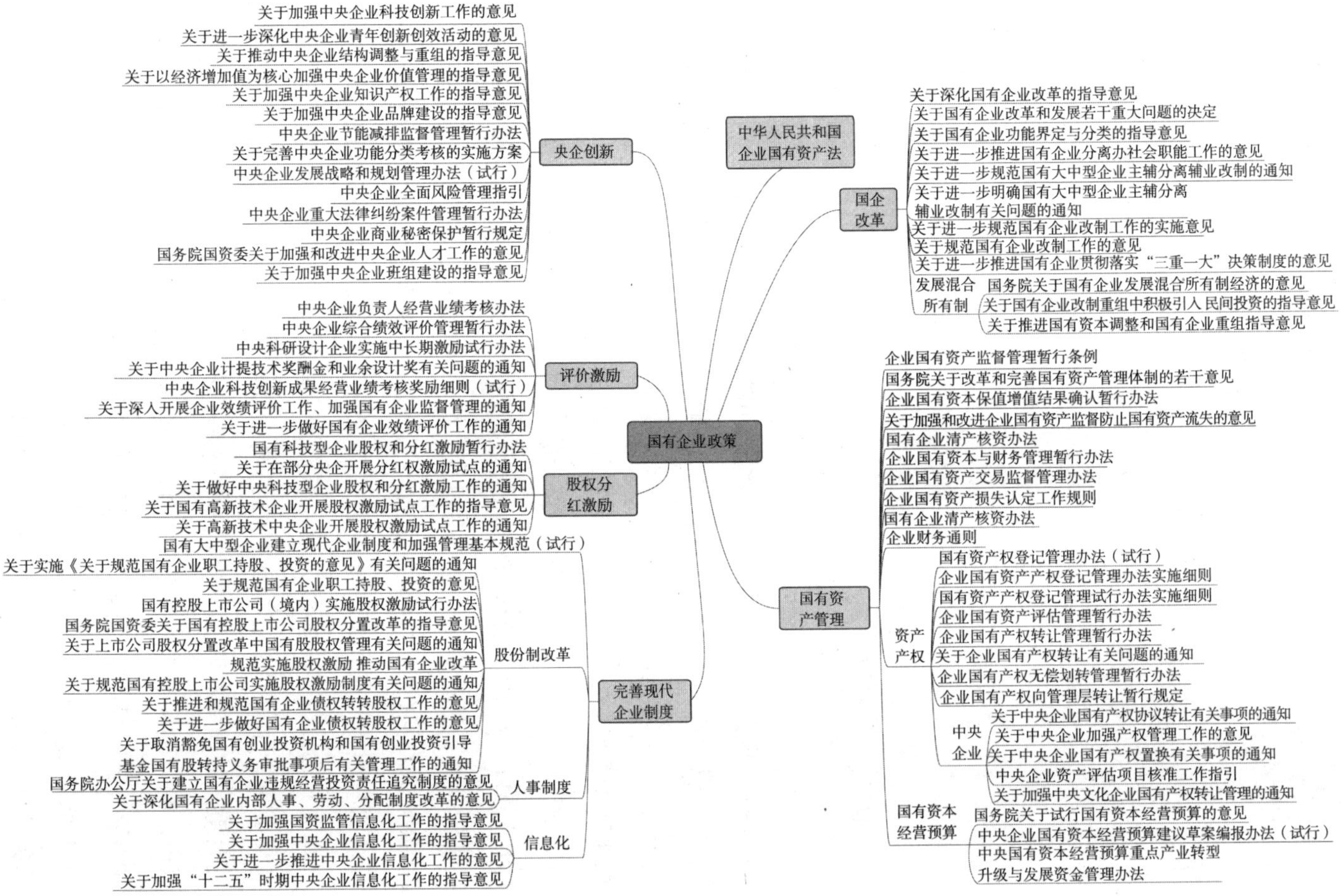

图4-3　国有企业创新政策框架结构

《关于印发〈关于国有企业改制重组中积极引入民间投资的指导意见〉的通知》（国资发产权〔2012〕80号）。

《国务院办公厅关于推动中央企业结构调整与重组的指导意见》（国办发〔2016〕56号）。

《关于印发〈关于完善中央企业功能分类考核的实施方案〉的通知》（国资发综合〔2016〕252号）。

《关于国有企业功能界定与分类的指导意见》（国资委、财政部、发展改革委 2015年12月30日）

《中共中央关于国有企业改革和发展若干重大问题的决定》（1999年9月22日）：

九、加快国有企业技术进步和产业升级

国有企业技术进步和产业升级的方向与重点是：以市场为导向，用先进技术改造传统产业，围绕增加品种、改进质量、提高效益和扩大出口，加强现有企业的技术改造；在电子信息、生物工程、新能源、新材料、航空航天、环境保护等新兴产业和高技术产业占据重要地位，掌握核心技术，占领技术制高点，发挥先导作用。处理好提高质量和增加产量、发展技术密集型产业和劳动密集型产业、自主创新和引进技术、经济发展和环境保护的关系。

培育和发展产业投资基金和风险投资基金。

技术进步和产业升级的主体是企业，要形成以企业为中心的技术创新体系。企业要加强技术开发力量和加大资金投入，大型企业都要建立技术开发中心，研究开发有自主知识产权的主导产品，增加技术储备，搞好技术人才培训。强化应用技术的开发和推广，增加中间试验投入，促进科技成果向现实生产力的转化。要形成吸引人才和调动科技人员积极性的激励机制，保护知识产权。

二、国有资产管理制度

《中华人民共和国企业国有资产法》（中华人民共和国主席令第五号）：

第二十条　国家出资企业依照法律规定，通过职工代表大会或者其他形式，实行民主管理。

第五十二条 国有资产转让应当有利于国有经济布局和结构的战略性调整，防止国有资产损失，不得损害交易各方的合法权益。

《企业国有资产监督管理暂行条例》（中华人民共和国国务院令第 378 号）：

第十一条 所出资企业应当努力提高经济效益，对其经营管理的企业国有资产承担保值增值责任。

第十四条 国有资产监督管理机构的主要义务是：

（一）推进国有资产合理流动和优化配置，推动国有经济布局和结构的调整；

（二）保持和提高关系国民经济命脉和国家安全领域国有经济的控制力和竞争力，提高国有经济的整体素质；

（三）探索有效的企业国有资产经营体制和方式，加强企业国有资产监督管理工作，促进企业国有资产保值增值，防止企业国有资产流失；

（四）指导和促进国有及国有控股企业建立现代企业制度，完善法人治理结构，推进管理现代化；

（五）尊重、维护国有及国有控股企业经营自主权，依法维护企业合法权益，促进企业依法经营管理，增强企业竞争力；

（六）指导和协调解决国有及国有控股企业改革与发展中的困难和问题。

第十五条 国有资产监督管理机构应当向本级政府报告企业国有资产监督管理工作、国有资产保值增值状况和其他重大事项。

第十七条 国有资产监督管理机构依照有关规定，任免或者建议任免所出资企业的企业负责人：

（一）任免国有独资企业的总经理、副总经理、总会计师及其他企业负责人；

（二）任免国有独资公司的董事长、副董事长、董事，并向其提出总经理、副总经理、总会计师等的任免建议；

（三）依照公司章程，提出向国有控股的公司派出的董事、监事人选，推荐国有控股的公司的董事长、副董事长和监事会主席人选，并向其提出总经理、副总经理、总会计师人选的建议；

（四）依照公司章程，提出向国有参股的公司派出的董事、监事人选。

第二十九条 被授权的国有独资企业、国有独资公司应当建立和完善规范的现代企业制度，并承担企业国有资产的保值增值责任。

《企业国有资本保值增值结果确认暂行办法》（国务院国有资产监督管理委员会令第 9 号）：

第八条　本办法所称国有资本保值增值率是指企业经营期内扣除客观增减因素后的期末国有资本与期初国有资本的比率。国有资本保值增值率分为年度国有资本保值增值率和任期国有资本保值增值率。其计算公式如下：

国有资本保值增值率 =（扣除客观因素影响后的期末国有资本 ÷ 期初国有资本）×100%

第二十六条　国有资产监督管理机构应当以经核实确认的企业国有资本保值增值实际完成指标与全国国有企业国有资本保值增值行业标准进行对比分析，按照“优秀、良好、中等、较低、较差”五个档次，评判企业在行业中所处的相应水平。

中央企业国有资产保值增值率未达到全国国有企业保值增值率平均水平的，无论其在行业中所处水平，不予评判“优秀”档次。

第二十八条　经营期内没有实现国有资本保值增值目标的企业，其负责人延期绩效年薪按《中央企业负责人经营业绩考核暂行办法》（国资委令第 2 号）及其他有关规定扣减。实行工效挂钩的企业，经营期内没有实现国有资本保值增值的，不得提取新增效益工资。

《国务院办公厅关于加强和改进企业国有资产监督防止国有资产流失的意见》（国办发〔2015〕79 号）：

国有资产监管机构设立稽查办公室，负责分类处置和督办监督工作中发现的需要企业整改的问题，组织开展国有资产重大损失调查，提出有关责任追究的意见建议。

开展国有资产监管机构向所出资企业依法委派总会计师试点工作，强化出资人对企业重大财务事项的监督。

加大对国有企业领导人员履行经济责任情况的审计力度，坚持离任必审，完善任中审计，探索任期轮审，实现任期内至少审计一次。完善国有企业购买审计服务办法，扩大购买服务范围，推动审计监督职业化。

《企业国有资产交易监督管理办法》（国务院国资委　财政部令第 32 号）：

第四十八条　企业一定金额以上的生产设备、房产、在建工程以及土地使用权、债权、知识产权等资产对外转让，应当按照企业内部管理制度履行相应决策程序后，在产权交易机构公开进行。涉及国家出资企业内部或特定行业的资产转让，确需在国有及国有控股、国有实际控制企业之间非公开转让的，由转让方逐级报国家出资企业审核批准。

《关于中央企业加强产权管理工作的意见》（国资发产权〔2004〕180号）：

三、规范国有产权转让行为，防止国有资产流失。加强对产权转让的全过程管理：一是要严格履行内部决策程序和审批程序；二是要按规定做好清产核资、财务审计和资产评估，并以评估值作为转让价格的参考依据；三是要坚持产权转让进入市场并公开披露有关转让信息，广泛征集受让方，杜绝暗箱操作；四是要选取适当的转让方式，确保国有资产不流失；五是要注意保护职工权益；六是要及时进行转让鉴证和产权变更登记，做好转让收益管理。

《企业国有资产评估管理暂行办法》（国务院国有资产监督管理委员会令第12号）：

第六条 企业有下列行为之一的，应当对相关资产进行评估：

（二）以非货币资产对外投资；

（四）非上市公司国有股东股权比例变动；

（五）产权转让；

（十一）接受非国有单位以非货币资产出资；

（十二）接受非国有单位以非货币资产抵债；

第二十一条 经核准或备案的资产评估结果使用有效期为自评估基准日起1年。

第二十二条 企业进行与资产评估相应的经济行为时，应当以经核准或备案的资产评估结果为作价参考依据；当交易价格低于评估结果的90%时，应当暂停交易，在获得原经济行为批准机构同意后方可继续交易。

《关于印发〈中央企业资产评估项目核准工作指引〉的通知》（国资发产权〔2010〕71号）。

《关于中央企业国有产权置换有关事项的通知》（国资发产权〔2011〕121号）。

《关于中央企业国有产权协议转让有关事项的通知》（国资发产权〔2010〕11号）。

《关于加强中央文化企业国有产权转让管理的通知》（财文资〔2013〕5 号）。

《关于规范国有企业职工持股、投资的意见》（国资发改革〔2008〕139 号）。

科研、设计、高新技术企业科技人员确因特殊情况需要持有子企业股权的，须经同级国资监管机构批准，且不得作为该子企业的国有股东代表。

国有企业中已持有上述不得持有的企业股权的中层以上管理人员，自本意见印发后 1 年内应转让所持股份，或者辞去所任职务。在股权转让完成或辞去所任职务之前，不得向其持股企业增加投资。已持有上述不得持有的企业股权的其他职工晋升为中层以上管理人员的，须在晋升后 6 个月内转让所持股份。法律、行政法规另有规定的，从其规定。

《关于实施〈关于规范国有企业职工持股、投资的意见〉有关问题的通知》（国资发改革〔2009〕49 号）。

三、促进央企创新发展

《关于印发〈关于加强中央企业科技创新工作的意见〉的通知》（国资发规划〔2011〕80 号）：

（四）加强科技发展战略与规划管理。企业要将科技创新作为集团公司发展的核心战略，做好顶层设计和总体谋划。

（五）进一步建立健全企业研发体系。建立适合企业发展需要的研发体系，明确集团公司、子（分）公司、基层技术研发部门在创新链条中的职责定位，形成工艺及技术开发、应用研究、基础研究相配套的梯次研发结构。支持有条件的企业组建“中央研究院”。

（八）全面提高知识产权工作水平。制定实施企业知识产权战略，提升知识产权创造、应用、管理和保护能力。完善知识产权管理的运作模式和工作机制，推动专利、专有技术等知识产权的集中管理。建立知识产权信息检索、侵权预警和风险防范制度，探索建立“专利池”，有条件的企业要研究专利布局策略。

（十三）进一步提高科技管理水平。健全科技管理制度，完善工作流程，提升科技管理的效率和水平。加强技术经济等软科学研究，准确把握创新方向，提高科技管理的前瞻性和针对性。加强创新模式与方法的研究，提高创新效率。做好中央企业科技创新信息平台的建设与管理，促进中央企业之间科技信息资源的“共建、共享”。

（十七）完善企业科技创新的体制机制。将科技投入纳入全面预算管理，建立科技发展专项资金制度。完善科技考核指标体系，探索将重大科技成果和成果应用与转化纳入企业负责人的业绩考核。

（十九）进一步加强国资委对中央企业科技创新工作的指导与管理。研究提出中央企业科技创新能力评价指标体系和办法，开展创新能力评价。探索并适时开展科技创新奖励活动。建立国资委科技专家库和科技咨询制度。组织开展国家重点科技计划项目的推荐与申报工作。发挥创新型企业的示范作用，总结推广先进经验，推进企业科技创新交流常态化。

（二十）进一步完善国资委支持中央企业科技创新的政策措施。在企业负责人业绩考核指标体系中，进一步完善将中央企业研发费用视同业绩利润的考核政策，按国家有关规定，统一规范中央企业科技投入口径、范围。根据企业主业特点，强化对科技投入和产出的分类考核；根据创建国际一流企业的要求，研究提出进入 A 级企业科技投入的基本条件。探索建立企业科技创新的中长期激励机制，在符合条件的科技型上市公司中开展股票期权、限制性股票等激励试点；在符合条件的科技型非上市企业，开展分红权激励试点。对科研设计企业在工资总额方面实施分类调控。加大国有资本经营预算对科技创新的支持力度，以资本性支出为主，重点支持围绕国家发展战略和国民经济发展的重大科技创新活动，培育和发展战略性新兴产业。

《财政部关于印发〈中央国有资本经营预算重点产业转型升级与发展资金管理办法〉的通知》（财企〔2013〕389 号）：

第六条 产业升级资金主要用于支持装备制造、生物医药、现代种业、钢铁、石化、有色金属等关系国家战略的重点产业转型升级与发展。

第七条 产业升级资金重点支持中央企业依托企业技术和资源整合优势，推动产学研用相结合、关联产业相协调，开展从关键核心技术研发、试验测试、新产品试制、产业化建设到新产品推广、应用及服务的全过程产业升级活动。

第八条 产业升级资金优先支持中央企业牵头组织科研院所或其他企业共同

开展的协同创新项目。

第九条 产业升级资金采取资本投入方式，资本投入额度原则上不超过项目总投资额的 30%。

产业升级资金对单个项目的支持额度一般不超过 3 亿元，对总投资额较大的重点项目，支持额度可适当放宽，最多不超过 5 亿元。

第十条 产业升级资金支持的项目执行期限一般不超过 3 年，最长不超过 5 年。财政部根据项目年度执行计划和实际执行情况，按年度拨付产业升级资金。

第十一条 财政部及有关部门根据国民经济发展状况、产业发展规划和重点，联合发布年度项目申报通知，明确当年资金支持重点，部署项目申报工作。

第十二条 中央企业集团公司按照申报通知要求，根据国家重点产业发展规划，组织所属企业项目申报工作，经审核并按重要性、紧迫性排序后，将申报材料报送财政部。

协同创新项目由牵头组织的中央企业负责项目申报。

《国资委关于加强中央企业知识产权工作的指导意见》（国资发法规〔2009〕100 号）。

《国资委关于印发〈关于加强中央企业品牌建设的指导意见〉的通知》（国资发综合〔2013〕266 号）。

《中央企业节能减排监督管理暂行办法》（国务院国有资产监督管理委员会令第 23 号）。

《关于印发〈关于进一步深化中央企业青年创新创效活动的意见〉的通知》（国资发群工〔2011〕109 号）。

四、建设现代企业制度

《企业财务通则》（中华人民共和国财政部令第 41 号）：

第十四条 企业可以接受投资者以货币资金、实物、无形资产、股权、特定债权等形式的出资。其中，特定债权是指企业依法发行的可转换债券、符合有关规定转作股权的债权等。

企业接受投资者非货币资产出资时，法律、行政法规对出资形式、程序和评估作价等有规定的，依照其规定执行。

企业接受投资者商标权、著作权、专利权及其他专有技术等无形资产出资的，应当符合法律、行政法规规定的比例。

第二十条 企业取得的各类财政资金，区分以下情况处理：（三）属于贷款贴息、专项经费补助的，作为企业收益处理。（五）属于弥补亏损、救助损失或者其他用途的，作为企业收益处理。

第二十六条 企业应当建立固定资产购建、使用、处置制度。

企业自行选择、确定固定资产折旧办法，可以征询中介机构、有关专家的意见，并由投资者审议批准。固定资产折旧办法一经选用，不得随意变更。确需变更的，应当说明理由，经投资者审议批准。

企业购建重要的固定资产、进行重大技术改造，应当经过可行性研究，按照内部审批制度履行财务决策程序，落实决策和执行责任。

第三十八条 企业技术研发和科技成果转化项目所需经费，可以通过建立研发准备金筹措，据实列入相关资产成本或者当期费用。

符合国家规定条件的企业集团，可以集中使用研发费用，用于企业主导产品和核心技术的自主研发。

第四十二条 经营者可以在工资计划中安排一定数额，对企业技术研发、降低能源消耗、治理“三废”、促进安全生产、开拓市场等做出突出贡献的职工给予奖励。

《关于印发〈中央企业全面风险管理指引〉的通知》（国资发改革〔2006〕108号）。

第六条 本指引所称内部控制系统，指围绕风险管理策略目标，针对企业战略、规划、产品研发、投融资、市场运营、财务、内部审计、法律事务、人力资源、采购、加工制造、销售、物流、质量、安全生产、环境保护等各项业务管理及其重要业务流程，通过执行风险管理基本流程，制定并执行的规章制度、程序和措施。

第十二条 在战略风险方面，企业应广泛收集国内外企业战略风险失控导致企业蒙受损失的案例，并至少收集与本企业相关的以下重要信息：

（二）科技进步、技术创新的有关内容；

（六）与主要竞争对手相比，本企业实力与差距；

（七）本企业发展战略和规划、投融资计划、年度经营目标、经营战略，以及编制这些战略、规划、计划、目标的有关依据；

《国资委关于印发〈关于以经济增加值为核心加强中央企业价值管理的指导意见〉的通知》（国资发综合〔2014〕8号）。

《关于进一步推进国有企业贯彻落实“三重一大”决策制度的意见》（中办发〔2010〕17号）。

《中央企业发展战略和规划管理办法（试行）》（国务院国有资产监督管理委员会令第10号）。

《关于进一步推进中央企业信息化工作的意见》（国资发〔2009〕102号）。

五、股权分红激励

《财政部、科技部、国资委关于印发〈国有科技型企业股权和分红激励暂行办法〉的通知》（财资〔2016〕4号）：

第六条　实施股权和分红激励的国有科技型企业应当产权明晰、发展战略明确、管理规范、内部治理结构健全并有效运转，同时具备以下条件：

（一）企业建立了规范的内部财务管理制度和员工绩效考核评价制度。年度财务会计报告经过中介机构依法审计，且激励方案制订近3年（以下简称近3年）没有因财务、税收等违法违规行为受到行政、刑事处罚。成立不满3年的企业，以实际经营年限计算。

（二）对于本办法第二条中的（一）、（二）类企业，近3年研发费用占当年企业营业收入均在3%以上，激励方案制订的上一年度企业研发人员占职工总数10%以上。成立不满3年的企业，以实际经营年限计算。

（三）对于本办法第二条中的（三）类企业，近3年科技服务性收入不低于当年企业营业收入的60%。

上款所称科技服务性收入是指国有科技服务机构营业收入中属于研究开发

及其服务、技术转移服务、检验检测认证服务、创业孵化服务、知识产权服务、科技咨询服务、科技金融服务、科学技术普及服务等收入。

企业成立不满 3 年的，不得采取股权奖励和岗位分红的激励方式。

第七条 激励对象为与本企业签订劳动合同的重要技术人员和经营管理人员，具体包括：

（一）关键职务科技成果的主要完成人，重大开发项目的负责人，对主导产品或者核心技术、工艺流程做出重大创新或者改进的主要技术人员。

（二）主持企业全面生产经营工作的高级管理人员，负责企业主要产品（服务）生产经营的中、高级经营管理人员。

（三）通过省、部级及以上人才计划引进的重要技术人才和经营管理人才。

企业不得面向全体员工实施股权或者分红激励。

企业监事、独立董事不得参与企业股权或者分红激励。

第八条 企业可以通过以下方式解决激励标的股权来源：（一）向激励对象增发股份。（二）向现有股东回购股份。（三）现有股东依法向激励对象转让其持有的股权。

第九条 企业可以采取股权出售、股权奖励、股权期权等一种或多种方式对激励对象实施股权激励。

大、中型企业不得采取股权期权的激励方式。

第十条 大型企业的股权激励总额不超过企业总股本的 5%；中型企业的股权激励总额不超过企业总股本的 10%；小微型企业的股权激励总额不超过企业总股本的 30%，且单个激励对象获得的激励股权不得超过企业总股本的 3%。

企业不能因实施股权激励而改变国有控股地位。

第十二条 企业实施股权奖励，除满足本办法第六条规定外，近 3 年税后利润累计形成的净资产增值额应当占近 3 年年初净资产总额的 20%以上，实施激励当年年初未分配利润为正数。

第十三条 企业用于股权奖励的激励额不超过近 3 年税后利润累计形成的净资产增值额的 15%。企业实施股权奖励，必须与股权出售相结合。

股权奖励的激励对象，仅限于在本企业连续工作 3 年以上的重要技术人员。单个获得股权奖励的激励对象，必须以不低于 1：1的比例购买企业股权，且获得的股权奖励按激励实施时的评估价值折算，累计不超过300万元。

第十四条　企业用于股权奖励的激励额，应当依据经核准或者备案的资产评估结果折合股权，并确定向每个激励对象奖励的股权。

第十五条　企业股权出售或者股权奖励原则上应一次实施到位。

第十六条　小微型企业采取股权期权方式实施激励的，应当在激励方案中明确规定激励对象的行权价格。

第二十一条　激励对象可以采用直接或间接方式持有激励股权。采用间接方式的，持股单位不得与企业存在同业竞争关系或发生关联交易。

第二十二条　股权激励的激励对象，自取得股权之日起，5年内不得转让、捐赠。

第二十三条　在职务科技成果完成、转化后，按照企业规定或者与重要技术人员约定的方式、数额和时限执行。企业制定相关规定，应当充分听取本企业技术人员的意见，并在本企业公开相关规定。

企业未规定、也未与重要技术人员约定的，按照下列标准执行：

（一）将该项职务科技成果转让、许可给他人实施的，从该项科技成果转让净收入或者许可净收入中提取不低于50%的比例。

（二）利用该项职务科技成果作价投资的，从该项科技成果形成的股份或者出资比例中提取不低于50%的比例。

（三）将该项职务科技成果自行实施或者与他人合作实施的，应当在实施转化成功投产后连续3年至5年，每年从实施该项科技成果的营业利润中提取不低于5%的比例。

转让、许可净收入为企业取得的科技成果转让、许可收入扣除相关税费和企业为该项科技成果投入的全部研发费用及维护、维权费用后的金额。企业将同一项科技成果使用权向多个单位或者个人转让、许可的，转让、许可收入应当合并计算。

第二十五条　企业实施岗位分红，除满足本办法第六条规定外，近3年税后利润累计形成的净资产增值额应当占企业近3年年初净资产总额的10%以上，且实施激励当年年初未分配利润为正数。

第二十六条　企业年度岗位分红激励总额不高于当年税后利润的15%。

第二十七条 激励对象应当在该岗位上连续工作 1 年以上，且原则上每次激励人数不超过企业在岗职工总数的 30%。

激励对象获得的岗位分红所得不高于其薪酬总额的 2/3。激励对象自离岗当年起，不再享有原岗位分红权。

第二十八条 岗位分红激励方案有效期原则上不超过 3 年。

第二十九条 企业实施分红激励所需支出计入工资总额，但不受当年本单位工资总额限制、不纳入本单位工资总额基数，不作为企业职工教育经费、工会经费、社会保险费、补充养老及补充医疗保险费、住房公积金等的计提依据。

第三十一条 对同一激励对象就同一职务科技成果或者产业化项目，企业只能采取一种激励方式、给予一次激励。对已按照本办法实施股权激励的激励对象，企业在 5 年内不得再对其实施股权激励。

第四十二条 企业实施激励过程中，应当接受审核单位及财政、科技部门监督。对违反有关法律法规及本办法规定、损害国有资产合法权益的情形，审核单位应当责令企业中止方案实施，并追究相关人员的法律责任。

《关于做好中央科技型企业股权和分红激励工作的通知》（国资发分配〔2016〕274 号）：

企业应当综合考虑职工岗位价值、实际贡献、承担风险和服务年限等因素，重点激励在自主创新和科技成果转化中发挥主要作用的关键核心技术人员和管理人员。

鼓励符合条件的企业优先开展岗位分红激励。科技成果转化和项目收支明确的企业可选择项目分红激励。实施岗位分红激励的，应当明确年度业绩考核指标，除企业处于初创阶段等特殊情况外，原则上各年度净利润增长率应当高于企业实施岗位分红激励近 3 年平均增长水平。

在股权和分红激励起步阶段，同一企业原则上应当以一种方式为主。同一激励对象就同一职务科技成果或产业化项目，只能采取一种激励方式、给予一次激励。

中央企业开展股权和分红激励应当严格执行《暂行办法》有关规定，不得随意降低资格条件。

建立中央科技型企业股权和分红激励实施情况定期报告制度，中央企业应当将年度股权和分红激励实施情况总结报告于次年 2 月底前报送国资委。

中央企业应当将股权和分红激励计划纳入预算管理，在年度财务决算后兑现，其中分红激励总额纳入工资总额预算单列管理。

关于印发《国有控股上市公司（境内）实施股权激励试行办法》的通知（国资发分配〔2006〕175 号）：

第八条　股权激励的方式包括股票期权、限制性股票以及法律、行政法规允许的其他方式。上市公司应以期权激励机制为导向，根据实施股权激励的目的，结合本行业及本公司的特点确定股权激励的方式。

第十一条　股权激励对象原则上限于上市公司董事、高级管理人员以及对上市公司整体业绩和持续发展有直接影响的核心技术人员和管理骨干。

第十二条　实施股权激励的核心技术人员和管理骨干，应根据上市公司发展的需要及各类人员的岗位职责、绩效考核等相关情况综合确定，并须在股权激励计划中就确定依据、激励条件、授予范围及数量等情况做出说明。

第十三条　上市公司母公司（控股公司）的负责人在上市公司担任职务的，可参加股权激励计划，但只能参与一家上市公司的股权激励计划。

在股权授予日，任何持有上市公司 5%以上有表决权的股份的人员，未经股东大会批准，不得参加股权激励计划。

第十四条　在股权激励计划有效期内授予的股权总量，应结合上市公司股本规模的大小和股权激励对象的范围、股权激励水平等因素，在 0.1%～10%合理确定。但上市公司全部有效的股权激励计划所涉及的标的股票总数累计不得超过公司股本总额的 10%。

上市公司首次实施股权激励计划授予的股权数量原则上应控制在上市公司股本总额的 1%以内。

第十五条　上市公司任何一名激励对象通过全部有效的股权激励计划获授的本公司股权，累计不得超过公司股本总额的 1%，经股东大会特别决议批准的除外。

第十七条　授予董事、核心技术人员和管理骨干的股权数量比照高级管理人员的办法确定。各激励对象薪酬总水平和预期股权激励收益占薪酬总水平的比例应根据上市公司岗位分析、岗位测评和岗位职责按岗位序列确定。

第二十二条　在股权激励计划有效期内，每期授予的限制性股票，其禁售期不得低于 2 年。禁售期满，根据股权激励计划和业绩目标完成情况确定激励对象可解锁（转让、出售）的股票数量。解锁期不得低于 3 年，在解锁期内原则上采取匀速解锁办法。

《关于规范国有控股上市公司实施股权激励制度有关问题的通知》（国资发分配〔2008〕171 号）。

《国务院办公厅转发财政部、科技部〈关于国有高新技术企业开展股权激励试点工作的指导意见〉的通知》（国办发〔2002〕48 号）。

《关于高新技术中央企业开展股权激励试点工作的通知》（国资厅发分配〔2004〕23 号）。

《关于取消豁免国有创业投资机构和国有创业投资引导基金国有股转持义务审批事项后有关管理工作的通知》（财资〔2015〕39 号）

六、评价激励

《财政部关于印发〈企业国有资本与财务管理暂行办法〉的通知》（财企〔2001〕325 号）：

第三十四条　企业财务考核与评价以国有资本保值增值能力为核心，内容包括财务效益、资产营运、偿债能力和发展能力四个方面，具体指标和方法，按照《国有资本金效绩评价规则》和《国有资本金效绩评价操作细则》执行。

《中央企业负责人经营业绩考核办法》（国务院国有资产监督管理委员会令第 33 号）：

第八条　坚持创新发展，引导企业深入实施创新驱动发展战略，强化自主创新，加强协同创新，大力推动大众创业万众创新，加快科技成果转化，提升核心竞争力。

第四十二条　对取得重大科技创新成果、承担重大专项任务和社会参与做出突出贡献的，在年度经营业绩考核中给予加分奖励。

第四十三条　对经营业绩优秀及在科技创新、品牌建设、国际化经营、节能减排方面取得突出成绩的，经国资委评定后对企业予以任期激励。

《中央企业科技创新成果经营业绩考核奖励细则（试行）》：

（一）中央企业在考核年度获得国家科学技术进步奖、国家技术发明奖，国资委在年度业绩考核中给予加分奖励。具体加分方法：

1. 中央企业作为第一完成单位，获得国家科学技术进步奖特等奖、国家技术发明奖一等奖考核综合得分每项加 0.6 分；获得国家科学技术进步奖一等奖、国家技术发明奖二等奖考核综合得分每项加 0.4 分。

2. 中央企业作为第二完成单位，获得国家科学技术进步奖特等奖、国家技术发明奖一等奖考核综合得分每项加 0.3 分；获得国家科学技术进步奖一等奖、国家技术发明奖二等奖考核综合得分每项加 0.2 分。

3. 中央企业虽然不是第一、第二完成单位，但除政府部门以外为第一、第二完成单位的，视同第一、第二完成单位加分。

（二）中央企业在考核年度获得中国专利金奖，国资委在年度业绩考核中给予加分奖励，考核综合得分每项加 0.3 分。

（三）中央企业在考核年度主导制定或联合主导制定了由国际标准组织正式发布的国际标准，国资委在年度业绩考核中给予加分奖励。具体加分方法：

1. 中央企业作为主导单位制定国际标准并由国际标准组织正式发布，考核综合得分每项加 0.5 分。

2. 中央企业作为联合主导单位制定国际标准并由国际标准组织正式发布，考核综合得分每项加 0.25 分。

（四）中央企业在考核年度取得多项重大科技创新成果的，年度考核奖励加分可以累计，但累计加分不超过 1 分。同一成果，对同一中央企业只做一次加分。

（五）在任期考核中，对科技创新成果突出的中央企业，授予“科技创新特别奖”。

任期特别奖励主要依据考核任期内科技创新成果加分奖励累计得分（不受年度加分奖励上限限制）的排序情况，按一定比例授予。积分相同的情况下，对“创新型企业（含试点企业）”或被推举为国际标准组织专业技术委员会主席（或秘书）单位的中央企业，优先考虑。

本细则自 2012 年 1 月 1 日起试行。

《关于中央企业计提技术奖酬金和业余设计奖有关问题的通知》（国资分配〔2006〕243号）：

一、按有关政策规范计提的中央企业，可一次性纳入工资总额。

根据《〈国有企业工资总额同经济效益挂钩规定〉的通知》（劳部发〔1993〕161号）中将各种单项奖及其他工资性支出纳入挂钩工资总额基数的有关要求，经国资委核定后，企业可申请将计提的技术奖酬金和业余设计奖一次性纳入工资总额，以后年度只进行技术合同登记，不再另行计提。

纳入工资总额的计提部分应向从事创新劳动的科研设计人员分配，提高科研设计人员的收入水平，并应实行动态化管理，不断强化内部分配的激励功能。

二、对暂不能纳入工资总额管理的企业，严格按政策规定规范计提。

（一）对计提技术奖酬金的企业，技术奖酬金的收入和相应的支出应纳入企业统一核算。技术奖酬金的计提基数为技术合同的净收入，计提比例不得超过技术合同净收入的25%。技术合同净收入是指技术合同收入扣除企业按照财务会计制度规定确认的与合同相关的成本费用后的余额。其中，成本费用包括材料成本、人工成本等直接费用以及分摊的设备折旧费、辅助费用等间接费用。企业不得以技术合同额或技术合同的主营业务利润为基数提取技术奖酬金。将技术合同委托给其他单位完成的收入不得计提技术奖酬金。

（二）对计提业余设计奖的企业，应按有关政策规定，将计提的业余设计奖纳入企业统一核算，并要明确区分设计收入与业余设计收入。业余设计收入直接扣除核定的定额指标后按剩余部分的20%计提业余设计奖。核定的业余设计奖定额指标为业余设计收入（产值），收入定额要大于本企业上年人工成本总额、且人均收入定额要高于本企业上年人均人工成本。付给转包、分包单位的收入不得计提业余设计奖。

（三）企业按有关规定计提的技术奖酬金和业余设计奖是对科研设计人员的奖励和激励，不得将技术奖酬金和业余设计奖转化为全体员工的固定性工资收入，也不得从工资总额中扣减科研设计人员的工资用于其他人员的分配。

（四）同一技术合同或同一技术给不同用户的技术合同不得重复计提技术奖酬金。不得同时计提技术奖酬金和业余设计奖。

《中央企业综合绩效评价管理暂行办法》（国有资产监督管理委员会令第14号）。

《中央科研设计企业实施中长期激励试行办法》（国资发分配〔2007〕86号）：

第五条　科研设计企业实施中长期激励应具备以下条件：（一）产权清晰，主业突出，发展战略及实施计划明确，技术在资产增值中作用明显；（二）内部控制制度和绩效考核体系健全，岗位职责清晰，基础管理制度完善，劳动用工、绩效考核和收入分配制度符合市场竞争要求，人工成本（职工薪酬）管理规范，不再单独计提技术奖酬金和业余设计奖；（三）企业近3年财务会计报告经过中介机构依法审计，被出具无保留意见的审计报告；（四）连续3年经营业绩增长显著（国资委监管企业年度经营业绩考核结果达C级及以上），没有违法违规行为；（五）实施奖励股权（股份）、股票期权、限制性股票为股权激励的科研设计企业应是法人治理结构规范、外部董事（含独立董事）占董事会成员半数以上的公司制企业。（六）以企业近3年净资产增值额实施中长期激励的科研设计企业，近3年税后利润形成的净资产增值额应占企业净资产总额的30%以上，且实施中长期激励时上年经济增加值（EVA）为正值、当年年初未分配利润没有赤字。

第六条　激励方式包括绩效奖励、技术奖励（分成）等非股权激励方式，以及知识产权折价入股、折价出售股权（股份）、奖励股权（股份）、股票期权、限制性股票等法律、行政法规允许的股权激励方式。同一激励对象只能享有一种激励方式，不得重复激励。

第七条　科研设计企业中长期激励对象，应是对企业发展作出突出贡献或对企业中长期发展有直接作用的科技人员和从事研发的管理人员。

已参与上市公司股权激励计划的人员，不再参与本中长期激励计划。

第八条　绩效奖励是指科研设计企业，以近三年税后利润形成的净资产增值额的规定比例作为激励总额，自批准之日起分5个年度匀速兑现，相关支出纳入工资总额管理，在当期费用中列支。兑现期间应以完成经营业绩考核目标为前提，并不得出现亏损。

第九条　符合条件的科研设计企业，可按照《财政部国家发展改革委科技部劳动保障部关于企业实行自主创新激励分配制度的若干意见》（财企〔2006〕383号）的规定，采取知识产权折价入股、折价出售股权、技术奖励或分成等方式对有关人员实施激励。

第十条　科研设计企业根据激励对象的贡献对其实施中长期激励，包括绩效奖励、技术奖励（分成）、折价出售股权和奖励股权（股份）的总额度，不应超过企业近三年税后利润形成的净资产增值额的35%（设计企业不超过25%）；激励对象个人中长期激励的收益水平最高不应超过其薪酬总水平（含中长期激励收益）的40%。

第十一条　科研设计企业以股票期权、限制性股票等为股权激励方式的，激励对象个人中长期激励的预期收益水平最高不应超过其薪酬总水平（含中长期激励预期收益）的40%。兑现时应满足本办法第五条（六）规定的企业业绩条件。

第十二条　科研设计企业按照中长期激励计划计算的激励总额，与本办法规定的所有激励对象允许达到的最高激励水平相比，按照两者的低值确定。

第十三条　激励对象享有的尚未兑现的中长期激励不得转让，不得用于偿还债务或提供担保。

第十四条　企业不得为个人认购股权（股份）垫付款项，不得为个人融资提供担保。

第23章

外资企业政策

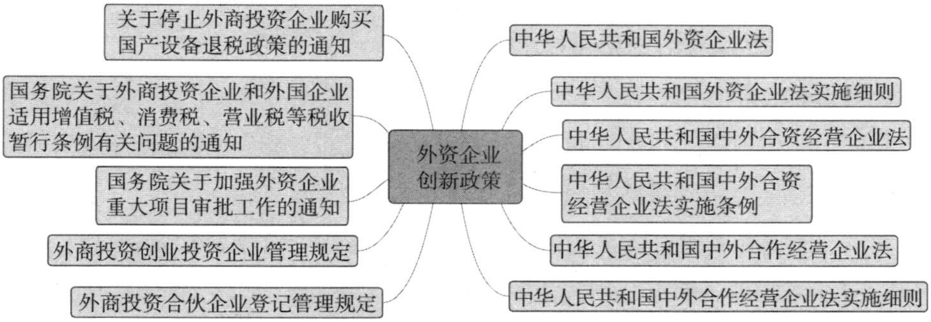

图4-4　外资企业创新政策框架结构

一、中外合资经营企业法

《中华人民共和国中外合资经营企业法》（中华人民共和国主席令第四十八号）：

第五条　合营企业各方可以现金、实物、工业产权等进行投资。

外国合营者作为投资的技术和设备，必须确实是适合我国需要的先进技术和设备。如果有意以落后的技术和设备进行欺骗，造成损失的，应赔偿损失。

《中华人民共和国中外合资经营企业法实施条例》（2011 年 1 月 8 日第四次

修订）：

第二十五条　作为外国合营者出资的工业产权或者专有技术，必须符合下列条件之一：（一）能显著改进现有产品的性能、质量，提高生产效率的；（二）能显著节约原材料、燃料、动力的。

第二十六条　外国合营者以工业产权或者专有技术作为出资，应当提交该工业产权或者专有技术的有关资料，包括专利证书或者商标注册证书的复制件、有效状况及其技术特性、实用价值、作价的计算根据、与中国合营者签订的作价协议等有关文件，作为合营合同的附件。

第二十七条　外国合营者作为出资的机器设备或者其他物料、工业产权或者专有技术，应当报审批机构批准。

第六章　引进技术

第四十条　本条例所称引进技术，是指合营企业通过技术转让的方式，从第三者或者合营者获得所需要的技术。

第四十一条　合营企业引进的技术应当是适用的、先进的，使其产品在国内具有显著的社会经济效益或者在国际市场上具有竞争能力。

第四十二条　在订立技术转让协议时，必须维护合营企业独立进行经营管理的权利，并参照本条例第二十六条的规定，要求技术输出方提供有关的资料。

第四十三条　合营企业订立的技术转让协议，应当报审批机构批准。

技术转让协议必须符合下列规定：

（一）技术使用费应当公平合理。

（二）除双方另有协议外，技术输出方不得限制技术输入方出口其产品的地区、数量和价格。

（三）技术转让协议的期限一般不超过 10 年。

（四）技术转让协议期满后，技术输入方有权继续使用该项技术。

（五）订立技术转让协议双方，相互交换改进技术的条件应当对等。

（六）技术输入方有权按自己认为合适的来源购买需要的机器设备、零部件和原材料。

（七）不得含有为中国的法律、法规所禁止的不合理的限制性条款。

二、中外合作经营企业

《中华人民共和国中外合作经营企业法》（中华人民共和国主席令第四十号）：

第四条　国家鼓励举办产品出口的或者技术先进的生产型合作企业。

《科技类民办非企业单位登记审查与管理暂行办法》（国科发政字209号）：

外资企业在华设立的研发机构鼓励申请成立科技类民办非企业单位。

三、外商投资合伙企业

《外商投资合伙企业登记管理规定》：

国家鼓励具有先进技术和管理经验的外国企业或者个人在中国境内设立合伙企业，促进现代服务业等产业的发展。

《外商投资产业指导目录》禁止类和标注“限于合资”“限于合作”“限于合资、合作”“中方控股”“中方相对控股”和有外资比例要求的项目，不得设立外商投资合伙企业。

国有独资公司、国有企业、上市公司以及公益性的事业单位、社会团体不得成为普通合伙人。

第十五条　以实物、知识产权、土地使用权或者其他财产权利出资，由全体合伙人协商作价的，应当向企业登记机关提交全体合伙人签署的协商作价确认书；由全体合伙人委托法定评估机构评估作价的，应当向企业登记机关提交中国境内法定评估机构出具的评估作价证明。

四、创业投资

《外商投资创业投资企业管理规定》（中华人民共和国对外贸易经济合作部、中华人民共和国科学技术部、中华人民共和国国家工商行政管理总局、中华人民共和国国家税务总局、中华人民共和国国家外汇管理局令二〇〇三年第2号）：

第三条 本规定所称创业投资是指主要向未上市高新技术企业（以下简称所投资企业）进行股权投资，并为之提供创业管理服务，以期获取资本增值收益的投资方式。

第四条 创投企业可以采取非法人制组织形式，也可以采取公司制组织形式。

第六条 设立创投企业应具备下列条件：

（一）投资者人数在2人以上50人以下；且应至少拥有一个第七条所述的必备投资者。

（二）非法人制创投企业投资者认缴出资总额的最低限额为1000万美元；公司制创投企业投资者认缴资本总额的最低限额为500万美元。除第七条所述必备投资者外，其他每个投资者的最低认缴出资额不得低于100万美元。外国投资者以可自由兑换的货币出资，中国投资者以人民币出资。

（三）有明确的组织形式。

（四）有明确合法的投资方向。

（五）除了将该企业经营活动授予一家创业投资管理公司进行管理的情形外，创投企业应有三名以上具备创业投资从业经验的专业人员。

（六）法律、行政法规规定的其他条件。

第七条 必备投资者应当具备下列条件：

（一）以创业投资为主营业务。

（二）在申请前三年其管理的资本累计不低于1亿美元，且其中至少5000万美元已经用于进行创业投资。在必备投资者为中国投资者的情形下，本款业绩要求为：在申请前三年其管理的资本累计不低于1亿元人民币，且其中至少5000万元人民币已经用于进行创业投资。

（三）拥有3名以上具有3年以上创业投资从业经验的专业管理人员。

（四）如果某一投资者的关联实体满足上述条件，则该投资者可以申请成为必备投资者。本款所称关联实体是指该投资者控制的某一实体、或控制该投资者的某一实体、或与该投资者共同受控于某一实体的另一实体。本款所称控制是指控制方拥有被控制方超过50%的表决权。

（五）必备投资者及其上述关联实体均应未被所在国司法机关和其他相关监

管机构禁止从事创业投资或投资咨询业务或以欺诈等原因进行处罚。

（六）非法人制创投企业的必备投资者，对创投企业的认缴出资及实际出资分别不低于投资者认缴出资总额及实际出资总额的 1%，且应对创投企业的债务承担连带责任；公司制创投企业的必备投资者，对创投企业的认缴出资及实际出资分别不低于投资者认缴出资总额及实际出资总额的 30%。

第十条　创投企业应当在名称中加注创业投资字样。除创投企业外，其他外商投资企业不得在名称中使用创业投资字样。

第三十一条　创投企业可以经营以下业务：

（一）以全部自有资金进行股权投资，具体投资方式包括新设企业、向已设立企业投资、接受已设立企业投资者股权转让以及国家法律法规允许的其他方式。

（二）提供创业投资咨询。

（三）为所投资企业提供管理咨询。

（四）审批机构批准的其他业务。

创投企业资金应主要用于向所投资企业进行股权投资。

第三十二条　创投企业不得从事下列活动：

（一）在国家禁止外商投资的领域投资。

（二）直接或间接投资于上市交易的股票和企业债券，但所投资企业上市后，创投企业所持股份不在此列。

（三）直接或间接投资于非自用不动产。

（四）贷款进行投资。

（五）挪用非自有资金进行投资。

（六）向他人提供贷款或担保，但创投企业对所投资企业 1 年以上的企业债券和可以转换为所投资企业股权的债券性质的投资不在此列（本款规定并不涉及所投资企业能否发行该等债券）。

（七）法律、法规以及创投企业合同禁止从事的其他事项。

第三十三条　投资者应在创投企业合同中约定对外投资期限。

第三十四条　创投企业主要从出售或以其他方式处置其在所投资企业的股权获得收益。

第三十七条 投资者应在合同、章程中约定创投企业的经营期限，一般不得超过 12 年。经营期满，经审批机构批准，可以延期。

五、税收优惠

《财政部、国家税务总局关于停止外商投资企业购买国产设备退税政策的通知》（财税〔2008〕176 号）：

一、自 2009 年 1 月 1 日起，对外商投资企业在投资总额内采购国产设备可全额退还国产设备增值税的政策停止执行。

三、外商投资企业购进的已享受增值税退税政策国产设备的增值税额，不得再作为进项税额抵扣销项税额。

四、外商投资企业购进的已享受增值税退税政策的国产设备，由主管税务机关负责监管，监管期为 5 年。在监管期内，如果企业性质变更为内资企业，或者发生转让、赠送等设备所有权转让情形，或者发生出租、再投资等情形的，应当向主管退税机关补缴已退税款，应补税款按以下公式计算：

应补税款＝国产设备净值×适用税率

国产设备净值是指企业按照财务会计制度计提折旧后计算的设备净值。

《国务院关于外商投资企业和外国企业适用增值税、消费税、营业税等税收暂行条例有关问题的通知》（国发〔1994〕10 号）。

第24章

民营企业政策

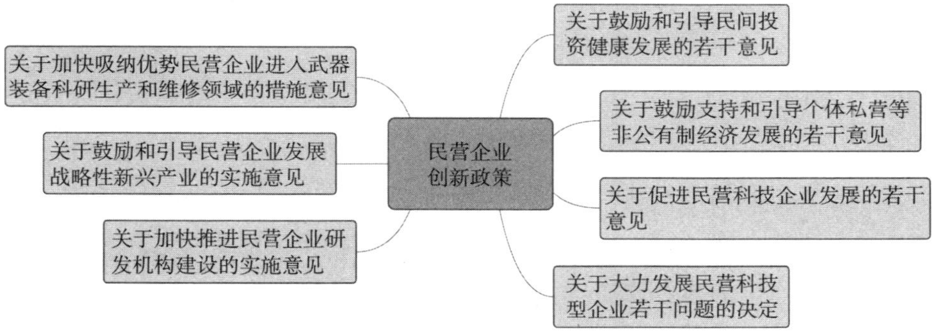

图4-5　民营企业创新政策框架结构

一、自主创新

《国务院关于鼓励和引导民间投资健康发展的若干意见》（国发〔2010〕13号）：

（二十三）贯彻落实鼓励企业增加研发投入的税收优惠政策，鼓励民营企业增加研发投入，提高自主创新能力，掌握拥有自主知识产权的核心技术。帮助民营企业建立工程技术研究中心、技术开发中心，增加技术储备，搞好技术人才培训。支持民营企业参与国家重大科技计划项目和技术攻关，不断提高企业技术水平和研发能力。

（二十四）加快实施促进科技成果转化的鼓励政策，积极发展技术市场，完善科技成果登记制度，方便民营企业转让和购买先进技术。

（二十五）鼓励民营企业加大新产品开发力度，实现产品更新换代。

（二十六）鼓励和引导民营企业发展战略性新兴产业。

《国务院关于鼓励支持和引导个体私营等非公有制经济发展的若干意见》（国发〔2005〕3 号）：

（十七）加强科技创新服务。要加大对非公有制企业科技创新活动的支持，加快建立适合非公有制中小企业特点的信息和共性技术服务平台，推进非公有制企业的信息化建设。大力培育技术市场，促进科技成果转化和技术转让。科技中介服务机构要积极为非公有制企业提供科技咨询、技术推广等专业化服务。引导和支持科研院所、高等院校与非公有制企业开展多种形式的产学研联合。鼓励国有科研机构向非公有制企业开放试验室，充分利用现有科技资源。支持非公有资本创办科技型中小企业和科研开发机构。鼓励有专长的离退休人员为非公有制企业提供技术服务。切实保护单位和个人知识产权。

（二十九）鼓励有条件的企业做强做大。支持发展非公有制高新技术企业，鼓励其加大科技创新和新产品开发力度，努力提高自主创新能力，形成自主知识产权。国家关于企业技术改造、科技进步、对外贸易以及其他方面的扶持政策，对非公有制企业同样适用。

《国家发展改革委关于印发鼓励和引导民营企业发展战略性新兴产业的实施意见的通知》（发改高技〔2011〕1592 号）：

二、战略性新兴产业扶持资金等公共资源对民营企业同等对待。

三、保障民营企业参与战略性新兴产业相关政策制定。各相关部门和各地发展改革委在制定战略性新兴产业相关配套政策、发展规划时，应建立合理的工作机制，采取有效的方式，保障民营企业和相关协会代表参与，并要充分吸纳民营企业的意见和建议。

五、扶持科技成果产业化和市场示范应用。支持民营企业和民间资本参与国家相关科研和产业化计划，开发重大技术和重要新产品。鼓励有条件的民营企业发起或参与相关标准制定。支持民营企业开展具有重大社会效益新产品的市场示范应用。

六、鼓励发展新型业态。鼓励民营企业与民间资本进行商业模式创新，发展合同能源管理、污染治理特许经营、电动汽车充电服务和车辆租赁等相关专业服务和增值服务，发展信息技术服务、生物技术服务、电子商务、数字内容、研发设计服务、检验检测、知识产权和科技成果转化等高技术服务业。

七、引导民间资本设立创业投资和产业投资基金。

二、研发机构

《国家发展改革委科技部印发关于加快推进民营企业研发机构建设的实施意见的通知》（发改高技〔2011〕1901号）：

要积极推进大型民营企业建立专业化的技术（开发）中心。对于已建技术（开发）中心并具备条件的大型民营企业，要按照地方认定企业技术中心的有关规定，积极支持申报省市级企业技术中心。对于大型骨干民营企业的省市级技术中心，要按照国家发展改革委、科技部、财政部、海关总署、国家税务总局等部门联合发布的《国家认定企业技术中心管理办法》有关要求，鼓励申报国家认定企业技术中心。对于符合条件的民营企业国家认定企业技术中心，要按照财政部、海关总署、国家税务总局等部门联合发布的《科技开发用品免征进口税收暂行规定》，及落实相关优惠政策。

推进大型骨干民营企业瞄准产业关键共性技术，与高等院校、科研院所、上下游企业、行业协会等共建行业技术服务中心，推动行业技术进步。国家在科技计划中对符合要求的研究项目给予支持。

国家和地方各类科技计划要加大对民营企业研发机构的支持力度，按照有关规定支持符合条件的民营企业依托研发机构牵头或参与承担相应的科研任务和产业化项目。

要探索以国家和地方重大项目建设为纽带，建立促进民营企业研发机构参与重大技术联合攻关的机制。对民营企业研发机构开展技术创新活动的投入，按国家企业研发经费进行加计抵扣的有关规定，要积极给予落实。

推进有实力的民营企业建立博士后科研工作站、院士工作站，吸引院士、优秀博士到企业研发机构从事科技成果转化和科技创新活动。制订和实施针对民营企业吸引国内优秀创新人才、优秀留学人才和海外科技人才的计划，采取团队引进、核心人才带动等多种方式引进国内外优秀人才参与民营企业研发机构的建设。

三、民营科技型企业

《关于促进民营科技企业发展的若干意见》（国科发政字〔1999〕312 号）。

《关于大力发展民营科技型企业若干问题的决定》（93）国科发改字 348 号。

四、“民参军”

《关于加快吸纳优势民营企业进入武器装备科研生产和维修领域的措施意见》（装计〔2014〕第 809 号）：

（一）实施分类审查准入。

根据装备重要和涉密程度，将装备承制（含承研、承修，下同）单位分为三类。

第一类是武器装备的总体，关键、重要分系统和核心配套产品（即列入国防科工局、总装备部发布的《武器装备科研生产许可目录》内的专业或产品）的承制单位。在通过保密资格认证和质量体系认证基础上对申请企业进行许可审查、资格审查。

第二类是武器装备科研生产许可目录之外的专用装备和一般配套产品的承制单位，只对申请企业进行资格审查，不再进行许可审查和强制性武器装备质量体系认证（需建立武器装备质量管理体系，在资格审查时一并进行审核）。对本类承制单位的保密要求：产品本身不涉密但背景、用途等涉密的，由采购方和承制方签订保密协议；应急或短期生产秘密级产品的，由采购方按照有关保密标准和程序对承制方进行保密审查，签订保密协议，提出保密要求；生产机密级

（含）以上的产品或长期承担涉密武器装备科研生产任务的，实行保密资质认证。

第三类是军选民用产品的承制单位，申请企业需建立国家标准质量管理体系，只进行资格审查（以文件审查形式为主）。对参与军选民用产品招标竞争的企业不设特别资格限制，凡产品及服务符合招标要求的企业均可参加投标，中标企业经资格审查后，可注册第三类装备承制单位资格。

积极鼓励企业自主创新研究，承担装备预研计划中应用基础研究、应用开发研究任务的单位，不需进行资格审查。

（二）建立跨部门审查工作协调机制。

建立保密资格认证、质量体系认证、许可审查和资格审查工作协调机制，明确工作协调组织形式和内容。建立定期协调制度，保证各部门在受理、审查等方面相互协调、同步推进。严格各类审查工作节点时限要求，确保按期完成审查和审批。对于确因程序原因无法及时取得保密资格的第二类装备承制单位，可先行注册装备承制单位资格，并要求企业在签订涉密合同前取得相应的保密资格。

（三）改进质量体系认证工作。

对第一类装备承制单位实施强制性武器装备质量体系认证，第二、第三类装备承制单位可自愿申请武器装备质量体系认证。简化质量体系认证流程，取消认证申请推荐环节，精简认证审批程序，将认证注册周期控制在6个月之内。扩充认证机构数量，吸收通过保密审查、具备良好信誉和较高审核能力的认证机构参与认证。逐步推行质量体系分级认证。

（四）逐步推进许可和承制资格的联合审查。

国防科工局和总装备部修订《武器装备科研生产许可专业（产品）目录》，进一步精简优化许可审查管理范围，经降密处理后向社会公开发布。建立许可审查和资格审查联合审查机制，修订完善相关规章，推进“两证”联合审查。

（五）统一设立资格审查申请受理点。

按照专业类别和地域分布，依托全军各军事代表局或总部有关部门授权的机构，设立军队资格审查申请受理点，并向社会公布。各申请受理点负责对企业承制资格申请材料进行形式审查，明确承制单位类别及受理意见，对企业提出是否需开展许可审查、质量体系认证、保密资格认证及其认证等级提供相关政策法规咨询服务。

（六）规范保密资格认证等级审核工作。

省级国防科技工业管理部门、各军工集团公司总部和军队各资格审查申请受理点，在各自职责范围内。

（七）建立承制单位资质联合监管机制。

构建保密资格认证、质量体系认证、许可审查和资格审查工作联合监管机制，在各管理部门之间建立重大问题、重大情况通报制度。加大军事代表机构对民营企业监管力度，完善合同履约信誉等级评价和年度资格监督报告制度，健全退出管理机制。

（八）取消各类收费制度。

各类审查认证和监督检查均不得收取企业任何费用。加强审查认证从业人员教育和监督，严格控制现场审查人数，严禁变相收费，严禁向企业推销指定的设施设备和培训资料。各主管部门应向社会公开投诉渠道，加强纪律监督和责任追究。

第25章

创新创业服务政策

一、大众创业万众创新

《国务院关于加快构建大众创业万众创新支撑平台的指导意见》（国发〔2015〕53号）：

鼓励中国服务外包示范城市、技术先进型服务企业和服务外包重点联系企业积极应用众包模式。

结合深化国有企业改革，鼓励采用众包模式促进生产方式变革。鼓励中小制造企业通过众包模式构筑产品服务运维体系，提升用户体验，降低运维成本。

规范发展网络借贷。鼓励互联网企业依法合规设立网络借贷平台，为投融资双方提供借贷信息交互、撮合、资信评估等服务。积极运用互联网技术优势构建风险控制体系，缓解信息不对称，防范风险。

加快商事制度改革，支持各地结合实际放宽新注册企业场所登记条件限制，推动“一址多照”、集群注册等住所登记改革，为创业创新提供便利的工商登记服务。

进一步清理和取消职业资格许可认定，研究建立国家职业资格目录清单管理制度，加强对新设职业资格的管理。

创新财政科技专项资金支持方式，支持符合条件的企业通过众创、众包等方式开展相关科技活动。

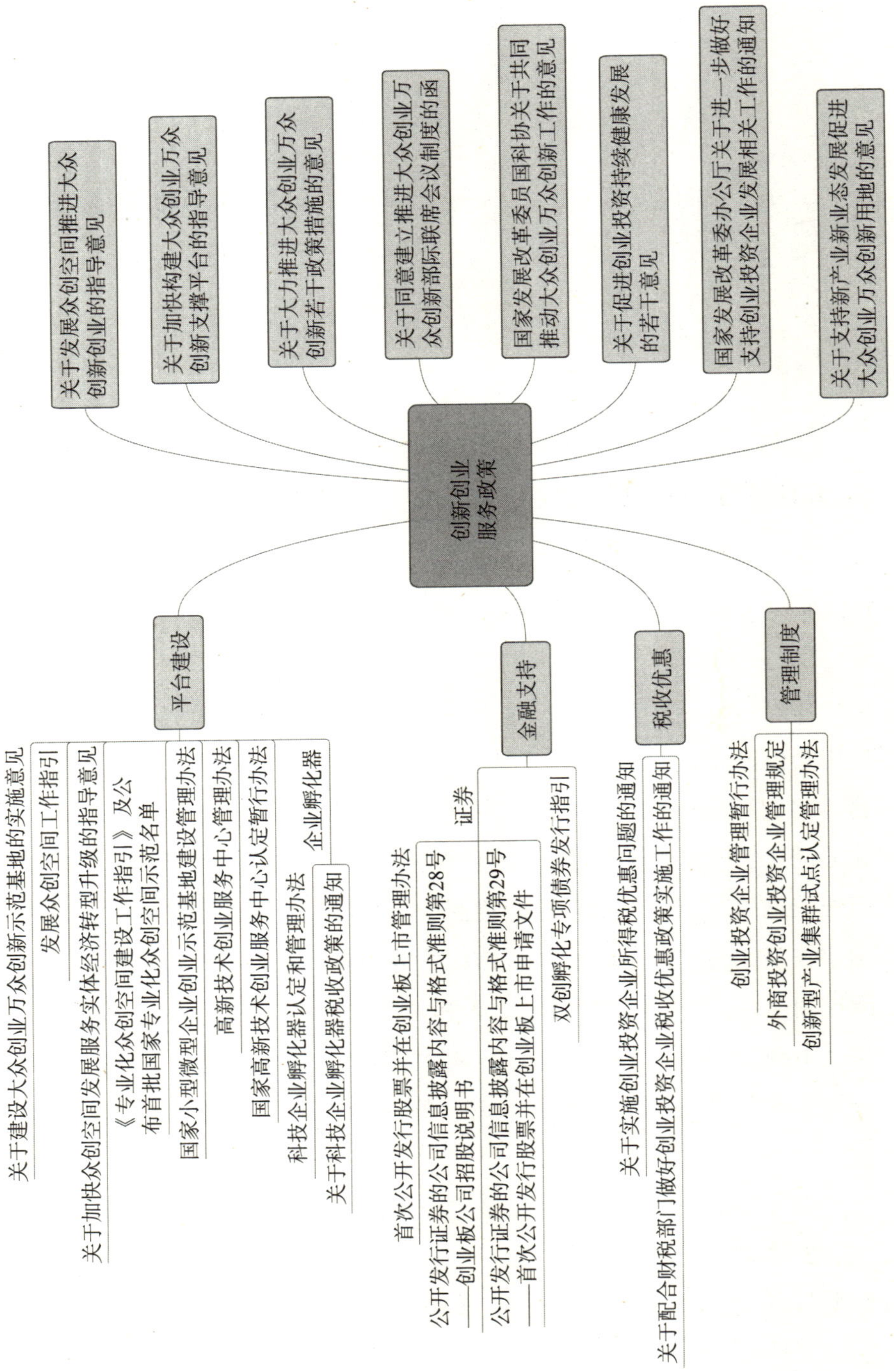

图4-6 创新创业政策框架结构

加快推广使用电子发票，支持四众平台企业和采用众包模式的中小微企业及个体经营者按规定开具电子发票，并允许将电子发票作为报销凭证。对于业务规模较小、处于初创期的从业机构符合现行小微企业税收优惠政策条件的，可按规定享受税收优惠政策。

引导天使投资、创业投资基金等支持四众平台企业发展，支持符合条件的企业在创业板、新三板等上市挂牌。

《国务院关于大力推进大众创业万众创新若干政策措施的意见》（国发〔2015〕32号）：

（二）深化商事制度改革。加快实施工商营业执照、组织机构代码证、税务登记证“三证合一”“一照一码”，落实“先照后证”改革，推进全程电子化登记和电子营业执照应用。建立市场准入等负面清单，破除不合理的行业准入限制。

支持有条件的地方政府设立创业基金，扶持创业创新发展。在确保公平竞争前提下，鼓励对众创空间等孵化机构的办公用房、用水、用能、网络等软硬件设施给予适当优惠，减轻创业者负担。

对符合条件的众创空间等新型孵化机构适用科技企业孵化器税收优惠政策。完善创业投资企业享受70%应纳税所得额税收抵免政策。落实促进高校毕业生、残疾人、退役军人、登记失业人员等创业就业税收政策。

积极研究尚未盈利的互联网和高新技术企业到创业板发行上市制度，推动在上海证券交易所建立战略新兴产业板。加快推进全国中小企业股份转让系统向创业板转板试点。规范发展服务于中小微企业的区域性股权市场，推动建立工商登记部门与区域性股权市场的股权登记对接机制，支持股权质押融资。支持符合条件的发行主体发行小微企业增信集合债等企业债券创新品种。

完善知识产权估值、质押和流转体系，依法合规推动知识产权质押融资、专利许可费收益权证券化、专利保险等服务常态化、规模化发展，支持知识产权金融发展。

（十八）研究探索创业券、创新券等公共服务新模式。有条件的地方继续探索通过创业券、创新券等方式对创业者和创新企业提供社会培训、管理咨询、检验检测、软件开发、研发设计等服务，建立和规范相关管理制度和运行机制，逐步形成可复制、可推广的经验。

《国家发展改革委、中国科协关于共同推动大众创业万众创新工作的意见》（发改高技〔2015〕3065号）：

在国家新兴产业创业投资引导基金运作过程中，在重点领域选择、项目投资咨询等方面充分发挥各级科协、专业学会的优势和资源。中国科协与中国邮储银行等金融机构合作在有条件的地方设立金融服务中心。

《国土资源部、发展改革委、科技部、工业和信息化部、住房城乡建设部、商务部关于支持新产业新业态发展促进大众创业万众创新用地的意见》（国土资规〔2015〕5号）：

优先安排新产业发展用地。对新产业发展快、用地集约且需求大的地区，可适度增加年度新增建设用地指标。（其他政策内容见政策文本）

本文件自下发之日起执行，有效期八年（2015—2022年）。

《国务院关于印发降低实体经济企业成本工作方案的通知》（国发〔2016〕48号）。

《科技部关于印发〈创新型产业集群试点认定管理办法〉的通知》（国科发火〔2013〕230号）。

二、税收优惠

《国务院办公厅关于加快众创空间发展服务实体经济转型升级的指导意见》（国办发〔2016〕7号）：

众创空间发生的研发费用，企业和高校院所委托众创空间开展研发活动以及小微企业受委托或自身开展研发活动发生的研发费用，符合规定条件的可适用研发费用税前加计扣除政策。研究完善科技企业孵化器税收政策，符合规定条件的众创空间可适用科技企业孵化器税收政策。

企业建设众创空间的投入符合相关规定条件的，可享受研发费用加计扣除政策。国有企业对众创空间投入较大且符合有关规定的，可以适用有关科技创新考核政策。

军工技术向民用转移中的二次开发费用，符合相关规定条件的可以适用研发费用加计扣除政策。在符合保密规定的前提下，对向众创空间开放共享的专用设备、实验室等军工设施，按照国家统一政策，根据服务绩效探索建立后补助机制，促进军民创新资源融合共享。

《财政部、国家税务总局关于科技企业孵化器税收政策的通知》（财税〔2016〕89号）：

一、自2016年1月1日至2018年12月31日，对符合条件的孵化器自用以及无偿或通过出租等方式提供给孵化企业使用的房产、土地，免征房产税和城镇土地使用税；自2016年1月1日至2016年4月30日，对其向孵化企业出租场地、房屋以及提供孵化服务的收入，免征营业税；在营业税改征增值税试点期间，对其向孵化企业出租场地、房屋以及提供孵化服务的收入，免征增值税。

二、符合非营利组织条件的孵化器的收入，按照企业所得税法及其实施条例和有关税收政策规定享受企业所得税优惠政策。

《国家税务总局关于实施创业投资企业所得税优惠问题的通知》（国税发〔2009〕87号）：

二、创业投资企业采取股权投资方式投资于未上市的中小高新技术企业2年（24个月）以上，凡符合以下条件的，可以按照其对中小高新技术企业投资额的70%，在股权持有满2年的当年抵扣该创业投资企业的应纳税所得额；当年不足抵扣的，可以在以后纳税年度结转抵扣。

（三）创业投资企业投资的中小高新技术企业，除应按照科技部、财政部、国家税务总局《关于印发〈高新技术企业认定管理办法〉的通知》（国科发火〔2008〕172号）和《关于印发〈高新技术企业认定管理工作指引〉的通知》（国科发火〔2008〕362号）的规定，通过高新技术企业认定以外，还应符合职工人数不超过500人，年销售（营业）额不超过2亿元，资产总额不超过2亿元的条件。

2007年年底前按原有规定取得高新技术企业资格的中小高新技术企业，且在2008年继续符合新的高新技术企业标准的，向其投资满24个月的计算，可自创业投资企业实际向其投资的时间起计算。

三、中小企业接受创业投资之后，经认定符合高新技术企业标准的，应自其被认定为高新技术企业的年度起，计算创业投资企业的投资期限。该期限内中小企业接受创业投资后，企业规模超过中小企业标准，但仍符合高新技术企业标准的，不影响创业投资企业享受有关税收优惠。

三、金融支持

《国务院关于促进创业投资持续健康发展的若干意见》（国发〔2016〕53号）：

鼓励具有资本实力和管理经验的个人通过依法设立一人公司从事创业投资活动。鼓励和规范发展市场化运作、专业化管理的创业投资母基金。

规范发展互联网股权融资平台，为各类个人直接投资创业企业提供信息和技术服务。

按照税收中性、税收公平原则和税制改革方向与要求，统筹研究鼓励创业投资企业和天使投资人投资种子期、初创期等科技型企业的税收支持政策，进一步完善创业投资企业投资抵扣税收优惠政策，研究开展天使投资人个人所得税政策试点工作。

（十三）拓宽创业投资市场化退出渠道。充分发挥主板、创业板、全国中小企业股份转让系统以及区域性股权市场功能，畅通创业投资市场化退出渠道。完善全国中小企业股份转让系统交易机制，改善市场流动性。支持机构间私募产品报价与服务系统、证券公司柜台市场开展直接融资业务。鼓励创业投资以并购重组等方式实现市场化退出，规范发展专业化并购基金。

《国家发展改革委办公厅关于印发〈双创孵化专项债券发行指引〉的通知》（发改办财金〔2015〕2894号）：

三、在偿债保障措施较为完善的基础上，企业申请发行双创孵化专项债券，可适当调整企业债券现行审核政策及《关于全面加强企业债券风险防范的若干意见》中规定的部分准入条件。

（一）允许上市公司子公司发行双创孵化专项债券。

（二）双创孵化专项债券发行主体不受发债指标限制。

（三）对企业尚未偿付的短期高利融资余额占总负债比例不进行限制，但发行人需承诺采取有效的风险隔离措施。

（四）不受“地方政府所属城投企业已发行未偿付的企业债券、中期票据余额与地方政府当年GDP的比值超过12%的，其所属城投企业发债应严格控制”的限制。

四、支持运营情况较好的双创孵化园区经营公司，在偿债保障措施完善的条件下发行双创孵化专项债券用于优化公司债务结构。

六、优化双创孵化专项债券品种方案设计。一是可根据项目资金回流的具体情况科学设计债券发行方案，支持合理灵活设置债券期限、选择权及还本付息方式。二是允许发债企业在偿债保障措施较为完善的情况下，使用不超过50%的募集资金用于偿还银行贷款和补充营运资金。三是积极探索预期收益质押担保方式。四是鼓励发债以委托经营或转让—经营—转让（TOT）等方式，收购已建成的双创孵化项目或配套设施统一经营管理。

七、鼓励双创孵化项目采取“债贷组合”增信方式，由商业银行进行债券和贷款统筹管理。“债贷组合”是按照“融资统一规划、债贷统一授信、动态长效监控、全程风险管理”的模式，由银行为企业制定系统性融资规划，根据项目建设融资需求，将企业债券和贷款统一纳入银行综合授信管理体系，对企业债务融资实施全程管理。

八、积极开展债券品种创新。对于具有稳定偿债资金来源的双创孵化项目，可按照融资-投资建设-回收资金封闭运行的模式，发行项目收益债券；项目回收期较长的，支持发行可续期或超长期债券。

九、支持符合条件的创业投资企业、股权投资企业、双创孵化投资基金发行双创孵化债券，专项用于投资双创孵化项目；支持符合条件的双创孵化投资基金的股东或有限合伙人发行双创孵化专项债券，扩大双创孵化投资基金资本规模。

《首次公开发行股票并在创业板上市管理办法》（中国证券监督管理委员会令第99号）。

《公开发行证券的公司信息披露内容与格式准则第28号——创业板公司招股说明书（2015年修订）》（中国证券监督管理委员会公告2015年第33号）。

《公开发行证券的公司信息披露内容与格式准则第29号——首次公开发行股票并在创业板上市申请文件（2014年修订）》（中国证券监督管理委员会公告〔2014〕29号）。

四、众创空间与示范基地

《国务院办公厅关于发展众创空间推进大众创新创业的指导意见》（国办发〔2015〕9号）：

有条件的地方政府可对众创空间等新型孵化机构的房租、宽带接入费用和用于创业服务的公共软件、开发工具给予适当财政补贴，鼓励众创空间为创业者提供免费高带宽互联网接入服务。

继续办好中国创新创业大赛、中国农业科技创新创业大赛等赛事活动，积极支持参与国际创新创业大赛，为投资机构与创新创业者提供对接平台。

《国务院办公厅关于加快众创空间发展服务实体经济转型升级的指导意见》（国办发〔2016〕7号）：

（三）在重点产业领域发展众创空间。重点在电子信息、生物技术、现代农业、高端装备制造、新能源、新材料、节能环保、医药卫生、文化创意和现代服务业等产业领域先行先试，针对产业需求和行业共性技术难点，在细分领域建设众创空间。

（四）鼓励龙头骨干企业围绕主营业务方向建设众创空间。

（五）鼓励科研院所、高校围绕优势专业领域建设众创空间。

（六）建设一批国家级创新平台和双创基地。

（八）实行奖励和补助政策。有条件的地方要综合运用无偿资助、业务奖励等方式，对众创空间的办公用房、用水、用能、网络等软硬件设施给予补助。支持国家科技基础条件平台为符合条件的众创空间提供服务。符合条件的众创空间可以申报承担国家科技计划项目。

发挥财政资金的杠杆作用，采用市场机制引导社会资金和金融资本进入技术创新领域，支持包括中国创新创业大赛优胜项目在内的创新创业项目和团队，推动众创空间发展。

《科技部关于印发〈专业化众创空间建设工作指引〉及公布首批国家专业化众创空间示范名单的通知》（国科发高〔2016〕231号）：

专业化众创空间应具备以下基本条件：一是以服务科技型创新创业为宗旨；

二是具备完善的专业化研究开发和产业化条件；三是具有开放式的互联网线上平台；四是具有活跃的创新和创业群体，；五是具有创新导师、创业导师服务能力；六是具有创业投资基金或创新基金，或与天使投资、创投机构等合作设立股权投资基金；七是专业化众创空间与建设主体之间具有良性互动机制。

建设主体结合自身基础条件和发展定位，创办针对细分产业领域、具有专业服务能力的专业化众创空间，着重围绕以下任务开展建设工作：一是有效聚焦专业细分领域的创新创业。二是积极提供结合行业特征的科研条件和配套服务。三是不断加强机制体制创新。四是注重构筑完整的创业孵化链条。五是大力促进建设机构业务转型升级和持续创新。六是加快提升国际化发展水平。

为持续推动专业化众创空间的发展，采取备案制对专业化众创空间进行管理。备案流程如下：

1. 由省级科技主管部门指导本地区专业化众创空间建设工作。条件成熟时可组织国家专业化众创空间备案申报工作，并进行形式审查后择优向科技部推荐。

2. 科技部对以公函形式报送的专业化众创空间申报材料，按照有关标准和条件审核后确定备案名单，向社会予以公布。

《科技部关于印发〈发展众创空间工作指引〉的通知》（国科发火〔2015〕297号）：

各类社会组织和有志于服务大众创新创业的个人，都可以根据各自的发展目标和资源禀赋，创办各具特色的众创空间。

发展众创空间重在完善和提升创新创业服务功能，要通过便利化、全方位、高质量的创业服务，让更多人参与创新创业，让更多人能够实现成功创业：（一）集聚创新创业者；（二）提供技术创新服务；（三）强化创业融资服务；（四）开展创业教育培训；（五）建立创业导师队伍；（六）举办创新创业活动；（七）链接国际创新资源；（八）集成落实创业政策。

《国务院办公厅关于建设大众创业万众创新示范基地的实施意见》（国办发〔2016〕35号）：

深化网上并联审批和纵横协同监管改革，推行政务服务事项的“一号申请、一窗受理、一网通办”。

开展知识产权综合执法，建立知识产权维权援助网点和快速维权通道，将侵犯知识产权行为情况纳入信用记录，归集到全国信用信息共享平台，构建失信联合惩戒机制。

落实新修订的高新技术企业认定管理办法，充分考虑互联网企业特点，支持互联网企业申请高新技术企业认定并享受相关政策。

有限合伙制创业投资企业采取股权投资方式投资于未上市中小高新技术企业满 2 年的，该有限合伙制创业投资企业的法人合伙人可享受企业所得税优惠。居民企业转让 5 年以上非独占许可使用权取得的技术转让所得，可享受企业所得税优惠。

开展外国人才永久居留及出入境便利服务试点，建设海外人才离岸创业基地。

建设区域示范基地、高校和科研院所示范基地、企业示范基地。

《关于印发〈高新技术创业服务中心管理办法〉的通知》（国科发火字〔2005〕15 号）：

第九条　申报国家高新技术创业服务中心，应当具备下列条件：

1. 发展方向明确，符合本办法第二条所规定的条件；

2. 领导班子得力，机构设置合理，管理人员中具有大专以上学历的占 70%以上；

3. 可自主支配场地面积在 10　000 平方米以上（如是专业技术型创业中心，则可自主支配场地面积 5000 平方米以上)，其中孵化企业使用的场地占 2/3 以上；

4. 服务设施齐备，服务功能强，可为企业提供商务、资金、信息、咨询、市场、培训、技术开发与交流、国际合作等多方面的服务；

5. 管理规范，具有严格的财务管理制度，自身及在孵企业的统计数据齐全，并至少连续 2 年按科学技术部要求上报相关统计数据；

6. 在创业中心自主支配场地内的在孵企业达 80 家以上（如是专业技术型创业中心，则在孵企业应达 50 家以上）；

7. 累计毕业企业在 25 家以上，年度毕业企业数与在孵企业数之比在 5%以上，毕业企业及在孵企业为社会提供 1000 个以上的就业机会（如是专业技术型创业中心，则年度毕业企业数与在孵企业数之比在 3%以上，毕业企业及在孵企业为社会提供500个以上的就业机会）；

8. 创业中心自身拥有300万元以上的种子资金或孵化资金，并与创业投资、担保机构等建立了正常的业务联系；

9. 实际运营时间在3年以上，经营状况良好；

10. 专业技术型创业中心自身应具备专业技术平台或专业化的中试基地，并具备专业化的技术咨询、专业化的管理培训能力。

第十条 进入国家高新技术创业服务中心的孵化企业应当具备以下条件：

1. 企业注册地及办公场所必须在创业中心的孵化场地内；

2. 属新注册企业或申请进入创业中心前企业成立时间不到2年，

3. 企业在创业中心孵化的时间一般不超过3年；

4. 企业注册资金一般不得超过200万元；

5. 属迁入企业的，上年营业收入一般不得超过200万元；

6. 企业租用创业中心孵化场地面积低于1000平方米；

7. 企业从事研究、开发、生产的项目或产品应属于科学技术部等部门颁布的《中国高新技术产品目录》范围；

8. 企业的负责人是熟悉本企业产品研究、开发的科技人员。

第十一条 国家高新技术创业服务中心的毕业企业应当具备以下条件之中至少两条：

1. 经省、自治区、直辖市、计划单列市科委认定为高新技术企业；

2. 有2年以上的运营期，经营状况良好，主导产品有一定的生产规模，年技工贸总收入达500万元以上，且有100万元以上的固定资产和自有资金；

3. 企业建立了现代企业制度和健全的财务制度。

第四章 扶持与促进

第十四条 根据《中华人民共和国中小企业促进法》，各地政府及其相关部门应在规划、用地、财政、税收等方面为创业中心提供政策支持。

第十五条 科学技术部将全国创业中心工作纳入国家科技计划产业化环境建设专项内容，每年安排相应的财政拨款。各级地方科技行政主管部门和高新区管理机构要将创业中心工作纳入当地的科技发展计划，为创业中心的建设和发展提供必要的经费支持。

第十七条 科学技术部和各级科技行政主管部门将不定期对创业中心的工作进行考评，并对在创业中心工作中做出突出贡献的单位和个人给予表彰。

《科技部关于印发〈科技企业孵化器认定和管理办法〉的通知》（国科发高〔2010〕680号）：

第七条 国务院科技行政主管部门负责国家级孵化器的认定工作。

第八条 各省、自治区、直辖市、计划单列市、新疆生产建设兵团科技行政主管部门（以下简称省级科技行政主管部门）负责各地孵化器的认定工作，并依照本办法申请国家级孵化器认定。

第十三条 国务院科技行政主管部门将孵化器工作纳入国家高新技术产业化工作体系。

第十四条 国家级孵化器按照国家政策和文件规定享受相关优惠政策的扶植。

《工业和信息化部关于印发〈国家小型微型企业创业示范基地建设管理办法〉的通知》（工信部企业〔2015〕110号）：

第五条 示范基地的申报主体须同时满足以下基本条件：

（一）经省级中小企业主管部门认定的小企业创业（示范）基地。

（二）入驻小微企业80家以上，从业人员1500人以上，小微企业数占入驻企业总数的80%以上。能够平稳运营，可持续发展。

（三）运营主体具有独立法人资格，成立时间3年以上，经营和信用状况良好；具有健全的管理制度，完整的创业服务流程、收费标准和服务质量保证措施；具有明确的发展规划、年度目标和实施方案。

（四）具有丰富的创业服务经验和较高的管理水平；从事创业服务的人员不少于10人，创业辅导师不少于3人。

（五）服务有特色，业绩突出。为小微企业提供的公益性服务或低收费服务占到总服务量的20%以上；能为小微企业提供一站式、全方位、多层次的服务。

西部地区的示范基地可适当放宽条件。

第六条 示范基地须至少达到以下6项服务功能要求：

（一）基本服务。为入驻小微企业提供生产经营场地、仓储物流、物业及后勤保障等基本服务。

（二）创业辅导。为创业人员或入驻小微企业提供创业咨询、开业指导、创业辅导和培训等服务，年服务企业 50 家次以上。

（三）信息咨询。充分利用信息网络技术手段，形成便于入驻企业查询的、开放的信息服务系统；具有在线服务、线上线下联动功能，线下年服务企业 50 家次以上，年组织开展的相关服务活动 4 次以上。

（四）政务代理。加强与中小企业主管部门、工商、税务、社保等部门沟通协调，提供政务代理服务，年服务企业 50 家次以上。

（五）投融资服务。与银行、担保、风投、小贷、融资服务等各类机构建立合作关系，年服务企业 30 家次以上，年组织融资对接会 4 次以上。

（六）人员培训。为创业人员、企业经营者、专业技术人员和员工提供各类培训，每年 300 人次以上。

（七）技术支持。具有组织技术服务资源的能力，并建立良好的协同服务机制，年开展技术服务活动 4 次以上。

（八）市场营销。组织企业参加各类展览展销、贸易洽谈、产品推介、技术交流与合作等活动，每年 4 次以上。

（九）管理咨询。为企业提供发展战略、财务管理、人力资源、市场营销等咨询服务，年服务企业 20 家次以上。

（十）专业服务。为企业提供法律、会计、专利、审计、评估等服务，年服务企业 20 家次以上。

五、创业投资

《国家发展改革委办公厅关于进一步做好支持创业投资企业发展相关工作的通知》（发改办财金〔2014〕1044 号）：

一、进一步简政放权。国家发展改革委不再承担创业投资企业的具体备案年检工作，将在国家工商行政管理总局注册登记的创业投资企业的备案管理职能，移交至创业投资企业注册所在地省级备案管理部门。承接地管理部门要做好管理职能转移的衔接工作。

三、继续加大国家新兴产业创投计划实施力度。各省级备案管理部门要做好新兴产业创投计划参股创业投资企业的备案管理和服务工作。

四、支持符合条件的创业投资企业发行企业债券。加快审核专项用于投资小微企业的创业投资企业发债申请。支持符合条件的创业投资企业的股东或有限合伙人发行企业债券，用于投资创业投资企业。

六、支持发展天使投资机构。鼓励符合条件的天使投资机构备案为创业投资企业，享受相应扶持政策。

《创业投资企业管理暂行办法》（国家发展和改革委员会等 10 部委令 2005 年第 39 号）：

第九条 创业投资企业向管理部门备案应当具备下列条件：

（一）已在工商行政管理部门办理注册登记。

（二）经营范围符合本办法第十二条规定。

（三）实收资本不低于 3000 万元人民币，或者首期实收资本不低于 1000 万元人民币且全体投资者承诺在注册后的 5 年内补足不低于 3000 万元人民币实收资本。

（四）投资者不得超过 200 人。其中，以有限责任公司形式设立创业投资企业的，投资者人数不得超过 50 人。单个投资者对创业投资企业的投资不得低于 100 万元人民币。所有投资者应当以货币形式出资。

（五）有至少 3 名具备 2 年以上创业投资或相关业务经验的高级管理人员承担投资管理责任。委托其他创业投资企业、创业投资管理顾问企业作为管理顾问机构负责其投资管理业务的，管理顾问机构必须有至少 3 名具备 2 年以上创业投资或相关业务经验的高级管理人员对其承担投资管理责任。

第十二条 创业投资企业的经营范围限于：

（一）创业投资业务。

（二）代理其他创业投资企业等机构或个人的创业投资业务。

（三）创业投资咨询业务。

（四）为创业企业提供创业管理服务业务。

（五）参与设立创业投资企业与创业投资管理顾问机构。

第十三条 创业投资企业不得从事担保业务和房地产业务，但是购买自用房地产除外。

第十四条　创业投资企业可以以全额资产对外投资。其中，对企业的投资，仅限于未上市企业。但是所投资的未上市企业上市后，创业投资企业所持股份的未转让部分及其配售部分不在此限。其他资金只能存放银行、购买国债或其他固定收益类的证券。

第十五条　经与被投资企业签订投资协议，创业投资企业可以以股权和优先股、可转换优先股等准股权方式对未上市企业进行投资。

第十六条　创业投资企业对单个企业的投资不得超过创业投资企业总资产的20％。

第二十三条　国家运用税收优惠政策扶持创业投资企业发展并引导其增加对中小企业特别是中小高新技术企业的投资。

第二十四条　创业投资企业可以通过股权上市转让、股权协议转让、被投资企业回购等途径，实现投资退出。国家有关部门应当积极推进多层次资本市场体系建设，完善创业投资企业的投资退出机制。

《外商投资创业投资企业管理规定》（根据2015年10月28日《商务部关于修改部分规章和规范性文件的决定》修正，内容见外资企业章节）。

《国家发展改革委关于配合财税部门做好创业投资企业税收优惠政策实施工作的通知》（发改财金〔2007〕609号）：

一、根据《税收政策通知》第一条第（一）项规定，各备案管理部门除按《办法》第九条、第十条、第十一条，严格审核创业投资企业的备案条件外，还应重新核查已备案创业投资企业的工商登记名称和经营范围。在2005年11月15日《办法》发布前完成工商登记的，可保留原有工商登记名称，但经营范围须符合《办法》规定。在2005年11月15日《办法》发布后完成工商登记的，应当登记为“创业投资有限责任公司”“创业投资股份有限公司”等专业性创业投资企业。

二、鉴于以往年度各类企业所得税汇算清缴工作的截止日期为4月30日，各级备案管理部门应尽早商财税部门确定核实创业投资企业投资运作是否符合《办法》规定的截止日期，并通知已备案创业投资企业做好税收抵扣的申报工作。

第26章

军民融合科技创新政策

一、国防科技成果转化

《国防科工局关于促进国防科技工业科技成果转化的若干意见》（科工技〔2015〕1230 号）：

二、国防科技工业科技成果转化工作在确保国家安全和保密的前提下，遵照《中华人民共和国促进科技成果转化法》执行。

六、鼓励开展增材制造、智能机器人、工业互联网、节能环保、安全生产、先进设计、试验与测试等先进工业技术的推广应用。积极参加《中国制造2025》，推动国防科技工业强基工程实施。

十、国防科技工业科技成果转化收益全部留归本单位，在对完成和转化科技成果做出重要贡献的人员给予奖励和报酬后，主要用于科学技术研究开发与成果转化等相关工作。奖励和报酬支出部分计入当年本单位工资总额，但不受当年本单位工资总额限制、不纳入工资总额基数。

十一、科技成果完成单位可规定或与科技人员约定奖励和报酬的方式、数额和时限。单位在制定相关规定时应充分听取本单位科技人员意见，并在本单位公开相关规定。

对于未规定也未约定的，按以下标准之一执行：

（一）对转让或许可给他人实施的科技成果，从转让净收入或许可净收入中

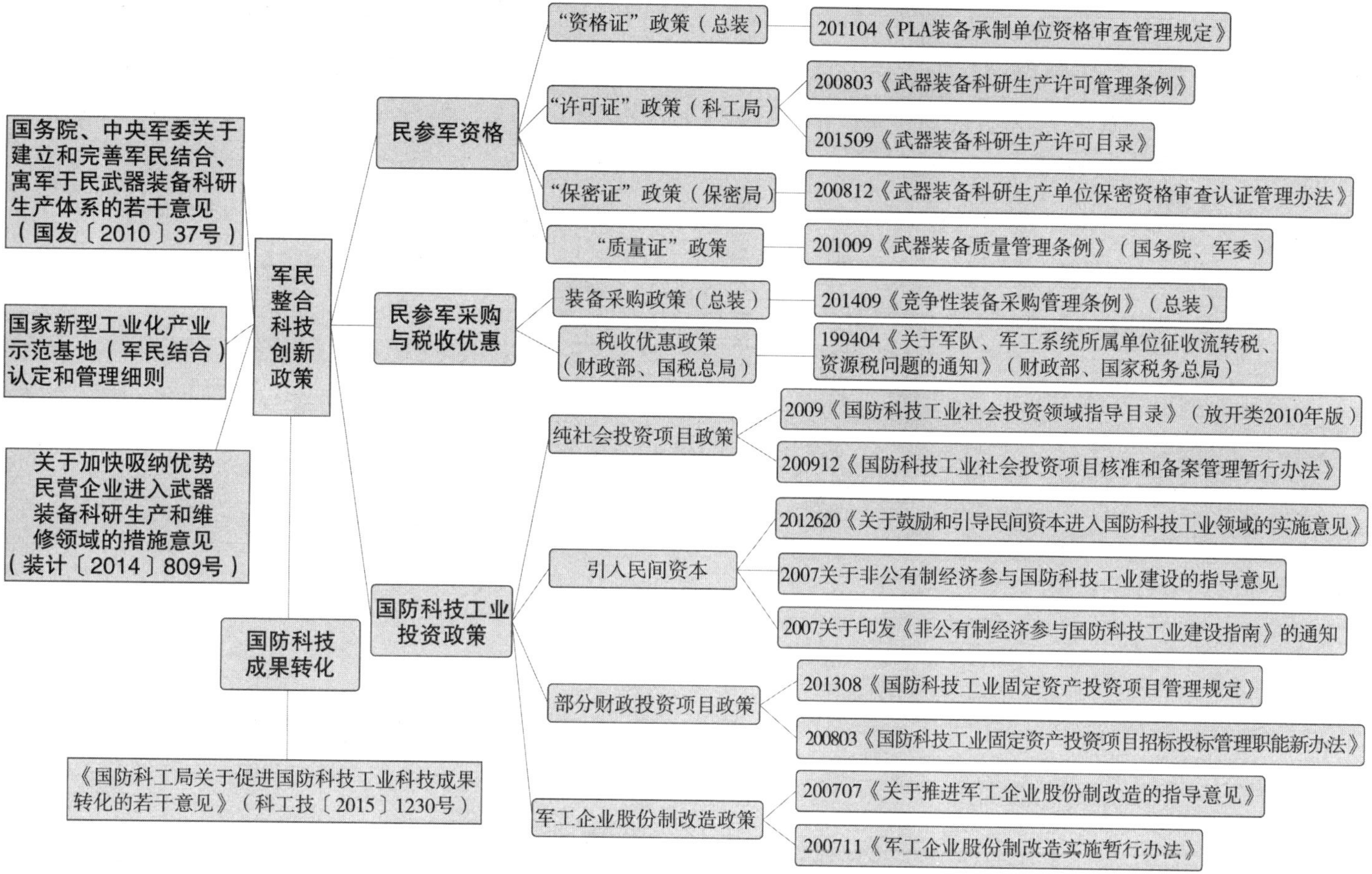

图4-7 军民融合科技创新政策框架结构❶

❶ 本部分政策参考了李研的《军民融合政策》（中国科学技术发展战略研究院报告，2016年）。

提取不低于50%的比例；

（二）对作价投资的科技成果，从该项科技成果形成的股份或出资比例中提取不低于50%的比例；

（三）对自行实施或与他人合作实施的，在实施转化成功投产后连续3～5年，每年从实施该项科技成果的营业利润中提取不低于5%的比例。

十五、科技成果转化的全过程，要确保国家秘密的安全。

十七、国防科工局对推广转化效益好的示范项目通过相关科研计划给予支持；对单位先行投入资金组织开展科技成果转化并取得显著成效的带动性项目，可按照后补偿机制给予相应补助。鼓励各有关单位设立科技成果转化专项资金，支持科技成果转化项目的实施。鼓励和引导社会资金投入，推动科技成果转化资金投入的多元化。

《工信部办公厅、国防科工局综合司关于印发〈军用技术转民用推广目录（2016年度）〉的通知》（工信厅联军民〔2016〕167号）。

《关于推动军工重大试验设施和大型科研仪器向社会开放的通知》（科工计〔2015〕1229号）。

《军工技术转民用科技开发贷款项目管理办法（试行）》（1989年6月7日国家科学技术委员会发布）。

二、民参军技术

《国务院、中央军委关于建立和完善军民结合、寓军于民武器装备科研生产体系的若干意见》（国发〔2010〕37号）：

修订武器装备科研生产许可目录，并面向全社会公开发布，为各类企事业单位参与武器装备科研生产创造条件。

建立健全武器装备科研生产退出制度，解决企事业单位退出武器装备科研生产体系时的安全保密、能力保持、任务接转等问题。

加强武器装备科研生产许可制度、武器装备承制单位资格审查管理制度和武器装备科研生产单位保密资格审查认证制度的协调衔接。

改革现行军品税收政策，按照公平、高效的原则，对从事武器装备科研生产的各类企事业单位执行统一的税收政策。

积极采用先进民用标准，提高武器装备生产标准化和专业化协作水平。

探索建立国防科技工业、军民结合产业投资基金，推动社会资本参与武器装备科研生产和建设。

《国家新型工业化产业示范基地（军民结合）认定和管理细则》（2016 年 7 月 1 日）。

《关于非公有制经济参与国防科技工业建设的指导意见》（科工法〔2007〕179 号）：

鼓励和引导非公有制企业参与军品科研生产任务的竞争和项目合作。非公有制企业可承担武器装备分系统和配套产品研制生产任务，具体承担任务的范围按照国防科技工业主管部门发布的武器装备科研生产许可目录及有关管理办法执行。非公有制企业从事武器装备科研生产许可目录所列产品（技术）科研生产活动，应当取得武器装备科研生产许可。

鼓励非公有制企业通过参股、控股、兼并和收购等多种形式，参与以民为主或从事军民两用产品、一般武器装备及配套产品生产的军工企业改组改制。

鼓励非公有制企业研究开发科技含量高、市场前景好的军民两用高新技术产品，参与民用核能、民用航天、民用飞机、民用船舶等军民结合高技术产业的发展。

非公有制企业申请承担军品科研生产任务或参与军工企业改组改制，应在地方国防科技工业管理部门登记备案；已承担军品科研生产任务或参与军工企业改组改制的，应及时向备案部门报告军品科研生产或改组改制进展情况。

承担军品科研生产任务的非公有制企业，可按有关规定使用由国家投资建设的实验室、军工专用测试和试验设施等现有科技资源条件。

根据非公有制企业承担军品科研生产任务的性质和特点，通过贷款贴息、资本金注入以及租赁、借用、调配等多种方式，为非公有制企业完成重要军品科研生产任务提供必要的保障条件。

完善军品科研生产招投标制度，以鼓励非公有制企业积极参与军品科研生产任务招投标。

及时定向发布相关政策法规、武器装备科研生产许可目录、社会投资领域指导目录、军工企业股份制改造指导目录、军工产品和技术需求、技术标准等信息，指导非公有制企业加强与军工科研生产单位的信息沟通。

《关于印发〈非公有制经济参与国防科技工业建设指南〉的通知》（委办法〔2007〕150号）：

非公有制企业申请或已参与国防科技工业建设的，应在所在地省级国防科技工业管理部门（以下简称地方国防科工委（办））登记。

非公有制企业参与国防科技工业建设所需的相关信息可到地方国防科工委（办）查询，还可通过国防科工委政府网站（www.costind.gov.cn）查询。

非公有制企业承担军品科研生产任务，符合条件的，可将签订的军品科研生产合同及有关材料报送地方国防科工委（办），经审核并签署意见后，报国防科工委经济协调司审核鉴章，由国防科工委财务司会同有关部门按规定办理相关优惠政策。

附件：非公有制经济参与国防科技工业建设有关事项办理程序和说明。

《国防科工委关于进一步推进民用技术向军用转移的指导意见》（科工经〔2007〕885号）：

三、建立民技军用信息发布平台。国防科工委牵头组织并不定期向有关使用部门、军工集团公司及武器装备研制生产单位发布可以应用于武器装备研制生产的先进民用技术信息；根据武器装备科研生产提出的需求，编制可以利用先进民用技术的科研项目指南，并按有关规定发布。

四、逐步扩大武器装备科研生产许可证的发放范围。对列入许可管理目录范围的技术及产品，在审核发放许可证时，给予拥有先进民用技术的单位同等待遇，吸引更多企事业单位参与武器装备科研生产活动。

六、加强民技军用过程中的知识产权保护。先进民用技术在向武器装备科研生产转移过程中，要严格按照国家有关规定依法对其知识产权进行保护和补偿。

八、为民技军用创造公平的政策环境。在任务竞争、投资、税收等方面对承担民技军用任务的单位给予同等政策待遇。

《国防科工局总装备部关于鼓励和引导民间资本进入国防科技工业领域的实施意见》

（科工计〔2012〕733号）：

在许可进入、任务竞争、税收优惠等方面对民间投资主体与国有军工企业实行同等待遇。

民间资本进入国防科技工业的领域包括：武器装备科研生产、国防科技工业投资建设、军工企业改组改制、军民两用技术开发。

《关于推进军工企业股份制改造的指导意见》（科工法〔2007〕546号）。

《关于加快吸纳优势民营企业进入武器装备科研生产和维修领域的措施意见》（装计〔2014〕809号）（内容见本篇第4章民营企业政策“民参军”部分）。

《中国人民解放军装备承制单位资格审查管理规定》（装法〔2015〕2号）。

《武器装备科研生产许可管理条例》（中华人民共和国国务院、中华人民共和国中央军事委员会令第521号）。

《武器装备科研生产许可实施办法》（工业和信息化部、总装备部2010年5月10日）。

《武器装备科研生产单位保密资格审查认证管理办法》（国保发〔2008〕8号）。

《武器装备质量管理条例》（中华人民共和国国务院中华人民共和国中央军事委员会第582号令）。

《国防科技工业社会投资项目核准和备案管理暂行办法》（科工计〔2009〕1516号）。

《国防科技工业社会投资领域指导目录（放开类2010年版）》（科工计〔2009〕1506号）。

第五篇

产业政策

产业创新政策是由政府制定的，主动干预产业技术创新活动的各种政策的集合。

目前产业创新政策数量较大，本书中仅主要包括高新技术企业政策、战略性新兴产业创新政策、软件和集成电路产业政策、动漫产业创新政策、服务业创新政策、农林业创新政策、文体产业创新政策等（见图 5-1）。

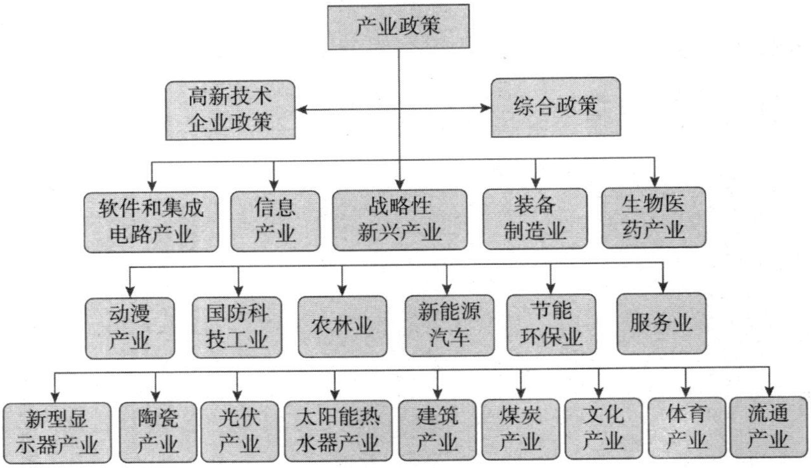

图5-1　产业创新政策框架结构

第27章

综合政策

一、工业升级

《国务院关于促进加工贸易创新发展的若干意见》（国发〔2016〕4号）：

增强企业创新能力。推动加工贸易企业由单纯的贴牌生产（OEM）向委托设计（ODM）、自有品牌（OBM）方式发展。

加快珠三角加工贸易转型升级示范区和东莞、苏州加工贸易转型升级试点城市以及示范企业建设，培育认定一批新的加工贸易转型升级示范企业。支持一批有实力的加工贸易企业培育区域性、行业性自有品牌。培育和建设一批加工贸易梯度转移重点承接地和示范地。

二、工业强基

《工业和信息化部关于加快推进工业强基的指导意见》（工信部规〔2014〕67号）：

实施工业强基工程，持续提升产业链整体水平。以重大工程和重点装备的关键技术和产品开发为突破口，组织实施一批工业强基示范工程，建设一批产业技术基础示范服务平台，实现关键技术和产品的产业化突破，提升重点行业、关键领域产业链整体水平。

制定发布《工业“四基”发展目录》并适时更新。健全完善工业基础领域技术标准和计量技术规范，引导各类要素向工业“四基”领域倾斜。

支持工业“四基”产品推广，及时调整《国内投资项目不予免税的进口商品目录》和享受税收优惠的《重大技术装备和产品进口关键零部件、原材料商品清单》。

三、促进工业设计

《关于促进工业设计发展的若干指导意见》（工信部联产业〔2010〕390 号）：

国家对符合条件的企业设计中心予以认定。鼓励有条件的企业创建工业设计实训基地。鼓励跨国公司和境外著名的工业设计机构来华设立设计中心或分支机构。

培育和认定一批国家级工业设计示范园区，发挥辐射和带动作用。加强公共服务平台建设，吸引工业设计企业、人才、资金等要素向园区集聚。

建立优秀工业设计评奖制度，鼓励工业设计创新。

鼓励和支持公民及法人以工业设计知识产权作价出资创办企业。鼓励在产品或包装等相关物品上标注设计机构或设计者名称。鼓励权利人充分利用知识产权维护自身的合法权益。

中央财政促进服务业发展专项资金、科技型中小企业技术创新基金等，对符合条件的工业设计企业给予支持。有条件的地区可设立工业设计发展专项资金。

四、增强制造业核心竞争力

《国家发展改革委关于实施增强制造业核心竞争力重大工程包的通知》（发改产业

〔2015〕1602号）：

（二）实施方式。鼓励社会资本参与重大工程建设，充分发挥行业骨干企业、科研院所、行业协会等单位的优势，针对不同类型项目特点，分别依托产业联盟、企业联合体、行业骨干企业组织实施。对检验检测能力建设等具有较强外部性、公益性的项目，采用固定资产投资补助等政策性方式支持；对产业化能力建设等具有营利性、竞争性的项目，利用产业投资基金注资等市场化方式支持。

（三）重大项目

1. 轨道交通装备关键技术产业化项目：（1）谱系化动车组研发、示范应用及产业化；（2）城市轨道交通车辆研发、示范应用及产业化；（3）轨道交通控制系统研发、示范应用及产业化。

2. 高端船舶和海洋工程装备关键技术产业化项目：（1）重大产品示范应用；（2）关键设备和系统产业化；（3）智能船厂建设；（4）重大产品研发和试验检测平台建设。

3. 工业机器人关键技术产业化项目：（1）整机系列化产品开发应月及数字化生产方式改造；（2）关键零部件研制及示范应用；（3）第三方检验检测能力建设。

4. 新能源（电动）汽车关键技术产业化项目：（1）新能源汽车整车控制系统产业化；（2）新能源汽车车身和结构轻量化；（3）插电式深度混合动力系统产业化；（4）先进动力电池及其系统集成产业化。

5. 现代农业机械关键技术产业化项目：（1）重点农机装备产业化及示范应用；（2）关键零部件研发及产业化；（3）研发检测能力建设。

6. 高端医疗器械和药品关键技术产业化项目：（1）高端医疗器械研发及产业化；（2）高端药品研发及产业化。

鼓励采用首购、订购等非招标采购以及政府购买服务等方式，支持创新产品推广应用。落实首台（套）重大技术装备保险补偿试点政策，逐步扩大应用范围。规范市场秩序，打破新能源汽车、医疗器械和药品等产品市场分割、地方保护，营造统一、公平、有序的市场环境。

创新中央财政资金安排方式，探索奖励引导、资本金注入等方式，推进重点领域突破关键技术实现产业化，加强检验检测认证等公共服务平台建设。

第28章

高新技术企业政策

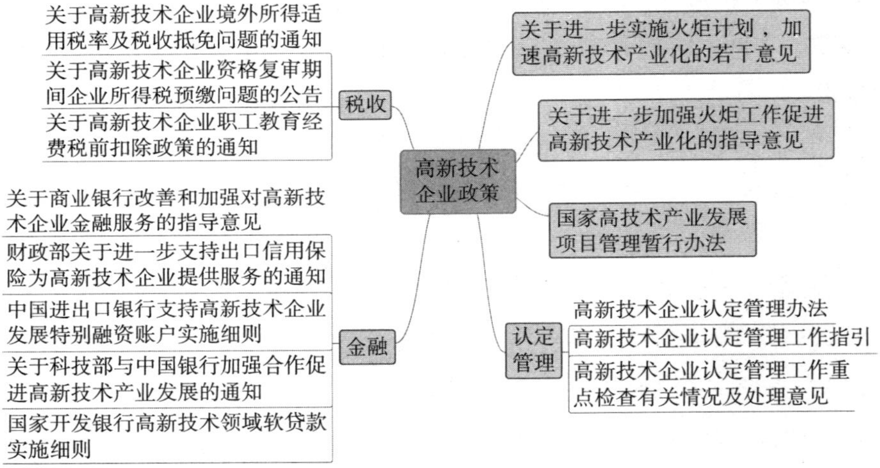

图5-2　高新技术企业政策框架结构

一、高新技术产业化

《关于印发〈关于进一步加强火炬工作 促进高新技术产业化的指导意见〉的通知》（国科发火〔2011〕259号）：

开展“国家高新区创新发展战略提升行动”，把培育战略性新兴产业和推动创新型产业集群发展作为国家高新区的重要任务，完善高新区考核评价体系，将高新区纳入所在地区的经济社会发展总体规划。

实施“创新型产业集群建设工程”，以国家高新区为主要载体，以实施国家科技重大专项为重要抓手，推进战略性新兴产业集群化，建设一批具有国际竞争力的产业集群。

进一步发挥高新技术企业税收优惠政策作用，促进企业持续增加研发投入，提高高新技术产品的开发能力、市场占有率和盈利能力。

发挥创新型企业的示范作用。深入实施国家技术创新工程，根据国家科技发展的重点领域、产业发展需求和节能减排等政策导向，继续加强创新型企业建设工作，推动企业强化创新战略，充分发挥创新型企业的龙头作用。

实施“科技服务体系火炬创新工程”，加大力度发展技术转移机构、科技企业孵化器、生产力促进中心、企业国际化发展机构及其他科技服务机构，加强分类指导，实现骨干服务机构在高新区的重点布局。

《国家高技术产业发展项目管理暂行办法》（中华人民共和国国家发展和改革委员会令第43号）。

二、高新技术企业认定

《科技部、财政部、国家税务总局关于修订印发〈高新技术企业认定管理办法〉通知》（国科发火〔2016〕32号）：

第九条 通过认定的高新技术企业，其资格自颁发证书之日起有效期为三年。

第十一条 认定为高新技术企业须同时满足以下条件：

（一）企业申请认定时须注册成立一年以上；

（二）企业通过自主研发、受让、受赠、并购等方式，获得对其主要产品（服务）在技术上发挥核心支持作用的知识产权的所有权；

（三）对企业主要产品（服务）发挥核心支持作用的技术属于《国家重点支持的高新技术领域》规定的范围；

（四）企业从事研发和相关技术创新活动的科技人员占企业当年职工总数的

比例不低于 10% ；

（五）企业近三个会计年度（实际经营期不满三年的按实际经营时间计算，下同）的研究开发费用总额占同期销售收入总额的比例符合如下要求：

1. 最近一年销售收入小于 5000 万元（含）的企业，比例不低于 5% ；

2. 最近一年销售收入在 5000 万元至 2 亿元（含）的企业，比例不低于 4%；

3. 最近一年销售收入在 2 亿元以上的企业，比例不低于 3%。

其中，企业在中国境内发生的研究开发费用总额占全部研究开发费用总额的比例不低于 60% ；

（六）近一年高新技术产品（服务）收入占企业同期总收入的比例不低于 60% ；

（七）企业创新能力评价应达到相应要求；

（八）企业申请认定前一年内未发生重大安全、重大质量事故或严重环境违法行为。

第十二条 高新技术企业认定程序如下：

（一）企业申请

企业对照本办法进行自我评价。认为符合认定条件的在“高新技术企业认定管理工作网”注册登记，向认定机构提出认定申请。申请时提交下列材料：

1. 高新技术企业认定申请书；

2. 证明企业依法成立的相关注册登记证件；

3. 知识产权相关材料、科研项目立项证明、科技成果转化、研究开发的组织管理等相关材料；

4. 企业高新技术产品（服务）的关键技术和技术指标、生产批文、认证认可和相关资质证书、产品质量检验报告等相关材料；

5. 企业职工和科技人员情况说明材料；

6. 经具有资质的中介机构出具的企业近三个会计年度研究开发费用和近一个会计年度高新技术产品（服务）收入专项审计或鉴证报告，并附研究开发活动说明材料；

7. 经具有资质的中介机构鉴证的企业近三个会计年度的财务会计报告（包括会计报表、会计报表附注和财务情况说明书）；

8. 近三个会计年度企业所得税年度纳税申报表。

（二）专家评审

（三）审查认定

第十四条　对于涉密企业，按照国家有关保密工作规定，在确保涉密信息安全的前提下，按认定工作程序组织认定。

《科技部、财政部、国家税务总局关于修订印发〈高新技术企业认定管理工作指引〉的通知》（国科发火〔2016〕195 号）：

全国高新技术企业认定管理工作领导小组办公室设在科技部火炬高技术产业开发中心，由科技部、财政部、税务总局相关人员组成，负责处理日常工作。

各省、自治区、直辖市、计划单列市科技行政管理部门同本级财政、税务部门组成本地区高新技术企业认定管理机构（以下称“认定机构”）。

专项审计报告或鉴证报告应由符合以下条件的中介机构出具。

自认定当年起，企业可持“高新技术企业”证书及其复印件，按照《企业所得税法》及《实施条例》《中华人民共和国税收征收管理法》（以下称《税收征管法》）、《中华人民共和国税收征收管理法实施细则》（以下称《实施细则》）、《认定办法》和本《工作指引》等有关规定，到主管税务机关办理相关手续，享受税收优惠。

高新技术企业资格期满当年内，在通过重新认定前，其企业所得税暂按15％的税率预缴，在年度汇算清缴前未取得高新技术企业资格的，应按规定补缴税款。

附表 2：企业年度研究开发费用结构明细表（按近三年每年分别填报）

年度　　　　　　　　　　　　　　　　　　　　　　单位：万元

研发项目编号 / 累计发生额 / 科目	RD01	RD02	RD03	…	RD…	合计
内部研究开发费用						
其中：人员人工费用						
直接投入费用						
折旧费用与长期待摊费用						

续表

科目 \ 累计发生额 \ 研发项目编号	RD01	RD02	RD03	…	RD…	合计
无形资产摊销费用						
设计费用						
装备调试费用与试验费用						
其他费用						
委托外部研究开发费用						
其中：境内的外部研发费用						
研究开发费用（内、外部）小计						

企业填报人签字：　　　　　　　　　　日　期：

《科技部、财政部、国家税务总局关于高新技术企业认定管理工作重点检查有关情况及处理意见的通知》（国科发火〔2015〕299 号）。

三、税收减免

《科技部、财政部、国家税务总局关于修订印发〈高新技术企业认定管理办法〉的通知》（国科发火〔2016〕32 号）：

第十条　企业获得高新技术企业资格后，自高新技术企业证书颁发之日所在年度起享受税收优惠，可依照本办法第四条的规定到主管税务机关办理税收优惠手续。

《科技部、财政部、国家税务总局关于修订印发〈高新技术企业认定管理工作指引〉的通知》（国科发火〔2016〕195 号）：

2016 年 1 月 1 日前已按《高新技术企业认定管理办法》（国科发火〔2008〕172 号，以下称 2008 版《认定办法》）认定的仍在有效期内的高新技术企业，其资格依然有效，可依照《企业所得税法》及其实施条例等有关规定享受企业所得税优惠政策。

《关于高新技术企业境外所得适用税率及税收抵免问题的通知》（财税〔2011〕47号）：

一、以境内、境外全部生产经营活动有关的研究开发费用总额、总收入、销售收入总额、高新技术产品（服务）收入等指标申请并经认定的高新技术企业，其来源于境外的所得可以享受高新技术企业所得税优惠政策，即对其来源于境外所得可以按照15%的优惠税率缴纳企业所得税，在计算境外抵免限额时，可按照15%的优惠税率计算境内外应纳税总额。

二、上述高新技术企业境外所得税收抵免的其他事项，仍按照财税〔2009〕125号文件的有关规定执行。

《国家税务总局关于高新技术企业资格复审期间企业所得税预缴问题的公告》（国家税务总局公告2011年第4号）：

高新技术企业应在资格期满前三个月内提出复审申请，在通过复审之前，在其高新技术企业资格有效期内，其当年企业所得税暂按15%的税率预缴。

《财政部、国家税务总局关于高新技术企业职工教育经费税前扣除政策的通知》（财税〔2015〕63号）：

高新技术企业发生的职工教育经费支出，不超过工资薪金总额8%的部分，准予在计算企业所得税应纳税所得额时扣除；超过部分，准予在以后纳税年度结转扣除。

四、金融支持

《中国银行业监督管理委员会关于商业银行改善和加强对高新技术企业金融服务的指导意见》（银监发〔2006〕94号）：

第四条　商业银行应当重点加强和改善对以下高新技术企业的服务，根据国家产业政策和投资政策，积极给予信贷支持：

（一）承担《国家中长期科学和技术发展规划纲要（2006—2020年）》确定的“重点领域及其优先主题”“重大专项”和“前沿技术”开发任务的企业；

（二）担负有经国家有权部门批准的国家和省级立项的高新技术项目，拥有自主知识产权、有望形成新兴产业的高新技术成果转化项目和科技成果商品化及产业化较成熟的企业；

（三）属于电子与信息（尤其是软件和集成电路）、现代农业（尤其是农业科技产业化以及农业科研院所技术推广项目）、生物工程和新医药、新材料及应用、先进制造、航空航天、新能源与高效节能、环境保护、海洋工程、核应用技术等高技术含量、高附加值、高成长性行业的企业；

（四）产品技术处于国内领先水平，具备良好的国内外市场前景，市场竞争力较强，经济效益和社会效益较好且信用良好的企业；

（五）符合国家产业政策，科技含量较高、创新性强、成长性好，具有良好产业发展前景的科技型小企业。尤其是国家高新技术产业开发区内，或在高新技术开发区外但经过省级以上科技行政管理部门认定的，从事新技术、新工艺研究、开发、应用的科技型小企业。

第五条 商业银行拟提供授信的高新技术企业，应当同时满足以下条件：

（一）符合国家有关法律法规、产业政策以及国家制定的重点行业规划和《国家中长期科学和技术发展规划纲要（2006—2020 年）》等相关要求；

（二）经国家批准的有关项目，其资本金、土地占用标准、环境保护、能源消耗、生产安全等方面符合相关要求；

（三）知识产权归属明晰、无重大知识产权纠纷的企业；

（四）产权清晰，建立了良好的公司治理结构、规范的内部管理制度和健全的财务管理制度，管理层具有较强的市场开拓能力和较高的经营管理水平，并有持续创新意识，具有较强的偿债能力和抗风险能力的企业；

（五）符合商业银行现行授信制度、内部控制和风险管理要求及商业银行认为应当满足的其他条件。

第九条 商业银行应当根据高新技术企业融资需求和现金流量特点，设定合理的授信期限和还款方式，可采取分期定额、利随本清、灵活地附加必要宽限期（期内只付息不还本）等还款方式。

《中国进出口银行支持高新技术企业发展特别融资账户实施细则》（进出银〔2006〕120 号）：

第十一条 特别融资账户的投资对象主要是处于种子期、起步期、成长期和扩展期的企业。

第十二条 特别融资账户须遵守以下投资限制：

（一）对创业企业的投资期限一般不超过10年，特殊情况下可以延长；

（二）对单个创业企业投资额原则上不超过特别融资账户总规模的10%，但特殊情况除外；

（三）不得投资于上市公司的股票，但因所投资企业上市而持有的部分及其增资配股增加的部分不受此限；

（四）以直接或间接投资方式拥有的股权资产原则上不低于特别融资账户已投资总资产的70%。实际投资之前或投资过程中的间歇资金可以银行存款、政府债券及其他中国人民银行认可的货币性金融工具的形式持有。

《财政部关于进一步支持出口信用保险为高新技术企业提供服务的通知》（财金〔2006〕118号）。

《关于科技部与中国银行加强合作促进高新技术产业发展的通知》（国科发财〔2009〕620号）。

《关于印发〈国家开发银行高新技术领域软贷款实施细则〉的通知》（开行发〔2006〕399号）。

第29章

软件和集成电路产业

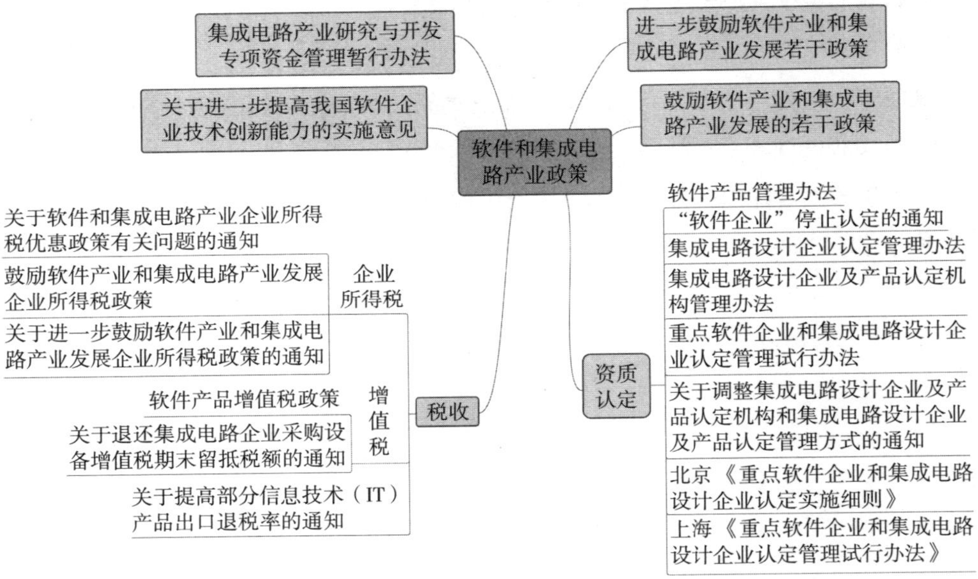

图5-3 软件和集成电路产业政策框架结构

一、软件企业认定

《工业和信息化部、国家税务总局关于 2014 年度软件企业所得税优惠政策有关事项

的通知》（工信部联软函〔2015〕273号）：

一、根据《国务院关于取消和调整一批行政审批项目等事项的决定》（国发〔2015〕11号）的规定，自该决定发布之日起软件企业认定及年审工作停止执行。

二、已认定的软件企业在2014年度企业所得税汇算清缴时，凡符合《财政部、国家税务总局关于进一步鼓励软件产业和集成电路产业发展企业所得税政策的通知》（财税〔2012〕27号）规定的优惠政策适用条件的，可申报享受软件企业税收优惠政策，并向主管税务机关报送相关材料。

《财政部、国家税务总局、发展改革委、工业和信息化部关于软件和集成电路产业企业所得税优惠政策有关问题的通知》（财税〔2016〕49号）：

四、财税〔2012〕27号文件所称软件企业是指以软件产品开发销售（营业）为主营业务并同时符合下列条件的企业：

（一）在中国境内（不包括港、澳、台地区）依法注册的居民企业。

（二）汇算清缴年度具有劳动合同关系且具有大学专科以上学历的职工人数占企业月平均职工总人数的比例不低于40%，其中研究开发人员占企业月平均职工总数的比例不低于20%。

（三）拥有核心关键技术，并以此为基础开展经营活动，且汇算清缴年度研究开发费用总额占企业销售（营业）收入总额的比例不低于6%；其中，企业在中国境内发生的研究开发费用金额占研究开发费用总额的比例不低于60%。

（四）汇算清缴年度软件产品开发销售（营业）收入占企业收入总额的比例不低于50%（嵌入式软件产品和信息系统集成产品开发销售（营业）收入占企业收入总额的比例不低于40%），其中：软件产品自主开发销售（营业）收入占企业收入总额的比例不低于40%（嵌入式软件产品和信息系统集成产品开发销售（营业）收入占企业收入总额的比例不低于30%）。

（五）主营业务拥有自主知识产权。

（六）具有与软件开发相适应软硬件设施等开发环境（如合法的开发工具等）。

（七）汇算清缴年度未发生重大安全、重大质量事故或严重环境违法行为。

六、财税〔2012〕27号文件所称国家规划布局内重点软件企业是除符合本通知第四条规定，还应至少符合下列条件中的一项：

（一）汇算清缴年度软件产品开发销售（营业）收入不低于2亿元，应纳税所得额不低于1000万元，研究开发人员占企业月平均职工总数的比例不低于25%。

（二）在国家规定的重点软件领域内，汇算清缴年度软件产品开发销售（营业）收入不低于5000万元，应纳税所得额不低于250万元，研究开发人员占企业月平均职工总数的比例不低于25%，企业在中国境内发生的研究开发费用金额占研究开发费用总额的比例不低于70%。

（三）汇算清缴年度软件出口收入总额不低于800万美元，软件出口收入总额占本企业年度收入总额比例不低于50%，研究开发人员占企业月平均职工总数的比例不低于25%。

七、国家规定的重点软件领域及重点集成电路设计领域，由国家发展改革委、工业和信息化部会同财政部、税务总局根据国家产业规划和布局确定，并实行动态调整。

《软件产品管理办法》（中华人民共和国工业和信息化部令第9号）。

二、集成电路企业认定

《财政部、国家税务总局、发展改革委、工业和信息化部关于软件和集成电路产业企业所得税优惠政策有关问题的通知》（财税〔2016〕49号）：

二、财税〔2012〕27号文件所称集成电路生产企业，是指以单片集成电路、多芯片集成电路、混合集成电路制造为主营业务并同时符合下列条件的企业：

（一）在中国境内（不包括港、澳、台地区）依法注册并在发展改革、工业和信息化部门备案的居民企业。

（二）汇算清缴年度具有劳动合同关系且具有大学专科以上学历职工人数占企业月平均职工总人数的比例不低于40%，其中研究开发人员占企业月平均职工总数的比例不低于20%。

（三）拥有核心关键技术，并以此为基础开展经营活动，且汇算清缴年度研究开发费用总额占企业销售（营业）收入（主营业务收入与其他业务收入之和，下同）总额的比例不低于 5%；其中，企业在中国境内发生的研究开发费用金额占研究开发费用总额的比例不低于 60%。

（四）汇算清缴年度集成电路制造销售（营业）收入占企业收入总额的比例不低于 60%。

（五）具有保证产品生产的手段和能力，并获得有关资质认证（包括 ISO 质量体系认证）。

（六）汇算清缴年度未发生重大安全、重大质量事故或严重环境违法行为。

三、财税〔2012〕27 号文件所称集成电路设计企业是指以集成电路设计为主营业务并同时符合下列条件的企业：

（一）在中国境内（不包括港、澳、台地区）依法注册的居民企业。

（二）汇算清缴年度具有劳动合同关系且具有大学专科以上学历的职工人数占企业月平均职工总人数的比例不低 40%，其中研究开发人员占企业月平均职工总数的比例不低于 20%。

（三）拥有核心关键技术，并以此为基础开展经营活动，且汇算清缴年度研究开发费用总额占企业销售（营业）收入总额的比例不低于 6%；其中，企业在中国境内发生的研究开发费用金额占研究开发费用总额的比例不低于 60%。

（四）汇算清缴年度集成电路设计销售（营业）收入占企业收入总额的比例不低于 60%，其中集成电路自主设计销售（营业）收入占企业收入总额的比例不低于 50%。

（五）主营业务拥有自主知识产权。

（六）具有与集成电路设计相适应的软硬件设施等开发环境（如 EDA 工具、服务器或工作站等）。

（七）汇算清缴年度未发生重大安全、重大质量事故或严重环境违法行为。

五、财税〔2012〕27 号文件所称国家规划布局内重点集成电路设计企业除符合本通知第三条规定，还应至少符合下列条件中的一项：

（一）汇算清缴年度集成电路设计销售（营业）收入不低于 2 亿元，年应纳税所得额不低于 1000 万元，研究开发人员占月平均职工总数的比例不低于 25%；

（二）在国家规定的重点集成电路设计领域内，汇算清缴年度集成电路设计销售（营业）收入不低于2000万元，应纳税所得额不低于250万元，研究开发人员占月平均职工总数的比例不低于35%，企业在中国境内发生的研究开发费用金额占研究开发费用总额的比例不低于70%。

《工信部等4部委印发集成电路设计企业认定管理办法》（2014年1月1日）：

第六条 申请认定的集成电路设计企业须符合财税〔2012〕27号文件的有关规定和条件。

第七条 初次进行年审的集成电路设计企业，须符合财税〔2012〕27号文件规定的条件；第二次及以上进行年审的集成电路设计企业，除符合财税〔2012〕27号文件规定的条件外，企业上一会计年度销售（营业）收入原则上不低于（含）200万元。

三、重点软件企业和集成电路企业认定

《国家发展改革委、工业和信息化部、财政部、商务部、国家税务总局关于印发〈国家规划布局内重点软件企业和集成电路设计企业认定管理试行办法〉的通知》（发改高技〔2012〕2413号）：

第三条 规划布局企业每两年认定一次，认定资格有效期为两年。

第四条 规划布局企业须同时符合财税〔2012〕27号文件和本办法规定的条件。

第六条 符合下列条件之一的软件企业可进行申报。

（一）年度软件产品开发销售（营业）收入总额超过（含）1.5亿元人民币，在认定主管部门发布的支持领域内综合评分位居申报企业前五位。

（二）年度软件产品开发销售（营业）收入总额低于1.5亿元人民币，在认定主管部门发布的支持领域内综合评分位居申报企业前五位。

（三）年度软件出口收入总额超过（含）500万美元，且年度软件出口收入总额占本企业年度收入总额比例超过（含）50%。

第七条 符合下列条件之一的集成电路设计企业可进行申报：

（一）年度集成电路设计销售（营业）收入总额超过（含）1.5亿元人民币

且当年不亏损。

（二）年度集成电路设计销售（营业）收入总额低于1.5亿元人民币，在认定主管部门发布的支持领域内综合评分位居申报企业前三位。

第十七条 获认定的规划布局企业应依照《中华人民共和国企业所得税法》及其实施条例、《中华人民共和国税收征收管理法》及其实施细则等有关规定，到主管税务机关办理减税手续。

《北京市国家规划布局内重点软件企业和集成电路设计企业认定实施细则（试行）》（2012年11月13日）。

《上海市国家规划布局内重点软件企业和集成电路设计企业认定管理试行办法》（2013年08月28日）。

四、税收优惠

《关于进一步鼓励软件产业和集成电路产业发展企业所得税政策的通知》（财税〔2012〕27号）：

一、集成电路线宽小于0.8微米（含）的集成电路生产企业，经认定后，在2017年12月31日前自获利年度起计算优惠期，第一年至第二年免征企业所得税，第三年至第五年按照25%的法定税率减半征收企业所得税，并享受至期满为止。

二、集成电路线宽小于0.25微米或投资额超过80亿元的集成电路生产企业，经认定后，减按15%的税率征收企业所得税，其中经营期在15年以上的，在2017年12月31日前自获利年度起计算优惠期，第一年至第五年免征企业所得税，第六年至第十年按照25%的法定税率减半征收企业所得税，并享受至期满为上。

三、我国境内新办的集成电路设计企业和符合条件的软件企业，经认定后，在2017年12月31日前自获利年度起计算优惠期，第一年至第二年免征企业所得税，第三年至第五年按照25%的法定税率减半征收企业所得税，并享受至期满为止。

四、国家规划布局内的重点软件企业和集成电路设计企业，如当年未享受免税优惠的，可减按10%的税率征收企业所得税。

五、符合条件的软件企业按照《财政部 国家税务总局关于软件产品增值税政策的通知》（财税〔2011〕100号）规定取得的即征即退增值税款，由企业专项用于软件产品研发和扩大再生产并单独进行核算，可以作为不征税收入，在计算应纳税所得额时从收入总额中减除。

六、集成电路设计企业和符合条件软件企业的职工培训费用，应单独进行核算并按实际发生额在计算应纳税所得额时扣除。

七、企业外购的软件，凡符合固定资产或无形资产确认条件的，可以按照固定资产或无形资产进行核算，其折旧或摊销年限可以适当缩短，最短可为2年（含）。

八、集成电路生产企业的生产设备，其折旧年限可以适当缩短，最短可为3年（含）。

十二、本通知所称新办企业认定标准按照《财政部、国家税务总局关于享受企业所得税优惠政策的新办企业认定标准的通知》（财税〔2006〕1号）规定执行。

十四、本通知所称获利年度，是指该企业当年应纳税所得额大于零的纳税年度。

《财政部、国家税务总局、发展改革委、工业和信息化部关于软件和集成电路产业企业所得税优惠政策有关问题的通知》（财税〔2016〕49号）：

一、享受财税〔2012〕27号文件规定的税收优惠政策的软件、集成电路企业，每年汇算清缴时应按照《国家税务总局关于发布〈企业所得税优惠政策事项办理办法〉的公告》（国家税务总局公告2015年第76号）规定向税务机关备案，同时提交《享受企业所得税优惠政策的软件和集成电路企业备案资料明细表》（见附件）规定的备案资料。

八、软件、集成电路企业规定条件中所称研究开发费用政策口径，2015年度仍按《国家税务总局关于印发〈企业研究开发费用税前扣除管理办法（试行）〉的通知》（国税发〔2008〕116号）和《财政部、国家税务总局关于研究开发费用税前加计扣除有关政策的通知》（财税〔2013〕70号）的规定执行，2016年及以后年度按照《财政部、国家税务总局、科技部关于完善研究开发费用税前加计扣除政策的通知》（财税〔2015〕119号）的规定执行。

九、软件、集成电路企业应从企业的获利年度起计算定期减免税优惠期。如获利年度不符合优惠条件的，应自首次符合软件、集成电路企业条件的年度起，在其优惠期的剩余年限内享受相应的减免税优惠。

十一、国家税务总局公告2015年第76号所附《企业所得税优惠事项备案管理目录（2015年版）》第38、第41、第42、第43、第46项软件、集成电路企业优惠政策不再作为“定期减免税优惠备案管理事项”管理，本通知执行前已经履行备案等相关手续的，在享受税收优惠的年度仍应按照本通知的规定办理备案手续。

《关于软件产品增值税政策的通知》（财税〔2011〕100号）：

一、增值税一般纳税人销售其自行开发生产的软件产品，按17%税率征收增值税后，对其增值税实际税负超过3%的部分实行即征即退政策。

增值税一般纳税人将进口软件产品进行本地化改造后对外销售，其销售的软件产品可享受本条第一款规定的增值税即征即退政策。

二、纳税人受托开发软件产品，著作权属于受托方的征收增值税，著作权属于委托方或属于双方共同拥有的不征收增值税；对经过国家版权局注册登记，纳税人在销售时一并转让著作权、所有权的，不征收增值税。

三、满足下列条件的软件产品，经主管税务机关审核批准，可以享受本通知规定的增值税政策：1. 取得省级软件产业主管部门认可的软件检测机构出具的检测证明材料；2. 取得软件产业主管部门颁发的《软件产品登记证书》或著作权行政管理部门颁发的《计算机软件著作权登记证书》。

四、软件产品增值税即征即退税额的计算

（一）软件产品增值税即征即退税额的计算方法：

即征即退税额＝当期软件产品增值税应纳税额-当期软件产品销售额×3%

当期软件产品增值税应纳税额＝当期软件产品销项税额-当期软件产品可抵扣进项税额

当期软件产品销项税额＝当期软件产品销售额×17%

（二）嵌入式软件产品增值税即征即退税额的计算：

1. 嵌入式软件产品增值税即征即退税额的计算方法。

即征即退税额＝当期嵌入式软件产品增值税应纳税额-

当期嵌入式软件产品销售额×3%

当期嵌入式软件产品增值税应纳税额=当期嵌入式软件产品销项税额-当期嵌入式软件产品可抵扣进项税额

当期嵌入式软件产品销项税额=当期嵌入式软件产品销售额×17%

2. 当期嵌入式软件产品销售额的计算公式。

当期嵌入式软件产品销售额=当期嵌入式软件产品与计算机硬件、机器设备销售额合计-当期计算机硬件、机器设备销售额

计算机硬件、机器设备销售额按照下列顺序确定：

①按纳税人最近同期同类货物的平均销售价格计算确定。

②按其他纳税人最近同期同类货物的平均销售价格计算确定。

③按计算机硬件、机器设备组成计税价格计算确定。

计算机硬件、机器设备组成计税价格=计算机硬件、机器设备成本×（1+10%）。

五、按照上述办法计算，即征即退税额大于零时，税务机关应按规定，及时办理退税手续。

六、增值税一般纳税人在销售软件产品的同时销售其他货物或者应税劳务的，对于无法划分的进项税额，应按照实际成本或销售收入比例确定软件产品应分摊的进项税额；对专用于软件产品开发生产设备及工具的进项税额，不得进行分摊。纳税人应将选定的分摊方式报主管税务机关备案，并自备案之日起一年内不得变更。

七、对增值税一般纳税人随同计算机硬件、机器设备一并销售嵌入式软件产品，如果适用本通知规定按照组成计税价格计算确定计算机硬件、机器设备销售额的，应当分别核算嵌入式软件产品与计算机硬件、机器设备部分的成本。凡未分别核算或者核算不清的，不得享受本通知规定的增值税政策。

《关于退还集成电路企业采购设备增值税期末留抵税额的通知》（财税〔2011〕107号）：

一、对国家批准的集成电路重大项目企业（具体名单见附件）因购进设备形成的增值税期末留抵税额（以下称购进设备留抵税额）准予退还。购进的设备应属于《中华人民共和国增值税暂行条例实施细则》第二十一条第二款规定

的固定资产范围。

《关于提高部分信息技术（IT）产品出口退税率的通知》（财税〔2004〕200 号）：

一、出口退税率由现行的 13%提高到 17%的 IT 产品包括集成电路、分立器件（部分）、移动通讯基地站、以太网络交换机、路由器、手持（车载）无线电话、其他微型数字式自动数据处理机、系统形式的微型机、液晶显示器、阴极射线显示器、硬盘驱动器、未列名数字式自动数据处理机设备、其他存储部件、数控机床（具体产品见附件）。

二、本通知自 2004 年 11 月 1 日起执行［具体实施时间按“出口货物报关单（出口退税联）”上海关注明的出口日期为准]。

五、专项资金与其他支持

《国务院关于印发进一步鼓励软件产业和集成电路产业发展若干政策的通知》（国发〔2011〕4 号）：

发挥国家科技重大专项的引导作用，大力支持软件和集成电路重大关键技术的研发，努力实现关键技术的整体突破，加快具有自主知识产权技术的产业化和推广应用。

在基础软件、高性能计算和通用计算平台、集成电路工艺研发、关键材料、关键应用软件和芯片设计等领域，推动国家重点实验室、国家工程实验室、国家工程中心和企业技术中心建设，有关部门要优先安排研发项目。

对国家有关部门批准建立的产业基地（园区）、高校软件学院和微电子学院引进的软件、集成电路人才，优先安排本人及其配偶、未成年子女在所在地落户。

鼓励有条件的高校采取与集成电路企业联合办学等方式建立微电子学院，经批准设立的示范性微电子学院可以享受示范性软件学院相关政策。支持建立校企结合的人才综合培训和实践基地。

《国务院关于印发鼓励软件产业和集成电路产业发展若干政策的通知》（国发〔2000〕18 号）：

第十二条　软件出口纳入中国进出口银行业务范围，并享受优惠利率的信贷支持；同时，国家出口信用保险机构应提供出口信用保险。

第十三条 软件产品年出口额超过 100 万美元的软件企业，可享受软件自营出口权。

第十七条 鼓励软件出口型企业通过 GB / T19000 – ISO9000 系列质量保证体系认证和 CMM（能力成熟度模型）认证。其认证费用通过中央外贸发展基金适当予以支持。

第二十五条 国家投资的重大工程和重点应用系统，应优先由国内企业承担，在同等性能价格比条件下应优先采用国产软件系统。编制工程预算时，应将软件与技术服务作为单独的预算项目，并确保经费到位。

《关于印发〈集成电路产业研究与开发专项资金管理暂行办法〉的通知》（财建〔2005〕132 号）：

第四条 申报企业应具备以下条件：（一）在中华人民共和国境内（不含香港、澳门、台湾地区）注册，具有独立法人资格，经集成电路认定主管部门确认的从事集成电路设计、制造、封装、测试的企业；（二）有符合申报指南要求的研发活动方案；（三）具备所申报研发活动的能力，内部管理和财务制度健全；（四）依法经营，照章纳税。

第八条 研发资金采取无偿资助方式。对单个研发活动的资助金额一般不超过该研发活动成本的 50%。

第九条 研发资金不得用于研发活动以外的支出。

《关于印发〈关于进一步提高我国软件企业技术创新能力的实施意见〉的通知》（国科发高字〔2004〕124 号）：

集中力量努力培育和扶持软件技术创新骨干企业，支持建立一批新的国家软件工程中心，为软件产业发展提供共性技术支撑和服务。

鼓励和支持国家重点软件企业建立技术中心，推动以企业技术中心为主要方式的企业技术创新体制建设。

第30章

战略性新兴产业

一、综合政策

《国务院关于加快培育和发展战略性新兴产业的决定》（国发〔2010〕32 号）：

组织实施重大应用示范工程。统筹衔接现有试验示范工程，组织实施全民健康、绿色发展、智能制造、材料换代、信息惠民等重大应用示范工程，引导消费模式转变，培育市场，拉动产业发展。

完善新能源汽车的项目和产品准入标准。改善转基因农产品的管理。完善并严格执行节能环保法规标准。实施新能源配额制，落实新能源发电全额保障性收购制度。

在风险可控的范围内为保险公司、社保基金、企业年金管理机构和其他机构投资者参与新兴产业创业投资和股权投资基金创造条件。

《国家发展改革委关于实施新兴产业重大工程包的通知》（发改高技〔2015〕1303 号）：

2015 至 2017 年，重点开展信息消费、新型健康技术惠民、海洋工程装备、高技术服务业培育发展、高性能集成电路及产业创新能力等六大工程建设。

在资金安排方式上，针对不同工程的特点，采取后补助等形式，提高资金使用效益。

附件：新兴产业重大工程包年度实施重点和工作要求

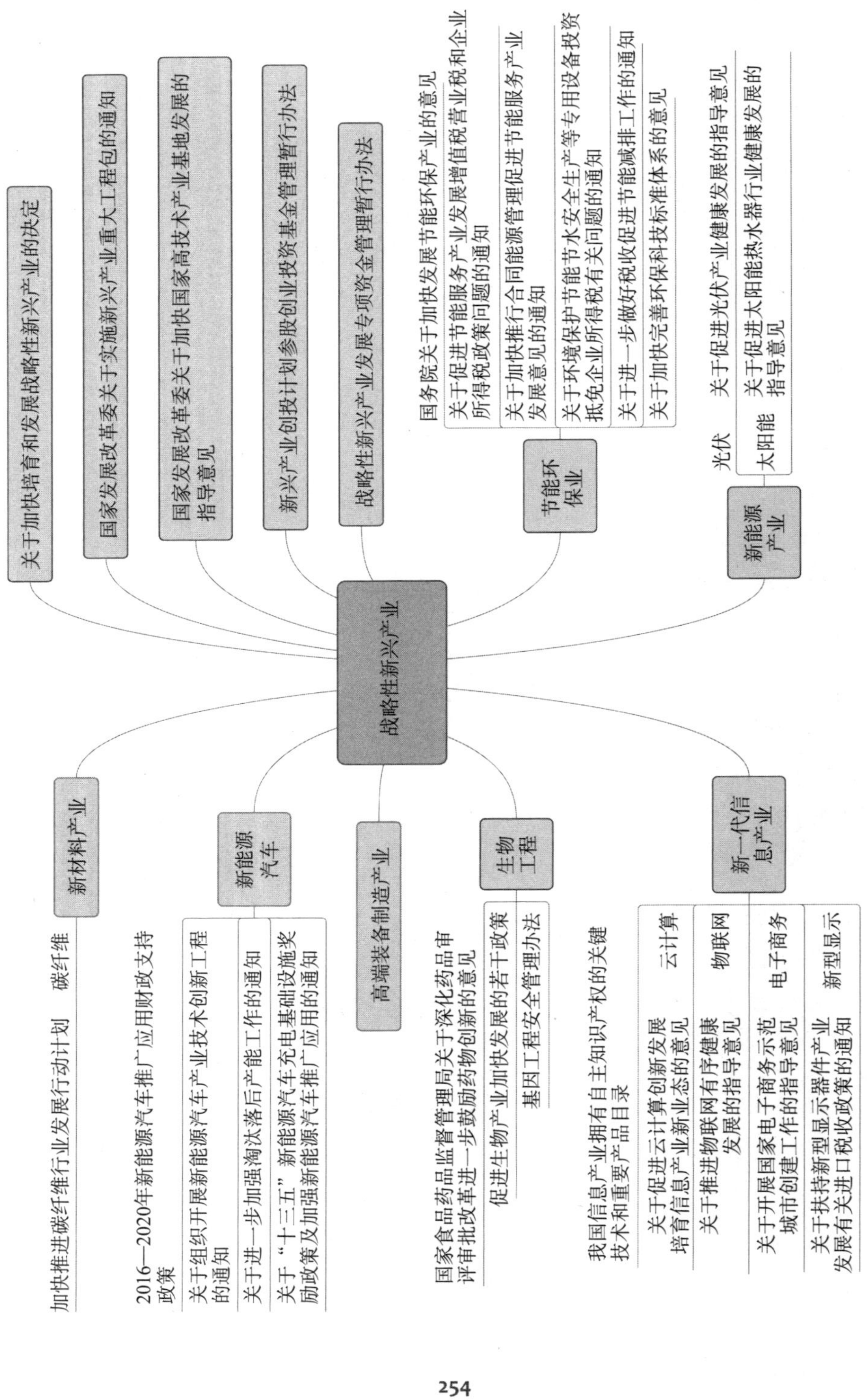

图5-4 战略性新兴产业政策框架结构

《关于加快国家高技术产业基地发展的指导意见》（发改高技〔2009〕3211号）：

国家发展改革委对国家高技术产业基地创新能力基础设施、公共服务条件、产业化等项目建设择优给予一定资金补助。

《国务院关于进一步加强淘汰落后产能工作的通知》（国发〔2010〕7号）：

统筹安排技术改造资金，落实并完善相关税收优惠和金融支持政策，支持符合国家产业政策和规划布局的企业，运用高新技术和先进适用技术，以质量品种、节能降耗、环境保护、改善装备、安全生产等为重点，对落后产能进行改造。

提高生产、技术、安全、能耗、环保、质量等国家标准和行业标准水平，做好标准间的衔接，加强标准贯彻，引导企业技术升级。

二、节能环保产业

《国务院关于加快发展节能环保产业的意见》（国发〔2013〕30号）：

重点支持建立10～15个国家级再制造产业聚集区和一批重大示范项目，大幅度提高基于表面工程技术的装备应用率。

支持建设50个“城市矿产”示范基地，加快再生资源回收体系建设，形成再生资源加工利用能力8000万吨以上。

发挥财政资金的引导带动作用，采取补助、奖励、贴息等方式，推动企业实施锅炉（窑炉）和换热设备等重点用能装备节能改造；开展数据中心节能改造，降低数据中心、超算中心服务器、大型计算机冷却耗能。

支持企业牵头承担节能环保国家科技计划项目。国家重点建设的节能环保技术研究中心和实验室优先在骨干企业布局。支持区域节能环保科技服务平台建设。

培育建设一批国家科技兴贸创新基地。国家支持节能环保产业发展的政策同等适用于符合条件的外商投资企业。

加大中央预算内投资和中央财政节能减排专项资金对节能环保产业的投入，继续安排国有资本经营预算支出支持重点企业实施节能环保项目。

《财政部、国家税务总局关于促进节能服务产业发展增值税营业税和企业所得税政策问题的通知》（财税〔2010〕110号）：

一、关于增值税、营业税政策问题。

（一）对符合条件的节能服务公司实施合同能源管理项目，取得的营业税应税收入，暂免征收营业税。

（二）节能服务公司实施符合条件的合同能源管理项目，将项目中的增值税应税货物转让给用能企业，暂免征收增值税。

二、关于企业所得税政策问题。

（一）对符合条件的节能服务公司实施合同能源管理项目，符合企业所得税税法有关规定的，自项目取得第一笔生产经营收入所属纳税年度起，第一年至第三年免征企业所得税，第四年至第六年按照25%的法定税率减半征收企业所得税。

（二）对符合条件的节能服务公司，以及与其签订节能效益分享型合同的用能企业，实施合同能源管理项目有关资产的企业所得税税务处理按以下规定执行：

1. 用能企业按照能源管理合同实际支付给节能服务公司的合理支出，均可以在计算当期应纳税所得额时扣除，不再区分服务费用和资产价款进行税务处理。

2. 能源管理合同期满后，节能服务公司转让给用能企业的因实施合同能源管理项目形成的资产，按折旧或摊销期满的资产进行税务处理，用能企业从节能服务公司接受有关资产的计税基础也应按折旧或摊销期满的资产进行税务处理。

3. 能源管理合同期满后，节能服务公司与用能企业办理有关资产的权属转移时，用能企业已支付的资产价款，不再另行计入节能服务公司的收入。

《国务院办公厅转发发展改革委等部门关于加快推行合同能源管理促进节能服务产业发展意见的通知》（国办发〔2010〕25号）：

将合同能源管理项目纳入中央预算内投资和中央财政节能减排专项资金支持范围，对节能服务公司采用合同能源管理方式实施的节能改造项目，符合相关规定的，给予资金补助或奖励。

《国家税务总局关于环境保护节能节水安全生产等专用设备投资抵免企业所得税有关问题的通知》（国税函〔2010〕256号）。

《关于执行环境保护专用设备企业所得税优惠目录节能节水专用设备企业所得税优惠目录和安全生产专用设备企业所得税优惠目录有关问题的通知》（财税〔2008〕48号）：

一、企业自2008年1月1日起购置并实际使用列入《目录》范围内的环境保护、节能节水和安全生产专用设备，可以按专用设备投资额的10%抵免当年企业所得税应纳税额；企业当年应纳税额不足抵免的，可以向以后年度结转，但结转期不得超过5个纳税年度。

四、企业利用自筹资金和银行贷款购置专用设备的投资额，可以按企业所得税法的规定抵免企业应纳所得税额；企业利用财政拨款购置专用设备的投资额，不得抵免企业应纳所得税额。

五、企业购置并实际投入适用、已开始享受税收优惠的专用设备，如从购置之日起5个纳税年度内转让、出租的，应在该专用设备停止使用当月停止享受企业所得税优惠，并补缴已经抵免的企业所得税税款。转让的受让方可以按照该专用设备投资额的10%抵免当年企业所得税应纳税额；当年应纳税额不足抵免的，可以在以后5个纳税年度结转抵免。

《国家税务总局关于进一步做好税收促进节能减排工作的通知》（国税函〔2010〕180号）。

《国家鼓励发展的资源节约综合利用和环境保护技术》（发改委公告2005年第65号）。

《中国节水技术政策大纲》（发改委公告2005年第17号）。

《关于加快完善环保科技标准体系的意见》（环发〔2012〕20号）：

实施环保产业示范工程。鼓励多渠道建立环保产业发展基金，拓宽环保产业发展融资渠道。实施重大环保技术装备及产品产业化示范工程。制定环保系统推进产学研联盟管理办法，组建5～10个战略性新兴环保产业联盟。建立各类科研院所与环保企业技术研发的长效合作机制，形成一批集技术研发、产品生产、工程建设和运营服务等功能为一体的环保产业集聚示范区和试点基地。

三、新能源产业

《国务院关于促进光伏产业健康发展的若干意见》（国发〔2013〕24 号）：

光伏制造企业应拥有先进技术和较强的自主研发能力，新上光伏制造项目应满足单晶硅光伏电池转换效率不低于 20%、多晶硅光伏电池转换效率不低于 18%、薄膜光伏电池转换效率不低于 12%，多晶硅生产综合电耗不高于 100 千瓦时 / 千克。

通过实施新能源集成应用工程，支持高效率晶硅电池及新型薄膜电池、电子级多晶硅、四氯化硅闭环循环装置、高端切割机、全自动丝网印刷机、平板式镀膜工艺、高纯度关键材料等的研发和产业化。

制定完善适合不同气候区及建筑类型的建筑光伏应用标准体系，在城市规划、建筑设计和旧建筑改造中统筹考虑光伏发电应用。

对分布式光伏发电实行按照电量补贴的政策。根据资源条件和建设成本，制定光伏电站分区域上网标杆电价，通过招标等竞争方式发现价格和补贴标准。根据光伏发电成本变化等因素，合理调减光伏电站上网电价和分布式光伏发电补贴标准。上网电价及补贴的执行期限原则上为 20 年。

完善补贴资金支付方式和程序，对光伏电站，由电网企业按照国家规定或招标确定的光伏发电上网电价与发电企业按月全额结算；对分布式光伏发电，建立由电网企业按月转付补贴资金的制度。中央财政按季度向电网企业预拨补贴资金，确保补贴资金及时足额到位。

对利用戈壁荒滩等未利用土地建设光伏发电项目的，在土地规划、计划安排时予以适度倾斜，不涉及转用的，可不占用土地年度计划指标。探索采用租赁国有未利用土地的供地方式，降低工程的前期投入成本。光伏发电项目使用未利用土地的，依法办理用地审批手续后，可采取划拨方式供地。

《工业和信息化部关于促进太阳能热水器行业健康发展的指导意见》（工信部消费〔2013〕170 号）：

充分利用可再生能源发展专项资金，对各地推广太阳能热水系统及产品给予支持，并纳入“太阳能屋顶计划”统一管理，对纳入示范的城市，由中央财政予以专项补助。

推动产品安全标准和安装标准制订，在条件成熟时，促进整机产品纳入国家“CCC”认证管理目录。

充分利用加快自主创新的相关政策和中央财政安排的可再生能源建筑应用专项资金，引导企业加大核心技术的自主创新力度，支持具有知识产权、技术示范和推广效应显著、市场发展前景良好的技术成果产业化；鼓励具备较强研发能力和核心部件生产能力的太阳能热水器生产企业申请国家级、省级高新技术企业和国家技术创新示范企业。

四、新一代信息产业

《国务院关于促进云计算创新发展培育信息产业新业态的意见》（国发〔2015〕5号）：

大力发展公共云计算服务，实施云计算工程，支持信息技术企业加快向云计算产品和服务提供商转型。继续推进云计算服务创新试点示范工作。

开展公共数据开放利用改革试点，出台政府机构数据开放管理规定，在保障信息安全和个人隐私的前提下，积极探索地理、人口、知识产权及其他有关管理机构数据资源向社会开放，推动政府部门间数据共享，提升社会管理和公共服务能力。

重点在公共安全、疾病防治、灾害预防、就业和社会保障、交通物流、教育科研、电子商务等领域，开展基于云计算的大数据应用示范，支持政府机构和企业创新大数据服务模式。

对符合布局原则和能耗标准的云计算数据中心，支持其参加直供电试点，满足大工业用电条件的可执行大工业电价，并在网络、市政配套等方面给予保障，优先安排用地。

将云计算企业纳入软件企业、国家规划布局内重点软件企业、高新技术企业和技术先进型服务企业的认定范畴，符合条件的按规定享受相关税收优惠政策。

对做出突出贡献的云计算人才，可按国家有关规定给予表彰奖励，在职称评定、落户政策等方面予以优先安排。

《国务院关于推进物联网有序健康发展的指导意见》（国发〔2013〕7号）：

加快推进无锡国家传感网创新示范区建设。应用物联网等新一代信息技术建设智慧城市，要加强统筹、注重效果、突出特色。

加快物联网相关标准、检测、认证等公共服务平台建设，完善支撑服务体系。加强知识产权保护，积极开展物联网相关技术的知识产权分析评议，加快推进物联网相关专利布局。

统筹利用好战略性新兴产业发展专项资金、物联网发展专项资金等支持政策，集中力量推进物联网关键核心技术研发和产业化，大力支持标准体系、创新能力平台、重大应用示范工程等建设。

对技术先进、优势明显、带动和支撑作用强的重大物联网项目优先给予信贷支持。鼓励设立物联网股权投资基金，通过国家新兴产业创投计划设立一批物联网创业投资基金。

《我国信息产业拥有自主知识产权的关键技术和重要产品目录》（2006年12月25日）。

《关于开展国家电子商务示范城市创建工作的指导意见》（发改高技〔2011〕463号）：

规范发展网上银行、网上支付平台等在线支付资源，满足电子商务对在线支付服务通用、安全、便捷的要求。

国家发展改革委、商务部、人民银行、国家税务总局、国家工商总局等部门对示范城市创建中的应用基础设施、公共服务平台、支撑体系建设，以及专业市场电子商务应用、中小企业电子商务应用、专业化电子商务服务平台等建设将给予政策支持。对认真开展创建工作，示范效应突出的城市授予“国家电子商务示范城市”称号。

《关于扶持新型显示器件产业发展有关进口税收政策的通知》（财关税〔2016〕62号）：

一、自2016年1月1日至2020年12月31日，新型显示器件（包括薄膜晶体管液晶显示器件、有机发光二极管显示面板）生产企业进口国内不能生产的自用生产性（含研发用）原材料和消耗品，免征进口关税，照章征收进口环节增值税；进口建设净化室所需国内尚无法提供（即国内不能生产或性能不能满足）的配套系统以及维修进口生产设备所需零部件免征进口关税和进口环节增值税。

二、自2016年1月1日至2020年12月31日，对符合国内产业自主化发展规划的彩色滤光膜、偏光片等属于新型显示器件产业上游的关键原材料、零部件的生产企业进口国内不能生产的自用生产性原材料、消耗品，免征进口关税。

《关于新型显示器件及上游关键原材料、零部件生产企业进口物资税收政策的暂行规定》（见附件）。

五、生物产业

《国务院办公厅关于印发促进生物产业加快发展若干政策的通知》（国办发〔2009〕45号）：

对新创办的生物企业，在人员聘任、借贷融资、土地等方面给予优先支持。支持建立一批生物企业孵化器和留学生创业服务中心。

在基础条件好、创业环境优良的区域，逐步建立若干个国家级生物产业基地。国家在创新能力基础设施、公共服务平台建设以及实施科技计划、高技术产业计划等方面按规定给予重点支持。

对完全可降解生物材料和经批准生产的非粮燃料乙醇、生物柴油、生物质热电等重要生物能源产品，国家给予适当支持。稳步推进非粮燃料乙醇应用试点，有序开展生物柴油应用试点。

建立财政性资金优先采购自主创新生物产品制度。

《国家食品药品监督管理局关于深化药品审评审批改革进一步鼓励药物创新的意见》（国食药监注〔2013〕37号）：

对重大疾病、罕见病、老年人和儿童疾病具有更好治疗作用、具有自主知识产权和列入国家科技计划重大专项的创新药物注册申请等，给予加快审评。

优化创新药物审评流程。遵循创新药物研发规律，允许申请人根据其研发进展阶段性增补申报资料。

鼓励企业积极研发儿童专用剂型和规格，对立题依据充分且具有临床试验数据支持的注册申请，给予加快审评。

对于国内企业在境内外同步开展研发和注册的，接受其提交的境外试验资料。鼓励支持中药境外注册申请。

《基因工程安全管理办法》（国家科委令第 17 号 1993 年 12 月 24 日）：

第十三条 从事基因工程工作的单位，应当依据遗传工程产品适用性质和安全等级，分类分级进行申报，经审批同意后方能进行。

第十四条 基因工程实验研究，属于安全等级Ⅰ和Ⅱ的工作，由本单位行政负责人批准；属于安全等级Ⅲ的工作，由本单位行政负责人审查，报国务院有关行政主管部门批准；属于安全等级Ⅳ的工作，经国务院有关行政主管部门审查，报全国基因工程安全委员会批准。

第十五条 基因工程中间试验，属于安全等级Ⅰ的工作，由本单位行政负责人批准；属于安全等级Ⅱ的工作，报国务院有关行政主管部门批准；属于安全等级Ⅲ的工作，由国务院有关行政主管部门审批；并报全国基因工程安全委员会备案；属于安全等级Ⅳ的工作，由国务院有关行政主管部门审查，报全国基因工程安全委员会批准。

第十六条 基因工程工业化生产、遗传工程体释放和遗传工程产品使用，属于安全等级Ⅰ至Ⅱ的工作，由国务院有关行政主管部门审批，并报全国基因工程安全委员会备案；属于安全等级Ⅳ的工作，由国务院有关行政主管部门审查，报全国基因工程安全委员会批准。

第十七条 从事基因工程工作的单位应当履行下列申报手续：

（一）项目负责人对从事的基因工程工作进行安全性评价，并填报申请书。

（二）本单位学术委员会对申报资料进行技术审查。

（三）上报申请书及提交有关技术资料。

第十八条 凡符合下列各项条件的基因工程工作，应当予以批准，并签发证明文件。

（一）不存在对申报的基因工程工作安全性评价的可靠性产生怀疑的事实。

（二）保证所申报的基因工程工作按照安全等级的要求，采取与现有科学技术水平相适应的安全控制措施，判断不会对公众健康和生态环境造成严重危害。

（三）项目负责人和工作人员具备从事基因工程工作所必需的专业知识和安全操作知识，能承担本办法规定的义务。

（四）符合国家有关法律、法规规定。

第十九条　从事基因工程工作的单位，应当根据安全等级，确定安全控制方法，制定安全操作规则。

第二十条　从事基因工程工作的单位，应当根据安全等级，制定相应治理废弃物的安全措施。排放之前应当采取措施使残留遗传工程体灭活，以防止扩散和污染环境。

第二十一条　从事基因工程工作的单位，应当制定预防事故的应急措施，并将其列入安全操作规则。

第二十四条　从事基因工程工作的单位和个人必须认真做好安全监督记录。安全监督记录保存期不得少于十年，以备核查。

六、新材料产业

《工业和信息化部关于印发〈加快推进碳纤维行业发展行动计划〉的通知》（工信部原〔2013〕426号）：

原则上不鼓励新建高强型GQ3522级碳纤维生产线，新建高强型GQ4522级碳纤维产业化生产装置单套能力应不低于1000吨/年。吨聚丙烯腈原丝产品消耗丙烯腈不高于1.1吨，吨碳纤维产品消耗聚丙烯腈原丝不高于2.1吨。原丝生产装置应配备单体、溶剂回收系统；预氧化炉、碳化炉等碳化生产装置应配备热能回收综合利用。

鼓励有条件的地区设立碳纤维产业发展专项资金。

七、新能源汽车产业

《节能与新能源汽车产业发展规划（2012—2020年）》（国发〔2012〕22号）：

中央财政安排资金，对实施节能与新能源汽车技术创新工程给予适当支持；对公共服务领域节能与新能源汽车示范、私人购买新能源汽车试点给予补贴，鼓励消费者购买使用节能汽车。

节能与新能源汽车及其关键零部件企业从事技术开发、转让及相关咨询、服务业务所取得的收入，可按规定享受营业税免税政策。

《财政部、科技部、工业和信息化部、发展改革委关于2016—2020年新能源汽车推广应用财政支持政策的通知》（财建〔2015〕134号）：

四部委在全国范围内开展新能源汽车推广应用工作，中央财政对购买新能源汽车给予补助，实行普惠制。具体补助标准、技术要求等见附件（略）。

新能源汽车生产企业在销售新能源汽车产品时按照扣减补助后的价格与消费者进行结算，中央财政按程序将企业垫付的补助资金再拨付给生产企业。

资金申报和下达:（一）年初预拨补助资金。（二）年度终了后进行资金清算。

本政策实施期限是2016—2020年。

《关于组织开展新能源汽车产业技术创新工程的通知》（财建〔2012〕780号）：

第四条 奖励资金支持对象包括新能源汽车整车项目（包括纯电动、插电式混合动力、燃料电池汽车）和动力电池项目两大类。

第五条 申请奖励资金的企业应当具有较强的研发能力和产业化基础。其中，整车企业必须具备新能源汽车整车设计集成和持续开发能力，研发投入占主营业务收入不低于一定比例；动力电池企业应掌握核心技术，并具有较强的研发、生产和售后服务保障能力，拥有电池单体的知识产权。鼓励开展产学研联合技术攻关。

第十条 财政部会同工业和信息化部、科技部根据技术研发和产业化投入等情况核定支持项目奖励资金数额。

第十二条 财政部将根据项目进展情况及有关评估意见分期分批拨付奖励资金，其中：实施方案启动后拨付40%，中期评估通过后再拨付50%，完成实施方案并通过验收后再拨付剩余10%资金。对进度较慢的项目，将视情况缓拨或停拨奖励资金；对未达到预计目标的项目，将相应扣减奖励资金。

《关于“十三五”新能源汽车充电基础设施奖励政策及加强新能源汽车推广应用的通知》（财建〔2016〕7号）：

2016—2020年中央财政将继续安排资金对充电基础设施建设、运营给予奖补。

中央财政充电基础设施建设运营奖补资金是对充电基础设施配套较为完善、新能源汽车推广应用规模较大的省（区、市）政府的综合奖补。

获得中央财政充电基础设施建设运营奖补资金的各省（区、市）应满足以下条件：（一）新能源汽车推广规模较大。各省（区、市）新能源汽车推广要具备一定数量规模并切实得到应用；（二）配套政策科学合理；（三）市场公平开放。

奖补标准主要根据各省（区、市）新能源汽车推广数量确定，推广量越大，奖补资金获得的越多，具体标准见附件2（略）。

奖补资金应当专门用于支持充电设施建设运营、改造升级、充换电服务网络运营监控系统建设等相关领域。

各省（区、市）要加大充电基础设施支持力度，结合本地区新能源汽车产业发展情况研究制定具体支持措施；鼓励创新投入方式，采取政府和社会资本合作（PPP）模式等建设运营新能源汽车充电设施。

八、专项基金支持

《财政部、国家发展改革委关于印发〈新兴产业创投计划参股创业投资基金管理暂行办法〉的通知》（财建〔2011〕668号）：

第七条　每支参股基金应集中投资于以下具体领域：节能环保、信息、生物与新医药、新能源、新材料、航空航天、海洋、先进装备制造、新能源汽车、高技术服务业（包括信息技术、生物技术、研发设计、检验检测、科技成果转化服务等）等战略性新兴产业和高新技术改造提升传统产业领域。

第八条　参股基金重点投向具备原始创新、集成创新或消化吸收再创新属性、且处于初创期、早中期的创新型企业，投资此类企业的资金比例不低于基金注册资本或承诺出资额的60%。

初创期创新型企业是指符合如下条件的企业，即：成立时间不超过5年，职工人数不超过300人，直接从事研究开发的科技人员占职工总数的20%以上，资产总额不超过 3000 万元人民币，年销售额或营业额不超过 3000 万元人民币。

早中期创新型企业是指符合如下条件的企业：职工人数不超过 500 人，资产总额不超过 2 亿元人民币，年销售额或营业额不超过 2 亿元人民币。

第十三条 参股基金管理机构管理参股基金后，在完成对参股基金的 70%资金委托投资之前，不得募集或管理其他创业投资基金。

第十五条 新设立创业投资基金，申请中央财政资金出资的，应符合四个条件（略）。

第十七条 中央财政出资资金与地方政府资金、其他出资人共同按参股基金章程约定向参股基金管理机构支付管理费用。

管理费用由参股基金企业支付，财政部不再列支管理费用。年度管理费用一般按照参股基金注册资本或承诺出资额的 1.5%～2.5%确定，具体比例在委托管理协议中明确。

第十八条 除对参股基金管理机构支付管理费外，参股基金企业还要对参股基金管理机构实施业绩奖励。业绩奖励采取“先回本后分利”的原则，原则上将参股基金增值收益（回收资金扣减参股基金出资）的 20%奖励参股基金管理机构，剩余部分由中央财政、地方政府和其他出资人按照出资比例进行分配。

第十九条 对投资于初创期创新型企业的资金比例超过基金注册资本或承诺出资额 70%的参股基金，中央财政资金可给予更大的让利幅度。

第二十三条 财政部向受托管理机构支付日常管理费，日常管理费按年支付，当年支付上年，原则上每年按截至上年 12 月底已批复累计尚未回收中央财政出资额（以托管专户拨付被投资单位的金额和日期计算）的一定比例、按照超额累退方式核定，具体比例如下：

（一）中央财政出资额在 20 亿元（含）人民币以下的按 2%核定；

（二）中央财政出资额在 20 亿至 50 亿元（含）人民币之间的部分按 1.5%核定；

（三）中央财政出资额超过 50 亿元人民币的部分按 1%核定。

第二十八条 中央财政对每支参股基金的出资，原则上不超过参股基金注册资本或承诺出资额的 20%，且与地方政府资金同进同出。对投资于初创期项目资金比例超过参股基金注册资本或承诺出资额 70%的参股基金，可适当放宽中央财政出资资金参股比例限制。

第二十九条　参股基金的存续期限原则上不超过 10 年，一般通过到期清算、社会股东回购、股权转让等方式实现退出。

《关于印发〈战略性新兴产业发展专项资金管理暂行办法〉的通知》（财建〔2012〕1111 号）：

第五条　专项资金支持范围主要包括：（一）支持新兴产业创业投资计划。支持具备原始创新、集成创新或消化吸收再创新属性、且处于初创期、早中期的创新型企业发展。（二）支持产学研协同创新。（三）支持技术创新平台。（四）支持区域集聚发展。（五）财政部、国家发展改革委会同有关部门根据《决定》和《规划》要求，以及行业或产业发展需要确定的其他战略性新兴产业重点工作。

第六条　对已通过中央基建投资、节能减排专项资金、可再生能源专项资金等中央财政资金支持的重点工作、工程或项目，专项资金原则上不再予以支持。

第七条　专项资金一般采取拨款补助、参股创业投资基金等支持方式，并根据国际国内战略性新兴产业发展形势进行适当调整。

第八条　参股设立新兴产业创业投资基金的管理程序、资金拨付等按照《新兴产业创投计划参股创业投资基金管理暂行办法》（财建〔2011〕668 号）执行。

第31章

动漫产业

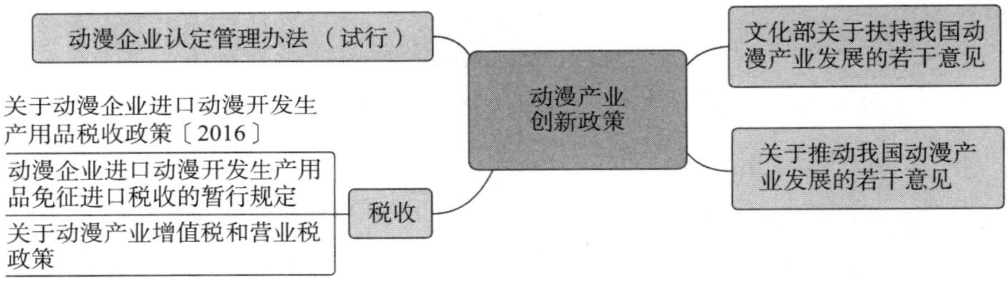

图5-5　动漫产业创新政策框架结构

一、鼓励动漫创新

《文化部关于扶持我国动漫产业发展的若干意见》（2008 年 8 月 13 日）：

（四）实施国产动漫振兴工程。评选国家原创动漫大奖，奖励内容健康、艺术性强、创新度高、深受群众喜爱的原创动漫产品；扶持原创动漫作品，每年评估、遴选出若干优秀原创漫画、网络动漫、手机动漫作品、动漫舞台剧进行重点扶持。

文化部文化“创新奖”加大对动漫理论和实践创新的奖励力度。

设立国产动漫产品出口奖励和补贴专项资金，促进我国动漫产业国际化。

以国产原创动漫形象、动漫品牌及其衍生产品为重点，加大知识产权保护力度。对保护动漫知识产权业绩突出的单位和个人给予表彰和奖励。

《国务院办公厅转发财政部等部门关于推动我国动漫产业发展若干意见的通知》（国办发〔2006〕32号）：

中央财政设立扶持动漫产业发展专项资金。设立国家级动漫原创大奖。

政策性银行对符合条件的动漫企业要提供融资支持。将具备条件的动漫中小企业纳入“科技型中小企业技术创新基金”资助范围。优先安排符合条件的动漫企业境内上市融资。

支持我国动漫企业开拓海外市场，适当补助动漫产品出口译制经费。通过“中小企业国际市场开拓资金”渠道，积极鼓励和支持优秀国产动漫作品和产品到海外参展。

二、动漫企业认定

《文化部、财政部、国家税务总局关于印发〈动漫企业认定管理办法（试行）〉的通知》（文市发〔2008〕51号）：

第十条　申请认定为动漫企业的应同时符合以下标准：（一）在我国境内依法设立的企业；（二）动漫企业经营动漫产品的主营收入占企业当年总收入的60%以上；（三）自主开发生产的动漫产品收入占主营收入的50%以上；（四）具有大学专科以上学历的或通过国家动漫人才专业认证的、从事动漫产品开发或技术服务的专业人员占企业当年职工总数的30%以上，其中研发人员占企业当年职工总数的10%以上；（五）具有从事动漫产品开发或相应服务等业务所需的技术装备和工作场所；（六）动漫产品的研究开发经费占企业当年营业收入8%以上；（七）动漫产品内容积极健康，无法律法规禁止的内容；（八）企业产权明晰，管理规范，守法经营。

第十二条　申请认定为重点动漫产品的应符合以下标准之一：（一）漫画产品销售年收入在100万元（报刊300万元）人民币以上或年销售10万册（报纸1000万份、期刊100万册）以上的，动画产品销售年收入在1000万元人民币以上的，网络动漫（含手机动漫）产品销售年收入在100万元人民币以上的，动漫舞台剧（节）目演出年收入在100万元人民币以上或年演出场次50场以上的；

（二）动漫产品版权出口年收入100万元人民币以上的；（三）获得国际、国家级专业奖项的；（四）经省级认定机构、全国性动漫行业协会、国家动漫产业基地等推荐的在思想内涵、艺术风格、技术应用、市场营销、社会影响等方面具有示范意义的动漫产品。

第十三条 符合本办法第十条标准的动漫企业申请认定为重点动漫企业的，应在申报前开发生产出1部以上重点动漫产品，并符合以下标准之一：（一）注册资本1000万元人民币以上的；（二）动漫企业年营业收入500万元人民币以上，且连续2年不亏损的；（三）动漫企业的动漫产品版权出口和对外贸易年收入200万元人民币以上，且自主知识产权动漫产品出口收入占总收入30%以上的；（四）经省级认定机构、全国性动漫行业协会、国家动漫产业基地等推荐的在资金、人员规模、艺术创意、技术应用、市场营销、品牌价值、社会影响等方面具有示范意义的动漫企业。

第十七条 动漫企业认定实行年审制度。

第二十条 经认定的动漫企业、重点动漫企业，凭本年度有效的“动漫企业证书”“重点动漫企业证书”，以及本年度自主开发生产的动漫产品列表、“重点动漫产品文书”，向主管税务机关申请享受《通知》规定的有关税收优惠政策。

三、税收优惠

《财政部、海关总署、国家税务总局关于动漫企业进口动漫开发生产用品税收政策的通知》（财关税〔2016〕36号）：

自2016年1月1日至2020年12月31日，经国务院有关部门认定的动漫企业自主开发、生产动漫直接产品，确需进口的商品可享受免征进口关税及进口环节增值税的政策。

符合本规定第二款标准的动漫企业于每年的9月底前向文化部提出申请，由文化部会同财政部、海关总署、国家税务总局对动漫企业的进口免税资格进行审核。审核合格的，由文化部、财政部、海关总署、国家税务总局于每年的11月底前联合公布下一年度享受进口税收政策的动漫企业名单。

获得进口免税资格的动漫企业，进口《动漫企业免税进口动漫开发生产用品清单》（附后）范围内的商品免征进口关税和进口环节增值税。凡国务院规定一律不得减免税的 20 种进口商品，不在上述免税范围之列。

《财政部、国家税务总局关于动漫产业增值税和营业税政策的通知》（财税〔2013〕98 号）：

对属于增值税一般纳税人的动漫企业销售其自主开发生产的动漫软件，按 17%的税率征收增值税后，对其增值税实际税负超过 3%的部分，实行即征即退政策。动漫软件出口免征增值税。上述动漫软件，按照《财政部、国家税务总局关于软件产品增值税政策的通知》（财税〔2011〕100 号）中软件产品相关规定执行。

执行时间自 2013 年 1 月 1 日至 2017 年 12 月 31 日。

《国务院办公厅转发财政部等部门关于推动我国动漫产业发展若干意见的通知》（国办发〔2006〕32 号）：

经国务院有关部门认定的动漫企业自主开发、生产动漫产品，可申请享受国家现行鼓励软件产业发展的有关增值税、所得税优惠政策；动漫企业自主开发、生产动漫产品涉及营业税应税劳务的（除广告业、娱乐业外），暂减按 3%的税率征收营业税。

经国务院有关部门认定的动漫企业自主开发、生产动漫直接产品，确需进口的商品可享受免征进口关税及进口环节增值税的优惠政策。

企业出口动漫产品享受国家统一规定的出口退（免）税政策。企业出口动漫版权可适当予以奖励。对动漫企业在境外提供劳务获得的境外收入不征营业税，境外已缴纳的所得税款可按规定予以抵扣。

第32章

服务业

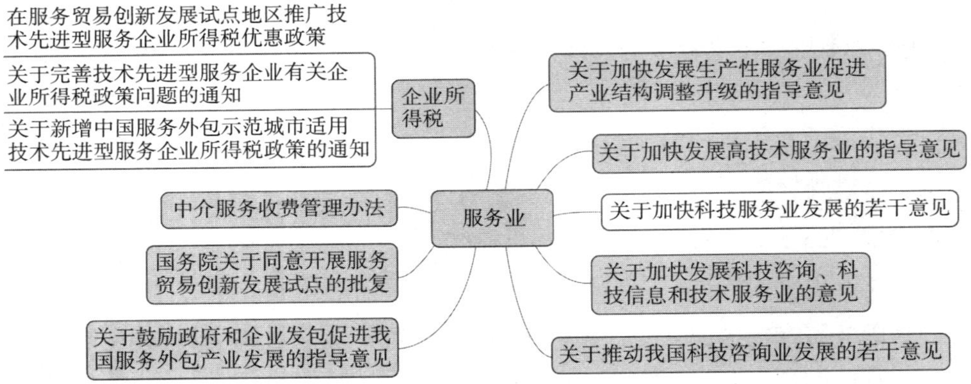

图5-6　服务业创新政策框架结构

一、生产性服务业

《国务院关于加快发展生产性服务业促进产业结构调整升级的指导意见》(国发〔2014〕26号):

现阶段,我国生产性服务业重点发展研发设计、第三方物流、融资租赁、信息技术服务、节能环保服务、检验检测认证、电子商务、商务咨询、服务外包、售后服务、人力资源服务和品牌建设。

进一步减少生产性服务业重点领域前置审批和资质认定项目，由先证后照改为先照后证，加快落实注册资本认缴登记制。

统一内外资法律法规，推进生产性服务业领域有序开放，放开建筑设计、会计审计、商贸物流、电子商务等服务业领域外资准入限制。

研发设计、检验检测认证、节能环保等科技型、创新型生产性服务业企业，可申请认定为高新技术企业，享受15%的企业所得税优惠税率。

完善政府采购办法，逐步加大政府向社会力量购买服务的力度，凡适合社会力量承担的，都可以通过委托、承包、采购等方式交给社会力量承担。

建立生产性服务业重点领域企业信贷风险补偿机制。支持商业银行发行专项金融债券，服务小微企业。对符合条件的中小企业信用担保机构提供担保服务实行免征营业税政策。

鼓励工业企业利用自有工业用地兴办促进企业转型升级的自营生产性服务业，经依法批准，对提高自有工业用地容积率用于自营生产性服务业的工业企业，可按新用途办理相关手续。

《国务院关于同意开展服务贸易创新发展试点的批复》（国函〔2016〕40号）：

原则同意商务部提出的《服务贸易创新发展试点方案》，同意在天津、上海、海南、深圳、杭州、武汉、广州、成都、苏州、威海和哈尔滨新区、江北新区、两江新区、贵安新区、西咸新区等省市（区域）开展服务贸易创新发展试点。试点期为2年，自国务院批复之日（2016年2月22日）起算。

对试点地区进口国内急需的研发设计、节能环保和环境服务等给予贴息支持。

在试点地区扩大技术先进型服务企业认定范围，由服务外包扩大到其他高技术、高附加值的服务行业。将服务外包领域技术先进型服务企业税收优惠政策由服务外包示范城市推广到试点地区。

设立服务贸易创新发展引导基金。

《关于鼓励政府和企业发包促进我国服务外包产业发展的指导意见》（财企〔2009〕200号）。

二、科技服务业

《国务院关于加快科技服务业发展的若干意见》（国发〔2014〕49 号）：

重点发展研究开发、技术转移、检验检测认证、创业孵化、知识产权、科技咨询、科技金融、科学技术普及等专业科技服务和综合科技服务。

将科技服务内容及其支撑技术纳入国家重点支持的高新技术领域，对认定为高新技术企业的科技服务企业，减按 15%的税率征收企业所得税。符合条件的科技服务企业发生的职工教育经费支出，不超过工资薪金总额 8%的部分，准予在计算应纳税所得额时据实扣除。结合完善企业研发费用计核方法，统筹研究科技服务费用税前加计扣除范围。加快推进营业税改征增值税试点，扩大科技服务企业增值税进项税额抵扣范围，消除重复征税。落实国家大学科技园、科技企业孵化器相关税收优惠政策，对其自用以及提供给孵化企业使用的房产、土地，免征房产税和城镇土地使用税；对其向孵化企业出租场地、房屋以及提供孵化服务的收入，免征营业税。

《国务院办公厅关于加快发展高技术服务业的指导意见》（国办发〔2011〕58 号）：

鼓励有条件的地区设立高技术服务业发展专项资金。发展改革委会同有关部门组织实施高技术服务产业化专项。

继续推动高技术服务产业基地发行中小企业集合债和集合票据。

《关于推动我国科技咨询业发展的若干意见》（国科发政字〔1995〕266 号）。

《关于加速发展科技咨询、科技信息和技术服务业的意见》（〔92〕国科发策字 566 号）。

《中介服务收费管理办法》（国家计委，2000 年）。

三、技术先进型服务企业所得税优惠

《财政部、国家税务总局、商务部、科技部、国家发展改革委关于在服务贸易创新发展试点地区推广技术先进型服务企业所得税优惠政策的通知》（财税〔2016〕122 号）：

一、自 2016 年 1 月 1 日起至 2017 年 12 月 31 日止，在天津、上海、海南、深圳、杭州、武汉、广州、成都、苏州、威海和哈尔滨新区、江北新区、两江新区、贵安新区、西咸新区等15个服务贸易创新发展试点地区（以下简称试点地区）实行以下企业所得税优惠政策：

1. 符合条件的技术先进型服务企业减按15%的税率征收企业所得税。

2. 符合条件的技术先进型服务企业实际发生的职工教育经费支出，不超过工资薪金总额8%的部分，准予在计算应纳税所得额时扣除；超过部分准予在以后纳税年度结转扣除。

《财政部、国家税务总局、商务部、科技部、国家发展改革委关于完善技术先进型服务企业有关企业所得税政策问题的通知》（财税〔2014〕59号）：

一、自2014年1月1日起至2018年12月31日止，在北京、天津、上海、重庆、大连、深圳、广州、武汉、哈尔滨、成都、南京、西安、济南、杭州、合肥、南昌、长沙、大庆、苏州、无锡、厦门等21个中国服务外包示范城市（以下简称示范城市）继续实行以下企业所得税优惠政策：

1. 对经认定的技术先进型服务企业，减按15%的税率征收企业所得税。

2. 经认定的技术先进型服务企业发生的职工教育经费支出，不超过工资薪金总额8%的部分，准予在计算应纳税所得额时扣除；超过部分，准予在以后纳税年度结转扣除。

经认定的技术先进型服务企业，持相关认定文件向当地主管税务机关办理享受本通知第一条规定的企业所得税优惠政策事宜。

《关于新增中国服务外包示范城市适用技术先进型服务企业所得税政策的通知》（财税〔2016〕108号）：

一、沈阳、长春、南通、镇江、福州（含平潭综合实验区）、南宁、乌鲁木齐、青岛、宁波和郑州等10个新增中国服务外包示范城市按照《财政部 国家税务总局 商务部 科技部 国家发展改革委关于完善技术先进型服务企业有关企业所得税政策问题的通知》（财税〔2014〕59号）的有关规定，适用技术先进型服务企业所得税优惠政策。

二、本通知自2016年1月1日起至2018年12月31日止执行。

第33章

文体产业

一、文化产业

《国务院办公厅关于印发文化体制改革中经营性文化事业单位转制为企业和进一步支持文化企业发展两个规定的通知》（国办发〔2014〕15号）：

在国务院批准的中国服务外包示范城市从事服务外包业务的文化企业，符合现行税收优惠政策规定的技术先进型服务企业相关条件的，经认定后，可享受有关税收优惠政策。

对从事文化产业支撑技术等领域的文化企业，按规定认定为高新技术企业的，减按15%的税率征收企业所得税；开发新技术、新产品、新工艺发生的研究开发费用，允许按国家税法规定，在计算应纳税所得额时加计扣除。

经认定并符合软件企业相关条件的动漫企业，可申请享受国家现行鼓励软件产业发展的所得税优惠政策。2017年底前，符合条件的动漫企业，按规定享受增值税优惠政策；经认定的动漫企业自主开发、生产动漫直接产品，确需进口的商品可按现行规定享受免征进口关税和进口环节增值税的优惠政策。

对于出版、发行单位处置库存呆滞出版物形成的损失，允许据实在企业所得税前扣除。

鼓励国有文化产业投资基金作为文化领域的战略投资者，对重点领域的文化企业进行股权投资。

探索国有文化企业股权激励机制，经批准允许有条件的国有控股上市文化公司按照国家有关规定开展股权激励试点。

上述政策适用于所有文化企业，凡未注明具体期限的，执行期限为2014年1月1日至2018年12月31日。

《国务院关于推进文化创意和设计服务与相关产业融合发展的若干意见》（国发〔2014〕10号）：

深入实施国家文化科技创新工程，支持利用数字技术、互联网、软件等高新技术支撑文化内容、装备、材料、工艺、系统的开发和利用，加快文化企业技术改造步伐。

加强创业孵化，加大对创意和设计人才创业创新的扶持力度。支持符合条件的设立博士后科研工作站，探索学历教育与职业培训并举、创意和设计与经营管理结合的人才培养新模式，加快培养高层次、复合型人才。

增加文化产业发展专项资金规模，加大对文化创意和设计服务企业支持力度。

将文化创意和设计服务内容纳入文化产业支撑技术等领域，对经认定为高新技术企业的文化创意和设计服务企业，减按15%的税率征收企业所得税。文化创意和设计服务企业发生的职工教育经费支出，不超过工资薪金总额8%的部分，准予在计算应纳税所得额时扣除。企业发生的符合条件的创意和设计费用，执行税前加计扣除政策。对纳入增值税征收范围的国家重点鼓励的文化创意和设计服务出口实行增值税零税率或免税，对国家重点鼓励的创意和设计产品出口实行增值税零税率，对国家重点鼓励的文化创意和设计服务出口实行营业税免税。

二、体育产业

《国务院关于加快发展体育产业促进体育消费的若干意见》（国发〔2014〕46号）：

取消商业性和群众性体育赛事活动审批，加快全国综合性和单项体育赛事管理制度改革，公开赛事举办目录，通过市场机制积极引入社会资本承办赛事。有关政府部门要积极为各类赛事活动举办提供服务。

将体育服务、用品制造等内容及其支撑技术纳入国家重点支持的高新技术领域，对经认定为高新技术企业的体育企业，减按15%的税率征收企业所得税。经认定取得非营利组织企业所得税免税优惠资格的，依法享受相关优惠政策。落实符合条件的体育企业创意和设计费用税前加计扣除政策。落实企业从事文化体育业按3%的税率计征营业税。鼓励企业捐赠体育服装、器材装备，支持贫困和农村地区体育事业发展，对符合税收法律法规规定条件向体育事业的捐赠，按照相关规定在计算应纳税所得额时扣除。体育场馆自用的房产和土地，可享受有关房产税和城镇土地使用税优惠。体育场馆等健身场所的水、电、气、热价格按不高于一般工业标准执行。

支持符合条件的体育企业牵头承担各类科技计划（专项、基金）等科研项目。

第34章

农林业

一、农林业科技创新

《农业部关于深入贯彻落实中央1号文件加快农业科技创新与推广的实施意见》（农科教发〔2012〕4号）：

建立种业发展基金，在转基因生物新品种培育重大专项、农业行业科研专项、种子工程、农业综合开发等项目中，加大对“育繁推一体化”种子企业投入力度，支持企业建立商业化育种体系。

根据转基因产品的研发进程、技术成熟度和社会接受程度，在科学评估、依法管理基础上，加快解决转基因生物产业发展的重大战略问题，积极稳妥地推进农业转基因技术研究与应用。

实施农业科研杰出人才培养计划，大力培养农业科技领军人才和优秀创新团队。

《国家林业局关于加快科技创新促进现代林业发展的意见》（林科发〔2012〕231号）：

强化林业遗传资源保护，研究建立林业遗传资源获取与惠益分享制度，推动遗传资源共享与创新，促进遗传资源开发利用。

实施林业条件平台建设专项，加强林业重点实验室、工程实验室、工程（技术）研究中心、质检中心、新品种测试基地等创新平台建设，构建层次清晰、分工明确、布局合理、管理规范的林业科技创新平台体系，增强开放运行效能。鼓励企业建立研发中心，建成一批林业科技创新型企业，增强林业企业自主创新能力。

组织实施国际合作项目，加大国际先进林业技术引进力度，开展合作研究，提高消化吸收再创新能力。

《中共中央国务院关于加大改革创新力度加快农业现代化建设的若干意见》（2015年中央一号文件）：

继续实施种粮农民直接补贴、良种补贴、农机具购置补贴、农资综合补贴等政策。完善农机具购置补贴政策，向主产区和新型农业经营主体倾斜，扩大节水灌溉设备购置补贴范围。实施农业生产重大技术措施推广补助政策。

推进农业产业化示范基地建设和龙头企业转型升级。

《农业部关于促进企业开展农业科技创新的意见》（农科教发〔2013〕2号）：

支持企业参与或主持科技重大专项、公益性行业（农业）科研专项、高新技术产业化项目、农业科技成果转化等项目，对于产业化特征突出的重大科技项目，可由有条件的企业牵头组织实施。

现代农业产业技术试验站、农作物育种创新基地等布局，要兼顾有条件的企业作为建设或参与建设依托单位。

《教育部关于实施农村实用技术培训计划的意见》（教职成〔2005〕2号）。

《农业部关于贯彻实施〈中华人民共和国农业技术推广法〉的意见》（2013年1月4日）。

二、农业科技园区

《科学技术部关于印发〈农业科技园区指南〉与〈农业科技园区管理办法（试行）〉的通知》（科技部国科发农社字〔2001〕229号）：

在兼顾科技优势、区域战略布局、主导产业培育的基础上，逐步引导园区农业科技企业实现集团化和国际化，培育一批具有国际竞争力的产业集团。

园区内的高新技术企业，经国家与地方科技主管部门批准后，可享受国家与地方高新技术企业的有关优惠政策。

优先支持园区农业技术的引进、消化、吸收和创新，要将园区的技术合作与交流作为国家重点科技合作计划和农业技术引进计划的重点。

《科技部关于印发“十二五”国家农业科技园区管理办法的通知》（国科发农〔2012〕760号）：

申报园区要有明确的技术依托单位，有较强的科技开发能力，有一定数量的科技型农业企业和科技特派员，有比较良好的基础设施条件和比较完善的技术转化服务体系。

第35章

其他产业政策摘选

一、装备制造业

《关于推进再制造产业发展的意见》（发改环资〔2010〕991 号）：

推进再制造产业发展的重点领域：（一）深化汽车零部件再制造试点；（二）推动工程机械、机床等再制造。

依托国内有基础的技术研发单位和企业，加快建立再制造国家工程研究（技术）中心和再制造产品质量检验检测中心，鼓励科研院所和企业开展联合攻关和产业化示范。

循环经济专项资金要将再制造技术研发、示范和推广项目作为支持重点，推动再制造产业发展。鼓励政府机关、事业单位优先采用再制造产品。

《关于调整重大技术装备进口税收政策的通知》（财关税〔2014〕2 号）：

一、《重大技术装备进口税收政策规定》（见附件 1）自 2014 年 3 月 1 日起执行。

二、《国家支持发展的重大技术装备和产品目录（2014 年修订）》（见附件 2）和《重大技术装备和产品进口关键零部件及原材料商品目录（2014 年修订）》（见附件 3）自 2014 年 3 月 1 日起执行，符合规定条件的国内企业为生产本通知附件 2 所列装备或产品而确有必要进口本通知附件 3 所列商品，免征关税和进口环节增值税。

三、《进口不予免税的重大技术装备和产品目录（2014年修订）》（见附件4，以下简称《不免目录》）自2014年3月1日起执行。

四、根据国内产业发展情况，自2014年3月1日起，将国家支持发展的油气钻探设备、半潜式钻井平台、液化天然气运输船、深水物探船、接触网多功能综合作业车、湿式电除尘器等装备纳入重大技术装备进口税收政策支持范围（见附件2）。

自2014年3月1日起，取消直流供电牵引设备、火灾自动报警及气体灭火系统、联锁系统、燃煤电站烟气脱硝成套设备等装备进口免税政策；调整三代核电机组核岛设备、二代改进型核电机组核岛设备与常规岛设备、清筛机、混凝土泵车、城市轨道交通装备等装备的进口免税零部件及原材料目录（见附件3）。

六、申请享受2015年度及以后重大技术装备进口税收政策的企业或项目业主,应按照按本通知附件1有关规定在上一年度11月1日至30日提交申请文件。

二、流通产业

《国务院办公厅关于促进内贸流通健康发展的若干意见》（国办发〔2014〕51号）：

支持商贸物流园区、仓储企业转型升级，经认定为高新技术企业的第三方物流和物流信息平台企业，依法享受高新技术企业相关优惠政策。

《国务院办公厅关于促进物流业健康发展政策措施的意见》（国办发〔2011〕38号）：

加强物流新技术的自主研发，重点支持货物跟踪定位、无线射频识别、物流信息平台、智能交通、物流管理软件、移动物流信息服务等关键技术攻关。适时启动物联网在物流领域的应用示范。

调整完善物流企业申请高新技术企业的认定标准，具备条件的物流企业可以享受高新技术企业的相关政策。

制造企业剥离物流资产和业务，可根据《财政部、国家税务总局关于企业重组业务企业所得税处理若干问题的通知》（财税〔2009〕59号）、《财政部国家税务总局关于企业改制重组若干契税政策的通知》(财税〔2008〕175号)和《财政部关于企业重组有关职工安置费用财务管理问题的通知》(财企〔2009〕117号)等文件规定，享受税收、资产处置、人员安置等相关扶持政策。

《国务院办公厅关于印发深化流通体制改革加快流通产业发展重点工作部门分工方案的通知》(国办函〔2013〕69号)。

三、陶瓷产业

《知识产权局、工业和信息化部、工商总局、版权局关于加强陶瓷产业知识产权保护工作的意见》(国知发协字〔2013〕26号):

(三)引导建立陶瓷市场商户知识产权诚信档案，开展惩戒奖励工作，推动将商户知识产权诚信状况与摊位租赁等措施挂钩。

(四)鼓励依法及时保护创新成果。加大对日用陶瓷、建筑陶瓷、艺术陶瓷等领域的工艺技术、产品设计、知名品牌的保护力度。鼓励对创新成果依法及时保护，较大幅度地提高陶瓷领域知识产权的数量和质量，为陶瓷产业的转型升级保驾护航。

建立健全陶瓷产业知识产权信息服务平台，加强知识产权信息传播和利用。

第六篇

重点区域政策

区域创新政策是促进企业创新活动的最为直接的调控手段。中国区域创新政策可以分为四类：第一是超越省、自治区、直辖市的大区域政策，如京津冀、长三角、珠三角（泛珠三角）、长江经济带以及“一带一路”政策；第二是省、自治区和直辖市的地方创新政策；第三是某一城市（如广州、武汉、成都等）的城市创新政策；第四是位于城市中特定范围内的园区创新政策，如自主创新示范区政策、高新区政策等。

当前，中国区域创新政策快速发展，数量已较为庞大。从对企业创新活动的直接影响上看，后二者为企业创新营造了更为直接有效的微观创新政策环境，因此，本书以园区创新政策和城市创新政策为主要案例（如中关村国家自主创新示范区），展示重点区域创新政策的基本内容（图 6-1）。

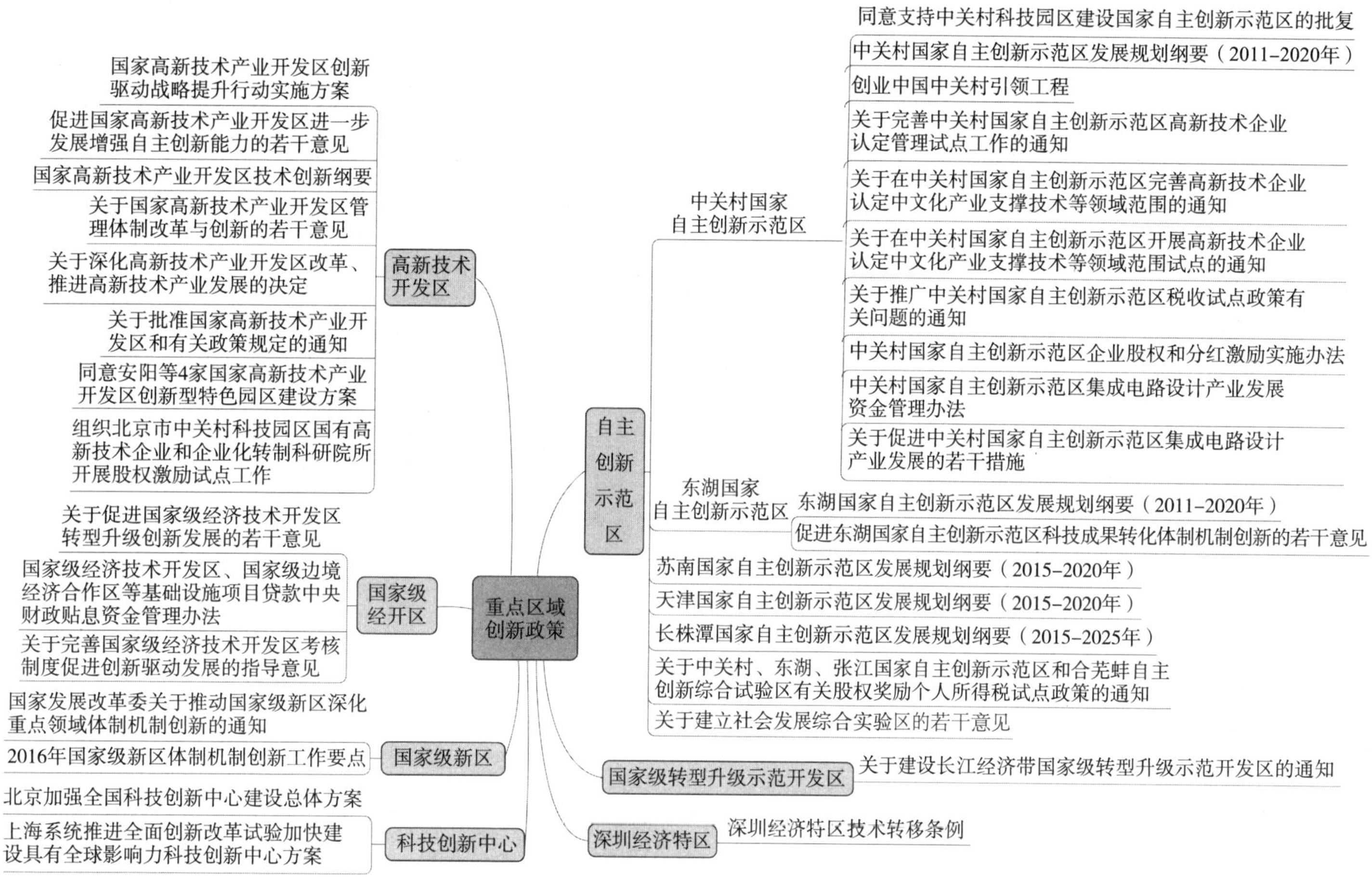

图6-1　重点区域政策框架结构

第36章

中关村国家自主创新示范区

一、宏观综合政策

《国务院关于同意支持中关村科技园区建设国家自主创新示范区的批复》（国函〔2009〕28号）：

（一）开展股权激励试点。在中关村科技园区范围内的院所转制企业以及国有高新技术企业中进行股权和分红权激励改革，对做出突出贡献的科技人员和经营管理人员实施期权、技术入股、股权奖励、分红权等多种形式的激励。

（二）深化科技金融改革创新试点。完善中关村科技园区范围内非上市公司进入证券公司待办股份转让系统的相关制度；逐步建立和完善各层次市场间的转板制度，建立具有有机联系的多层次资本市场体系。

（三）国家科技重大专项项目（课题）经费中按规定核定间接费用。

（四）支持新型产业组织参与国家重大科技项目。在电子信息、生物医药、航空航天、新材料、清洁能源、现代农业、先进制造、节能减排等重点领域，支持中关村科技园区的产业技术创新战略联盟等新型产业组织和民营科技企业参与国家科技重大专项、科技基础设施建设以及有关科技计划项目。

《国家发展改革委关于印发〈中关村国家自主创新示范区发展规划纲要（2011—2020年）〉的通知》（发改高技〔2011〕367号）：

支持以企业为主体，联合高等院校和科研院所在电子信息、航空航天、新能源、生物、轨道交通等领域建设一批国家工程中心和国家工程实验室。

成立重大科技产业化项目审批联席会，由北京市政府5年出资300亿元，按照资金集中使用、项目集中支持的原则，重点支持国家科技重大专项和科技基础设施、重大科技成果产业化项目。

设立科技型中小企业贷款风险补偿资金，扩大风险补偿贷款范围。完善企业信用体系建设，设立专业科技担保公司，完善商业银行、担保机构和信用中介机构间的信保贷联动机制。支持以科技型中小企业贷款为主要业务的小额贷款公司的发展。开展高新技术企业科技保险试点，支持发展科技再保险。

研究设立示范区国际化发展专项资金，对企业海外拓展中的关键环节加大支持力度。利用我国对外援助、双边或多边合作方式，支持有资质的企业承担国际工程项目，简化企业人员出入境手续。支持和指导企业开展国际认证活动。

按照有关规定，在示范区范围内试行国家财政投入的科研经费间接费用管理制度。进一步完善创业扶持、境外股权和返程投资、落户、居留和出入境、住房、子女教育、配偶安置、医疗等方面的政策支持。

试行对初创期企业投资的鼓励政策。完善示范区信用担保机构风险准备金制度和财政有限补偿担保代偿损失制度。探索支持在示范区注册的外资股权投资基金、外资创业投资基金发展的结汇政策。

《关于建立社会发展综合实验区的若干意见》（〔92〕国科发社字517号）。

二、创业

《关于印发〈创业中国中关村引领工程（2015—2020年）〉的通知》（国科火字〔2015〕51号）：

面向中关村企业外籍法人代表、外籍高级经营管理人才和掌握核心技术、关键技术的专业技术人才提供申请《外国专家证》的便利。逐步放开对外籍留学人才创业就业的限制，提供申请就业许可、工作居留许可的便利。

支持海外人才、30岁以下“雏鹰人才”到中关村创办企业，给予一次性创业启动资金，用于房租补贴、设备购置、团队建设及技术研发等。

对高校科技人员创办的科技企业，按照不超过科技人员出资额度的20%给予资金支持；对高校教师作为天使投资人投资的学生（含在校学生和毕业两年之内毕业生）科技创业企业，按照不超过教师出资额度的50%给予专项资金支持。

支持创业企业研发生产新技术新产品（服务），经认定后可享受政府采购和推广应用等相关政策支持。

支持创业企业购买信用中介服务、认证中介服务、知识产权中介服务、评估服务、技术转移服务、法律服务等高端科技中介服务，根据实际发生的费用，给予一定比例的资金支持。

支持创业企业积极申请国际和国内商标、发明专利，参与国际和国内行业标准的创制，根据商标注册、专利授权及标准创制情况，给予一定比例的资金支持。

设立示范区企业注册登记一站式窗口，采取网上申报、多证联办等措施，简化注册流程，缩短受理时间，降低创业成本。

对创业投资机构、高校院所、领军企业及科技企业孵化器等机构在中关村示范区设立的天使投资和创业投资基金，中关村管委会最高可按30%的比例参股，并按一定比例给予补贴。

积极开展担保融资、信用贷款、知识产权质押贷款、股权质押贷款、信用保险和贸易融资、并购贷款、产业链融资等信贷创新试点，对符合条件的企业按照其信用星级给予20%～45%的贷款贴息支持。

对银行、担保等信贷机构为符合条件的创业企业提供融资而发生的不良贷款给予30%～50%的补偿和分担。对银行、担保机构为符合条件的创业企业开展的信贷创新产品业务，按照每年新增业务规模的1%给予风险补贴支持。

支持高校院所、行业领军企业及其他各类创新主体建设孵化器、公共技术服务平台、公共信息服务平台、公共培训服务等创业服务平台，对所需运营、设备配置及维护等费用给予一定比例的资金支持。

支持知识产权服务机构、开放实验室等专业服务机构为创业企业提供专利代理、商标注册、新产品检测开发等服务，根据服务创业企业的数量和质量给予一定比例的资金支持。

三、高新技术企业认定

《科技部、财政部、税务总局关于在中关村国家自主创新示范区开展高新技术企业认定中文化产业支撑技术等领域范围试点的通知》（国科发高〔2013〕595号）：

对中关村国家自主创新示范区从事文化产业支撑技术等领域的企业，按规定认定为高新技术企业的，减按15%税率征收企业所得税。

《科技部、财政部、国家税务总局关于在中关村国家自主创新示范区完善高新技术企业认定中文化产业支撑技术等领域范围的通知》（国科发火〔2014〕20号）：

根据《科技部、财政部、国家税务总局关于在中关村国家自主创新示范区开展高新技术企业认定中文化产业支撑技术等领域范围试点的通知》（国科发高〔2013〕595号）文件精神，现对《关于完善中关村国家自主创新示范区高新技术企业认定管理试点工作的通知》（国科发火〔2011〕90号）的附件《国家重点支持的高新技术领域（中关村示范区试行）》内涉及文化产业支撑技术等领域范围内容予以补充，详见附件。

附件：文化产业支撑技术等领域范围补充内容

序号	增加位置	增加内容
1	一、电子信息技术 （一）软件 6. 中文及多语种处理软件技术	字体设计与生成技术；字库管理技术；支撑古文字、少数民族文字研究的相关技术；支撑书法及绘画研究的相关技术；语言、音乐和电声信号的处理技术；支撑文物器物、文物建筑研究的相关技术；支撑文物基础资源的信息采集、转换、记录、保存的相关技术
2	一、电子信息技术 （一）软件 7. 图形和图像软件技术	静态图像、动态图像、视频图像及影视画面的处理技术
3	一、电子信息技术 （七）信息安全技术 5. 安全保密技术	文化、文物及文物衍生产品防伪技术，包括介质的生产、压印、压膜、标记技术，介质的标签唯一标识技术等
4	一、电子信息技术 （五）广播电视技术 3. 广播电视测量、监测与监控技术	新媒体视听节目的监测、监控技术

续表

序号	增加位置	增加内容
5	四、新材料技术	（六）文化艺术新材料 1. 文化载体和介质新材料制备技术 文化艺术用可再生环保纸（不含木料纸、新型非涂布纸和轻涂纸、轻质瓦楞纸板）、特种纸（包括艺术专用纸张）、电子纸等新型纸的生产技术；仿古纸（包括传统工艺制作的古代书画修复用纸、纸质文物修复用纸等）的生产技术；光盘及原辅材料（包括光盘基片材料、光盘记录材料、甩涂与粘合材料、清洗与保护材料等）的生产技术。 2. 艺术专用新材料制备技术 针对艺术专用品及改进其工艺生产的材料生产技术，包括专用器件、文化资源数字化存储材料等的制备技术；针对艺术需要的声学材料的设计、加工、制作、生产等技术。 3. 影视场景和舞台专用新材料的加工生产技术 用于与文化艺术有关的制景、舞台、影视照明的新型专用灯具器材的新材料、新工艺开发和应用技术。 4. 文化产品印刷新材料制备技术 数字直接制版材料，数字印刷用油墨、墨水，特殊印刷材料等开发和应用技术。 5. 文物保护新材料制备技术 文物提取、清洗、固色、粘结、软化、缓蚀、封护等材料的制造技术及文物存放环境的保护技术
6	五、高技术服务业 5、文化创意产业支撑技术	数字电影、数字动漫等的生产制作技术；3D、4D、超高清（4K 以上分辨率）、穹（球）幕、巨幕等制作传输和显示放映技术；移动多媒体广播（CMMB）技术；下一代广播电视网（NGB）技术；有线数字电视网络整合技术；数字电影与动漫制作基地支撑技术；文化信息资源共享支撑技术；出版物物流技术；数字版权保护技术；网络视听新媒体发展创新及衍生产品开发支撑技术；3D 打印、人机交互、大数据智能处理等能支撑体现交互式、虚拟化、数字化、网络化特征的文化科技融合技术；艺术品鉴证技术；集成化舞台制作技术，舞台美术、灯光、音响、道具等加工生产制作技术；移动互联多媒体票务技术；文物保护、展览、展示、鉴定新技术

续表

序号	增加位置	增加内容
7	八、高新技术改造传统产业	（七）传统文化产业改造技术 1. 数字电影、电视、广播、出版技术 2. 乐器制造技术 乐器及其器材加工和调试新技术；MIDI 系统生产调试技术。 3. 印刷技术 传统印刷改造的高新技术；绿色印刷工艺技术；特种印刷工艺技术（包括喷墨印刷、防伪印刷、标签印刷、金属制品印刷、纸包装印刷等）

《关于完善中关村国家自主创新示范区高新技术企业认定管理试点工作的通知》（国科发火〔2011〕90 号）。

四、股权与分红激励

《关于〈中关村国家自主创新示范区企业股权和分红激励实施办法〉的补充通知》（财企〔2011〕1 号）：

一、根据《实施办法》第三十一条第三款，教育部（财务司、科技发展中心）、工业和信息化部（财务司）、中科院（计划财务局）等主管部门、机构（以下简称主管部门），按照资产管理权属，负责对企业股权和分红激励方案进行审批。

二、企业股权和分红激励方案申报前，应当由中央级事业单位审核通过。

三、主管部门自受理企业股权和分红激励方案之日起 20 个工作日内，提出书面审定意见，符合条件的形成审批文件，正式行文批复。

《关于印发〈中关村国家自主创新示范区企业股权和分红激励实施办法〉的通知》（财企〔2010〕8 号）：

第四条　激励对象应当是重要的技术人员和企业经营管理人员。

第九条　股权奖励和股权出售的激励对象，除满足本办法第四条规定条件外，应当在本企业连续工作 3 年以上。股权奖励的激励对象，仅限于技术人员。

第十条 企业用于股权奖励和股权出售的激励总额，不得超过近3年税后利润形成的净资产增值额的35%。其中，激励总额用于股权奖励的部分不得超过50%。

第十八条 激励对象自取得股权之日起5年内不得转让、捐赠其股权。

第二十一条 大型企业用于股权激励的股权总额，不得超过企业实收资本（股本）的10%。

第二十二条 企业可以根据以下不同情形，选择不同方式实施分红激励：

（一）由本企业自行投资实施科技成果产业化的，自产业化项目开始盈利的年度起，在3至5年内，每年从当年投资项目净收益中，提取不低于5%但不高于30%用于激励。

（二）向本企业以外的单位或者个人转让科技成果所有权、使用权（含许可使用）的，从转让净收益中，提取不低于20%但不高于50%用于一次性激励。

（三）以科技成果作为合作条件与其他单位或者个人共同实施转化的，自合作项目开始盈利的年度起，在3至5年内，每年从当年合作净收益中，提取不低于5%但不高于30%用于激励。

（四）以科技成果作价入股其他企业的，自入股企业开始分配利润的年度起，在3至5年内，每年从当年投资收益中，提取不低于5%但不高于30%用于激励。

第二十四条 大中型企业实施重大科技成果产业化，可以探索实施岗位分红激励制度，按照岗位在科技成果产业化中的重要性和贡献，分别确定不同岗位的分红标准。

企业年度岗位分红激励总额不得高于当年税后利润的15%，激励对象个人岗位分红所得不得高于其薪酬总水平（含岗位分红）的40%。

第四十一条 对职工个人合法拥有、企业发展需要的知识产权，企业可以按照财政部、国家发展改革委、科技部、原劳动保障部《关于企业实行自主创新激励分配制度的若干意见》（财企〔2006〕383号）第三条的规定实施技术折股。

第四十二条 高等院校和科研院所经批准以科技成果向企业作价入股，可以按科技成果评估作价金额的20%以上但不高于30%的比例折算为股权奖励给有关技术人员，企业应当从高等院校和科研院所作价入股的股权中划出相应份额予以兑现。

五、税收优惠

《财政部、国家税务总局关于中关村、东湖、张江国家自主创新示范区和合芜蚌自主创新综合试验区有关股权奖励个人所得税试点政策的通知》（财税〔2013〕15号）：

一、对试验地区内的高新技术企业转化科技成果，以股份或出资比例等股权形式给予本企业相关技术人员的奖励，技术人员一次缴纳税款有困难的，经主管税务机关审核，可分期缴纳个人所得税，但最长不得超过5年。

四、对技术人员的股权奖励，应按照现行有关政策规定计算征收个人所得税。股权奖励的计税价格参照获得股权时的公平市场价格确定。

五、技术人员获得股权后再转让时，对转让的差价收入，即转让收入高于获得时的公平市场价格的部分，应按照“财产转让所得”适用的征免规定计算缴纳个人所得税。

六、在2012年1月1日至2012年12月31日期间经有关部门批准获得股权奖励的技术人员，可享受上述分期纳税的优惠。

《关于推广中关村国家自主创新示范区税收试点政策有关问题的通知》（财税〔2015〕62号）：

技术人员转让奖励的股权（含奖励股权孳生的送、转股）并取得现金收入的，该现金收入应优先用于缴纳尚未缴清的税款。

技术人员在转让奖励的股权之前企业依法宣告破产，技术人员进行相关权益处置后没有取得收益或资产，或取得的收益和资产不足以缴纳其取得股权尚未缴纳的应纳税款的，经主管税务机关审核，尚未缴纳的个人所得税可不予追征。

示范地区内中小高新技术企业，以未分配利润、盈余公积、资本公积向个人股东转增股本时，个人股东应按照“利息、股息、红利所得”项目，适用20%税率征收个人所得税。个人股东一次缴纳个人所得税确有困难的，经主管税务机关审核，可分期缴纳，但最长不得超过5年。

股东转让股权并取得现金收入的，该现金收入应优先用于缴纳尚未缴清的税款。

在股东转让该部分股权之前，企业依法宣告破产，股东进行相关权益处置后没有取得收益或收益小于初始投资额的，经主管税务机关审核，尚未缴纳的个人所得税可不予追征。

上市中小高新技术企业或在全国中小企业股份转让系统挂牌的中小高新技术企业向个人股东转增股本，股东应纳的个人所得税，继续按照现行有关股息红利差别化个人所得税政策执行，不适用本通知规定的分期纳税政策。

本通知自 2015 年 1 月 1 日起执行。实施范围包括中关村等所有国家自主创新示范区、合芜蚌自主创新综合试验区和绵阳科技城。

六、集成电路产业

《关于促进中关村国家自主创新示范区集成电路设计产业发展的若干措施》（中科园发〔2016〕37 号）：

三、支持以集成电路设计为重点的创新型孵化器建设，根据服务企业的数量、服务效果、人才吸引、产业集聚等情况，给予最高不超过 100 万元的一次性资金支持。对首次获得创业投资机构投资的集成电路设计企业，给予不超过获得投资总额 10%、最高不超过 100 万元的资金支持。

七、支持企业吸引和培育全球集成电路设计领军人才。优先推荐掌握国际最尖端集成电路技术、并在中关村实现成果转化的高端领军人才申报参评“千人计划”“海聚工程”“高聚工程”，对入选者提供 100 万元资金支持。

八、鼓励设立集成电路产业成果转化基金。推动融资租赁公司针对集成电路设计企业开展以知识产权、软件等无形资产为标的物的租赁服务。

《中关村国家自主创新示范区集成电路设计产业发展资金管理办法》（中科园发〔2016〕38 号）：

第四条（一）按照集成电路设计企业签署的当年度该产品批量验证流片合同金额的 20%或掩膜版制作合同金额的 20%予以研发资金支持，且合同须已执行。（二）对单个企业支持资金最高不超过 200 万元。

第五条 对经认定的具有重大战略意义、拥有自主知识产权、处于国际先进水平的重大产业化项目，海淀区政府优先给予政府股权投资或者研发资金支持。

第六条（一）对年收入超过100亿元（含）且研发投入占收入的比例达5%、年收入50亿元（含）至100亿元且研发投入占收入的比例达6%、年收入10亿元（含）至50亿元且研发投入占收入的比例达7%、年收入5亿元（含）至10亿元且研发投入占收入的比例达10%的集成电路设计企业，分别一次性给予最高不超过300万元、200万元、100万元、50万元的资金支持。（二）申请企业在上述每个阶段只能获得一次资金支持，且收入和研发投入必须是当年度首次达到上述标准。

第七条 对集成电路设计领域的创新型孵化器，按照中关村管委会有关支持创新型孵化器的资金管理办法给予资金支持。

第八条 对年度首次获得创业投资机构投资的集成电路设计企业，按照中关村管委会产业发展有关资金管理办法给予资金支持。

第九条 支持集成电路企业、产业技术联盟、专业机构联合产业链上下游企业或用户单位，共同搭建共性技术服务平台和产业促进服务平台。

（一）根据上述平台当年设备购置等资金投入情况，按照不超过设备购置费等平台建设费用的50%、给予最高不超过500万元的一次性资金支持。

（二）对平台提供的服务按照不超过实际投入或总合同金额30%的比例，给予最高不超过300万元的资金支持，支持期限为三年。

第十条 支持集成电路设计企业与整机企业联动发展。

（一）对于经营规模达到10亿元（含）以上的北京地区系统整机企业，采购中关村集成电路设计企业新产品的，经被采购方即中关村集成电路设计公司推荐，按实际采购金额的20%给予整机企业资金支持。

（二）对单个企业的支持资金最高不超过500万元。

第十一条 对于承接研发军方预研项目的集成电路设计企业，海淀区政府通过海淀区军民融合专项资金给予项目协议金额30%的资金支持，最高支持资金200万元。对于集成电路设计企业参与国防和军队建设所进行技术改造的固定资产投资贷款，海淀区政府给予贷款贴息，最高金额不超过300万元。

第十三条 本办法第十二条中人才自动入选“海英人才”，海淀区政府给予“海英人才”入选者或团队连续三年、每年最高30万元（团队50万元）的资金支持，并优先落实居留与出入境、子女入学、职称评审、公租房等中关村人才特区支持政策，在公租房方面给予最高额房租支持和最长使用期限的支持。

第十四条（二）对园区入驻企业，按照企业实际租用面积的 50%、每家企业支持面积不超过 1000 平方米、每天最高 3 元 / 平方米的标准，连续三年给予房租支持。

第十五条 企业或单位的同一项目不得通过多种方式重复支持；同一企业或单位同一年度最多申请上述三项中关村集成电路设计产业发展资金，累计获得支持额度不得超过 1000 万元。

第十六条 当年度已申请获得本办法资金支持的企业，不得再申请中关村管委会同类型支持资金。

第37章

东湖、张江等国家自主创新示范区

一、武汉东湖

《科学技术部关于印发〈东湖国家自主创新示范区发展规划纲要（2011—2020年）〉的通知》（2012年4月1日）：

五、（一）1. 支持中小企业进行规范化的股份制改造，加大对符合条件的中小企业上市的支持力度。支持符合条件的中小企业在全国银行间债券市场发行短期融资券、资产支持证券、中小企业集合债券、中小企业集合票据等。

2. 支持面向科技型中小企业的小额贷款公司发展。

八、（四）建立有利于自主创新和科技成果转化的激励机制和政策体系，支持符合条件的国有及国有控股的院所转制企业、高新技术企业，东湖示范区内的高校、科研院所以科技成果作价入股的企业，以及其他科技创新企业积极开展股权奖励、股权出售、股票期权和分红激励。

《促进东湖国家自主创新示范区科技成果转化体制机制创新的若干意见》（武政〔2012〕73 号）：

四、在东湖开发区登记注册科技型内资企业，注册资本100万元以下的（不含1人有限公司），允许注册资本“零首付”，可在核发营业执照后6个月内缴足符合法定比例的首期出资，其余部分在2年内依法缴足。企业登记注册实行“零收费”。企业在运行中，涉及市级及以下的行政服务性收费事项一律取消；国家规定的行政收费事项按收费标准的下限收取。支持产业技术创新联盟登记为法人。

五、在东湖开发区注册的科技型企业，符合国家科技型中小企业创新基金申报条件的，给予不低于30万元的资金支持。每年支持200家。

六、每年遴选100家具有一定规模、增长速度快、创新能力强、发展前景好的“光谷瞪羚企业”，在政府采购、企业融资、创新平台建设、发展空间拓展等方面给予支持。

允许将市、东湖开发区所投资的科技型企业中国有股份3年内分红以及按投入时约定的固定回报方式退出的超出部分，用于奖励科技领军型人才和团队。

八、在东湖开发区从事初创企业风险投资的机构或个人，对其在东湖开发区所缴纳的企业所得税或个人所得税、营业税市级和区级留成部分，10年内按照100%标准给予奖励。入驻东湖开发区的风险投资机构，对其实际缴纳的营业税、企业所得税市级和开发区级留成部分，5年内按照100%标准给予奖励。

二、上海张江

《科技部关于印发〈上海张江国家自主创新示范区发展规划纲要（2013—2020年）〉的通知》（国科发高〔2013〕504号）：

实施张江示范区开放实验室（工程中心、检测中心）工程，探索建设面向全国企业开展联合研发、委托研发、设计、中试、检测等服务的张江开放式研究机构。

《上海市地方税务局、上海市财政局关于张江国家自主创新示范区股权奖励分期缴纳个人所得税管理事项的公告》（上海市地方税务局上海市财政局公告2013年第1号）。

《关于印发〈张江国家自主创新示范区企业股权和分红激励试点实施细则〉（修订稿）的通知》（2013年3月19日）。

《关于印发〈上海张江国家自主创新示范区新兴产业发展规划（2014—2020年）〉的通知》（2014年9月30日）。

关于推进张江示范区众创空间建设的通知（沪张江高新管委〔2016〕67 号）。

三、天津滨海

《科技部关于印发〈天津国家自主创新示范区发展规划纲要（2015—2020 年）〉的通知》（国科发高〔2015〕445 号）：

通过政府购买服务等形式，支持科技小巨人企业开展战略咨询，探索商业模式创新。将企业具有市场竞争力的自主创新的首台（套）产品纳入政府采购目录，在产业实验示范中优先选择。

开通企业家培训专列，定期组织企业家赴国内外先进园区参观学习，培养创新创业精神。以新型企业家俱乐部为依托，组建亿元级民营企业家俱乐部，加强企业家专业技术、管理决策、战略和资本运作等方面的交流和咨询，营造企业家创新氛围。

建立起梯度分明的人才住房供应保障体系。结合区域差异化的人才发展需求，实行普惠性的引才政策，本科毕业来津创业即可办理落户手续。

实施专利“十百千万”工程，提升专利质量。

天津市政府出资设立示范区建设专项资金。

四、苏南

《科技部关于印发〈苏南国家自主创新示范区发展规划纲要（2015—2020 年）〉的函》（国科函高〔2015〕208 号）：

率先落实好国家向全国推广的中关村 6 条政策，包括科研项目经费管理改革、非上市股份转让、科技成果使用处置和收益管理、扩大税前加计扣除研发费用范围、股权和分红激励、职工教育经费税前扣除等相关政策及其配套措施。积极复制推广中关村先行先试的 4 条政策，包括给予技术人员和管理人员的股权奖励可在 5 年内分期缴纳个人所得税；有限合伙制创投企业投资于未上市中小高新技术企业2年以上的，可享受企业所得税优惠；对5年以上非独占许可使用权转让，参照技术转让给予所得税减免优惠；对中小高新技术企业向个人股东转增股本应交纳的个人所得税，允许在5年内分期交纳。

健全配套保障机制，为高层次人才提供社保、医疗、交通、住房、子女入学、配偶就业、出入境等综合服务。

大力发展以“首投”为重点的创业投资、以“首贷”为重点的科技信贷、以“首保”为重点的科技保险，江苏省、苏南五市、国家高新区共建科技贷款风险补偿资金（基金），3到5年内达百亿元规模。

鼓励科技型企业在全国中小企业股份转让系统或江苏股权交易中心托管挂牌，提高企业知名度和影响力。

五、长株潭

《科技部关于印发〈长株潭国家自主创新示范区发展规划纲要（2015—2025年）〉的通知》（国科发高〔2016〕50号）：

创新对企业新产品新技术新工艺开发和科技成果转化的支持方式，由立项补助向完成新产品开发和专利转化验收后支持转变。

积极探索创新券等扶持手段，对众创空间内的种子期、初创期科技型、创意型中小企业给予支持，促使更多“创客”脱颖而出。

实施瞪羚企业培育计划，建立示范区瞪羚企业筛选体系，利用省市各级相关专项资金，为瞪羚企业发展提供多方位支持。

鼓励支持具有较强科技创新实力和自主知识产权的民营企业取得“民参军”资质认证，简化手续做好“民参军”保密审查。

通过湖南省科技成果转化引导基金对示范区科技成果转化贷款给予风险补偿。

积极推动园区企业开展融资租赁业务，鼓励企业通过“售后回租”、电子商务的委托租赁等融资租赁产品获得贷款，并给予风险补偿基金、贴息等支持。

在长沙高新区科技保险试点基础上，在示范区开展试点工作。

实施“长株潭高层次人才聚集工程”。

对高等学校和科研院所等事业单位以科技成果作价入股的国有科技型企业，放宽股权出售对企业设立年限和盈利水平的限制。

在示范区开展外籍高端人才技术移民和投资移民试点，为符合条件的外籍专业技术人才申请办理“永久居留证”。对引进的紧缺急需人才特别是国际顶尖人才，在签证居留、配偶安置、子女入学等工作条件和生活待遇方面给予优惠政策，提供全方位服务。

对新认定的国家工程（技术）中心、国家工程技术研究中心、国家检验检测认证中心、企业技术中心、新认定设在企业的重点实验室给予配套资金支持。

对主导、参与国际、国家标准制定和修订的企业分别给予不同程度的资金支持和奖励。

第38章

国家高新技术开发区

《科技部关于印发国家高新技术产业开发区创新驱动战略提升行动实施方案的通知》（国科发火〔2013〕388号）：

支持企业联合高校、科研机构规划建设一批产业技术研究院、产业技术创新战略联盟等创新机构和组织。健全产学研合作公共信息服务平台，完善为产学研合作提供服务的科技中介体系，加大对产学研合作的财政和金融支持。

进一步落实技术交易营业税、技术转让所得税等税收优惠政策。

重点实施“创新型产业集群建设工程”和“科技服务体系火炬创新工程”。

《科技部关于同意安阳等4家国家高新技术产业开发区创新型特色园区建设方案的批复》（国科函火〔2015〕73号）：

《关于进一步加强火炬工作促进高新技术产业化的指导意见》（国科发火〔2011〕259号）。

《关于印发促进国家高新技术产业开发区进一步发展增强自主创新能力的若干意见的通知》（国科发高字〔2007〕152号）：

推动生产力促进中心、技术产权交易等机构增强服务能力。

逐步扩大国家高新区内的未上市高新技术企业的股权进入证券公司代办股份转让系统流通的试点范围；国家高新区要通过建立技术创新基金（资金）和创业风险投资引导基金，发展创业风险投资企业和科技担保机构等，支持企业增强自主创新能力。

**《国务院国有资产监督管理委员会办公厅、科学技术部办公厅关于组织北京市中关村

科技园区国有高新技术企业和企业化转制科研院所开展股权激励试点工作的通知》（国资厅发分配〔2006〕1号）：

股权激励的人员范围应严格限定为有突出贡献的科技人员和经营管理人员。股权激励的股份来源应来自于所有股东，不能单纯减让国有股权。股权激励的方式应灵活多样，积极探索股份期权、岗位分红权等行之有效的激励方式。试点方案应科学规范，经国资委、科技部与北京市政府有关部门联合审核批复后组织实施，真正把试点工作做实做好。

《关于印发〈国家高新技术产业开发区技术创新纲要〉的通知》（国科发火字〔2005〕16号）：

以国家高新区环境为依托，建设城市创新创业核心基地——火炬创新创业园。

科技部设立公共技术创新平台建设专项资金，重点支持地处国家高新区内的大学、研究机构和国家级科技企业孵化机构；

科技型中小企业技术创新基金，重点支持国家高新区内的科技型中小企业技术创新活动；

科技部设立专项资金，引导国家高新区完善包括生产力促进中心、科技企业孵化机构、技术产权交易市场等内容的科技中介服务体系建设；

国家高新区直接用于支持新产品开发的科技经费，不能低于年财政预算的5%，到2010年应达到10%；

高新技术企业R&D经费，不能低于年产品销售额的5%；

国家批准的高新区范围内，研发机构、科技企业孵化器和高新技术企业用地不能低于总面积的60%。

《关于国家高新技术产业开发区管理体制改革与创新的若干意见》（国科发政字〔2002〕61号）。

第39章

国家级新区与经开区

一、国家级新区

《国家发展改革委关于推动国家级新区深化重点领域体制机制创新的通知》（发改地区〔2015〕1573号）：

一、上海浦东新区。重点围绕深化自由贸易试验区制度创新，在金融、贸易、航运等方面加快构建开放型经济新体制开展探索。

二、天津滨海新区。重点围绕京津协同创新体系建设和港区协调联动开展探索。

三、重庆两江新区。重点围绕打造丝绸之路经济带和长江经济带重要交汇点，推动建立内陆通关和口岸监管新模式开展探索。

四、浙江舟山群岛新区。重点围绕打造江海联运中心，推动建立高效便捷的通关和口岸监管模式开展探索。

五、甘肃兰州新区。重点围绕深化政府服务创新，在建立促进产业集聚和科技创新新机制方面开展探索。

六、广州南沙新区。重点围绕推动自由贸易试验区制度创新，构建与国际投资贸易通行规则相衔接的基本制度框架开展探索。

七、陕西西咸新区。重点围绕推进“一带一路”建设，创新城市发展方式和以文化促发展的有效途径开展探索。

八、贵州贵安新区。重点围绕构建产城融合发展的新机制，以产业集聚促进新型城镇化发展开展探索。

九、青岛西海岸新区。重点围绕提升深远海资源开发能力，形成以海洋科技创新促进海洋产业发展的有效途径开展探索。

十、大连金普新区。重点围绕深化面向东北亚区域开放合作，推动构建现代产业体系开展探索。

十一、四川天府新区。重点围绕深化土地管理制度改革，构建有利于产业集聚发展和城乡一体化发展的体制机制开展探索。

十二、湖南湘江新区。重点围绕创新生态文明建设体制，推动建立综合性生态补偿机制，走绿色低碳循环发展道路开展探索。

十三、南京江北新区。重点围绕实施创新驱动发展战略，以自主创新引领产业转型升级、以制度创新促进区域协同发展开展探索。

《国家发展改革委关于印发2016年国家级新区体制机制创新工作要点的通知》（发改地区〔2016〕1032号）：

一、上海浦东新区：依托张江高科技园区，大力推进上海全面创新改革试验区建设，在发展新经济、培育新动能方面创造经验。

二、天津滨海新区：率先开展京津冀全面创新改革试验区建设探索，推进滨海－中关村科技园建设，构建重点领域对接合作机制，促进协同研发和技术扩散，推动建设“双创”示范基地，率先形成个性化定制、服务型制造等新模式。深化自贸试验区制度创新，拓展金融业务新领域，发挥自主创新示范区和自贸试验区联动效应。

四、浙江舟山群岛新区：探索完善助推船舶工业转型升级新举措，深化远洋渔业发展创新。

五、兰州新区：围绕兰白科技创新改革试验区建设，以产业孵化器、“双创”品牌活动等为载体，构建“创业苗圃＋孵化器＋加速器＋产业园”的孵化链条，加快集聚高端创新要素。

九、青岛西海岸新区：以装备技术保障、军地人才培养、军队社会化保障、军民科技产业发展4个军民融合中心建设为载体，积极探索军民产业融合发展、军民科技协同研发孵化、军地基础设施共建共享、军地人才培养使用等方面的新模式。全面布局科技创新计划，推动海洋类等科研院所落地，积极推行“持股孵化”等新型孵化模式，创新科技金融合作模式，深化科技创新引领海洋产业发展探索。

十一、四川天府新区：依托成都科学城建设，培育集聚新技术、新产业、新业态，率先推进全面创新改革试验。

十三、南京江北新区：完善创业创新机制，实施创新型企业培育行动，探索建设知识产权法庭。

十四、福州新区：推动产业优化再造，实施龙头促进计划和技术改造专项计划，重点培育工业制造业龙头企业。

二、国家级经济技术开发区

《国务院办公厅关于完善国家级经济技术开发区考核制度促进创新驱动发展的指导意见》（国办发〔2016〕14号）：

积极创建国家新型工业化产业示范基地，同时培育制造业创新中心，推动制造业由生产型向生产服务型转变，引导制造企业延伸服务链条、增加服务环节，引领中国制造业核心竞争力和国际分工地位跃升。

鼓励国家级经开区综合运用政府购买服务、无偿资助、业务奖励等方式，对众创空间等新型孵化机构的房租、宽带接入和用于创业服务的公共软件、开发工具等费用给予适当财政补贴。

《国务院办公厅关于促进国家级经济技术开发区转型升级创新发展的若干意见》（国办发〔2014〕54号）：

支持国家级经开区通过设立创业投资引导基金、创业投资贴息资金、知识产权作价入股等方式，搭建科技人才与产业对接平台。

允许符合条件的国家级经开区开发、运营企业依照国家有关规定上市和发行中期票据、短期融资券等债券产品筹集资金。

《财政部关于印发〈国家级经济技术开发区、国家级边境经济合作区等基础设施项目贷款中央财政贴息资金管理办法〉的通知》（财建〔2013〕32号）：

第四条 本办法所称基础设施项目包括：(四) 开发区内为中小企业创业、自主创新提供场所服务和技术服务的孵化器、公共技术支撑平台建设，以及为服务外包、物联网企业提供场所服务和技术服务的公共基础设施项目。包括物理场所建设、为实现设施功能所必需的软硬件设备系统购置以及专用软件开发等，不包括中小企业自身拥有和开发的部分。

第五条 贴息资金实行先付后贴，即项目单位必须凭贷款银行或其他金融机构开具的利息支付凭证向财政部门申请贴息。

第七条 开发区管辖区域范围内已落实贷款并已按期支付利息的基础设施在建项目，均可按规定申报贴息资金。

第八条 财政部根据年度贴息资金预算控制指标和当年贴息资金申报情况等因素确定贴息率，最高不超过当年中国人民银行同期贷款基准利率。

第九条 项目建设期少于 3 年（含 3 年）的，按项目建设期进行贴息；项目建设期大于 3 年的，按不超过 5 年进行贴息；属于购置的，按 2 年进行贴息。

第40章

其他区域创新政策摘选

一、科技创新中心

《国务院关于印发上海系统推进全面创新改革试验加快建设具有全球影响力科技创新中心方案的通知》（国发〔2016〕23号）：

建设上海张江综合性国家科学中心。加快上海光源线站工程、蛋白质科学设施、软X射线自由电子激光、转化医学等大设施建设；根据国家战略需要和布局，积极争取超强超短激光、活细胞成像平台、海底长期观测网、国家聚变能源装置等新一批大设施落户上海，打造高度集聚的重大科技基础设施集群。

建设关键共性技术研发和转化平台。建设上海微技术工业研究院；建设微电子示范学院和微纳电子混合集成技术研发中心；发展数字电视国家工程研究中心。建设创新药物综合研发平台，建设精准医疗研发与示范应用平台。建设智能型新能源汽车协同创新中心，建设嵌入式控制系统开发服务平台，建设微小卫星创新平台。开展海上小型核能海水淡化和供电平台研究。

实施引领产业发展的重大战略项目和基础工程。

实施“双创”示范基地三年行动计划。

根据新兴产业特点，完善企业行业归类规则和经营范围的管理方式。

主动探索药品审评审批管理制度改革，试点开展创新药物临床试验审批制度改革。试点推进药品上市许可和生产许可分离的创新药物上市许可持有人制度。

在国有企业领导人员任期考核中加大科技创新指标权重。对竞争类企业，实施以创新体系建设和重点项目为主要内容的任期创新转型专项评价，评价结果与任期激励挂钩。落实创新投入视同于利润的鼓励政策，对主动承接国家和上海市重大专项、科技计划、战略性新兴产业领域产业化项目，收购创新资源和境外研发中心，服务业企业加快模式创新和业态转型所发生的相关费用，经认定可视同考核利润。

允许符合条件的国有创投企业建立跟投机制，并按市场化方式确定考核目标及相应的薪酬水平。探索符合条件的国有创投企业在国有资产评估中使用估值报告，实行事后备案。

改革国有企业技术人员主要依靠职务提升的单一晋升模式，拓宽技术条线晋升渠道，鼓励设立首席研究员、首席科学家等高级技术岗位，给予其与同级别管理岗位相一致的地位和薪酬待遇。

在上海股权托管交易中心设立科技创新专门板块，在符合国家规定的前提下，探索相关制度创新，为挂牌企业提供股权融资、股份转让、债券融资等创新服务。

探索允许国外企业、机构、合伙人或个人参照《民办非企业单位登记管理暂行条例》在自贸试验区内设立提供科技成果转化、科技成果输入或输出以及其他相关科技服务的非企业机构。

《国务院关于印发北京加强全国科技创新中心建设总体方案的通知》（国发〔2016〕52 号）：

未来科技城着重集聚一批高水平企业研发中心，集成中央在京科技资源，引进国际创新创业人才，强化重点领域核心技术创新能力，打造大型企业集团技术创新集聚区。

以智能制造、生物医药、集成电路、新型显示、现代种业、移动互联、航空航天、绿色制造等领域为重点，依托优势企业、高等学校和科研院所，建设一批对重点领域技术创新发挥核心引领作用的国家技术创新中心。

推广创新券等科技资源开放共享的市场化机制，促进重大科研基础设施、大型科研仪器和专利基础信息资源向社会开放。

北京市设立战略性新兴产业技术跨越工程引导资金，加大对产业关键共性技术和贯穿创新链科技创新项目的支持力度。

二、东北老工业基地

《国务院关于深入推进实施新一轮东北振兴战略加快推动东北地区经济企稳向好若干重要举措的意见》（国发〔2016〕62 号）：

建设一批产业转型升级示范区和示范园区。加大先进制造产业投资基金在东北地区投资力度，抓紧设立东北振兴产业投资基金。中央预算内投资设立东北地区创新链整合专项。

支持东北地区建设国家大数据综合试验区。

《关于促进东北老工业基地创新创业发展打造竞争新优势的实施意见》（发改振兴〔2015〕1488 号）：

探索采用创新券、创业券等方式，支持企业购买高校和科研院所科技成果和科技服务。

鼓励有条件的民营企业设立院士专家工作站，加强科研基地建设。

组织实施东北振兴重大创新工程，打通基础研究、应用开发、中试和产业化之间的创新链条。深入实施国家技术创新工程。实施企业创新百强工程，开展区域骨干企业创新转型试点。

支持机器人、轨道交通、石墨等东北现有国家级产业与技术创新联盟开展协同创新，突破产业发展技术瓶颈。加强航空装备、半导体装备、生物制药等东北现有省级产业与技术创新联盟能力建设。在现代农牧业机械装备、碳纤维、光电晶体材料装备、生物育种、云计算等领域积极培育发展一批产业与技术创新联盟。

鼓励中科院院级技术创新与转化平台、黑龙江省工业技术研究院、沈鼓－大工研究院、远大科技园和长春中俄科技园等探索支持创新创业发展的新模式。

支持沈阳、哈尔滨开展小微企业创业创新基地城市示范工作。加强哈尔滨、长春、呼伦贝尔、丹东、延边等地的国家级、国际级科技合作基地建设。支持沈阳中德高端装备制造产业园、大连中日韩循环经济示范基地、大连中以高技术产业合作重点区域建设。

《国务院关于近期支持东北振兴若干重大政策举措的意见》（国发〔2014〕28号）：

在东北地区率先启动创新企业百强试点工作。

优先支持东北地区符合条件企业发行企业债券，允许符合条件的金融机构和企业到境外市场发行人民币债券。

《关于豁免东北老工业基地企业历史欠税有关问题的通知》（财税〔2006〕167号）。

图书在版编目（CIP）数据

企业创新政策体系与使用指南/张赤东主编.—北京：知识产权出版社，2017.7

ISBN 978-7-5130-4977-1

Ⅰ.①企… Ⅱ.①张… Ⅲ.①企业创新—经济政策—中国—指南

Ⅳ.①F279.2-62

中国版本图书馆 CIP 数据核字（2017）第 132420 号

责任编辑：刘 爽　　**责任校对**：王 岩

封面设计：吴晓磊　　**责任出版**：刘译文

企业创新政策体系与使用指南

张赤东　主编

出版发行：知识产权出版社有限责任公司　　**网　　址**：http：//www.ipph.cn

社　　址：北京市海淀区西外太平庄 55 号　　**邮　　编**：100081

责编电话：010-82000860 转 8125　　**责编邮箱**：Liushuang@cnipr.com

发行电话：010-82000860 转 8101/8102　　**发行传真**：010-82000893/82005070/ 82000270

印　　刷：三河市国英印务有限公司　　**经　　销**：各大网上书店、新华书店及相关专业书店

开　　本：787mm × 1092mm　1/16　　**印　　张**：20.25

版　　次：2017 年 7 月第 1 版　　**印　　次**：2017 年 7 月第 1 次印刷

字　　数：330 千字　　**定　　价**：68.00 元

ISBN 978-7-5130-4977-1